CB060284

# Cognição
## e comportamento de cães

Carine Savalli e Natalia de Souza Albuquerque (Orgs.)

# Cognição
## e Comportamento de Cães
### A ciência do nosso melhor amigo

EDICON

CIP-BRASIL. CATALOGAÇÃO NA PUBLICAÇÃO
SINDICATO NACIONAL DOS EDITORES DE LIVROS, RJ

C627

Cognição e comportamento de cães : a ciência do nosso melhor amigo / organização Carine Savalli, Natalia Albuquerque. -- 1. ed. -- São Paulo : Edicon, 2017.
320 p. : il. ; 21 cm.

Inclui bibliografia e índice
ISBN: 978-85-290-1060-1

1. Cão. 2. Relação homem-animal. I. Savalli, Carine. II. Albuquerque, Natalia.

17-39201

CDD: 636.7
CDU: 636.7

*1ª REIMPRESSÃO 2018*

DESIGNER DE CAPA: *Soraia Ljubtschenko Motta*
FOTO DE CAPA: *Johnny Duarte - www.fotoanimal.com.br*
MODELO DA CAPA: *Bruce Lee*
MODELO DA CONTRACAPA: *Polly*
REVISÃO TÉCNICA: *Carine Savalli Redigolo e Natalia de Souza Albuquerque*
REVISÃO PORTUGUÊS: *Jaqueline de Andrade Torres*
NORMALIZAÇÃO DE REFERÊNCIAS: *Aparecida Angélica Z Paulovic Sabadini*

CONTATO COM AS ORGANIZADORAS:
carinesavalli@gmail.com
natalia.ethology@gmail.com

**EDICON**
Editora e Consultoria Ltda
(11) 3255 1002 • 3255 9822
Rua Gama Cerqueira, 87 Cambuci
CEP 01539-010 São Paulo/SP
www.edicon.com.br
contato@edicon.com.br

# Organizadoras

## Profa Dra. Carine Savalli Redigolo

Bacharel em Estatística pela Universidade de São Paulo.

Mestre e Doutora em Estatística pela Universidade de São Paulo.

Mestre e Doutora em Psicologia (Psicologia Experimental/Comportamento Animal) pelo Instituto de Psicologia da Universidade de São Paulo.

Docente da Universidade Federal de São Paulo.

Orientadora do Programa de Pós-graduação em Psicologia Experimental/Comportamento Animal da Universidade de São Paulo.

## MSc. Natalia de Souza Albuquerque

Bióloga pela Universidade Federal do Pernambuco.

Mestre em Psicologia (Psicologia Experimental/Comportamento Animal) pelo Instituto de Psicologia da Universidade de São Paulo

Doutoranda em Psicologia (Psicologia Experimental/Comportamento Animal) pelo Instituto de Psicologia da Universidade de São Paulo e em Comportamento e Bem-estar animal pela Escola de Ciências da Vida da Universidade de Lincoln (Reino Unido).

# Demais Autores

## Dra. Daniela Ramos

Médica Veterinária pela Faculdade de Medicina Veterinária e Zootecnia da Universidade de São Paulo. Mestre em Comportamento Animal Aplicado pela Universidade de Lincoln, Inglaterra, Doutora e Pós-Doutora em Clínica Veterinária pela Faculdade de Medicina Veterinária e Zootecnia da Universidade de São Paulo.
Sócia-Fundadora do PSICOVET — Centro de Comportamento e Bem-Estar Canino e Felino.

## Profa. Dra. Briseida Dogo Resende

Etóloga graduada em Biologia pelo Instituto de Biologia da Universidade de São Paulo.
Mestre e Doutora em Psicologia (Psicologia Experimental/Comportamento Animal) pela Universidade de São Paulo.
Docente do Instituto de Psicologia da Universidade de São Paulo.

## Profa. Dra. Miriam Garcia

Psicóloga pela Universidad Católica Andrés Bello, Venezuela.
Mestre e Doutora em Psicologia (Neurociências e Comportamento) pela Universidade de São Paulo.
Docente do Instituto de Psicologia da Universidade de São Paulo.

## MSc. Alice de Carvalho Frank

Psicóloga pela Faculdade de Ciências Humanas e da Saúde da Pontifícia Universidade Católica de São Paulo.
Mestre em Ciências com ênfase em Epidemiologia Experimental Aplicada às Zoonoses pela Faculdade de Medicina Veterinária e Zootecnia da Universidade de São Paulo.

## MSc. Maria Mascarenhas Brandão

Psicóloga pela Faculdade Ruy Barbosa, Bahia.
Mestre em Psicologia (Psicologia Experimental/Comportamento Animal) pelo Instituto de Psicologia da Universidade de São Paulo.

## MSc. Catia Correia Caeiro

Bióloga Ambiental pela Faculdade de Ciências da Universidade de Lisboa, Portugal.
Mestre em Ecologia e Gestão Ambiental pela Faculdade de Ciências da Univerdidade de Lisboa, Portugal e Doutoranda da Escola de Psicologia da Universidade de Lincoln.

## Prof. Dr. Kun Guo

Graduado em Fisiologia pela Universidade de Nanjing, China.
Doutor em Neurociência Cognitiva Pela Academia Chinesa de Ciências.
Docente de Neurociência Cognitiva na Escola de Psicologia da Universidade de Lincoln.

## MSc. Luciana Santos de Assis

Médica Veterinária pela Universidade Federal de Lavras, Minas Gerais.
Mestre em Medicina Veterinária, área de concentração em Ciências Clínicas da Universidade Federal Rural do Rio de Janeiro, e Doutoranda em Comportamento e Bem-estar animal pela Universidade de Lincoln.

## Prof. Dr. Daniel S. Mills

Médico Veterinário pela Universidade de Bristol, Inglaterra.
Doutor em Clínica veterinária comportamental pela Universidade De Montfort, Inglaterra.
Professor de Medicina Veterinária Comportamental da Universidade de Lincoln.
Líder do programa de Pós-Graduação em Comportamento e Bem-Estar Animal e do Mestrado em Clínica Veterinária Comportamental da Universidade de Lincoln.
Chefe de Pesquisa da Escola de Ciências da Vida da Universidade de Lincoln.

## Profa. Dra. Angélica Vasconcellos

Bióloga pela Universidade de São Paulo.
Mestre e Doutora em Psicologia (Psicologia Experimental/Comportamento Animal) pela Universidade de São Paulo.
Docente do programa de pós-graduação em Biologia de Vertebrados da Pontifícia Universidade Católica de Minas Gerais.

## MSc. Fernanda Ruiz Fadel

Bióloga pela Universidade Federal do Paraná
Mestre em Evolução, Ecologia e Sistemática pela Universidade de Munique, Alemanha e Doutoranda em Comportamento e Bem-estar Animal pela Universidade de Lincoln, Reino Unido.

## Profa. Dra. Malgorzata Pilot

Doutora em Genética de Populações pela Academia Polonesa de Ciências, Polônia.
Docente de Genética de Populações e Ecologia Molecular da Escola de Ciências da Vida da Universidade de Lincoln.

# COMITÊ CIENTÍFICO

### Ariene Guimarães Bassoli
Centro de Ciências Biológicas
Universidade Federal de Pernambuco

### Emma Otta
Instituto de Psicologia
Universidade de São Paulo

### Mauro Lantzman
Faculdade de Ciências Humanas e da Saúde
Pontifícia Universidade Católica de São Paulo

### Patrícia Ferreira Monticelli
Faculdade de Filosofia, Ciências e Letras
de Ribeirão Preto - Universidade de São Paulo

### Vanner Boere Souza
Instituto de Humanidades, Artes e Ciência
Universidade Federal do Sul da Bahia

### Targelia de Souza Albuquerque
Centro Paulo Freire
Universidade Federal de Pernambuco

# Prefácio

Cães domésticos (*Canis familiaris*) são os animais mais próximos do ser humano. Eles ganharam status de melhores amigos e até mesmo de membros da família humana. Para muitos pode soar estranho, no entanto, a ciência do Comportamento Animal nem sempre se interessou em estudar essa espécie. Os estudos em cognição e comportamento de cães começaram a tomar corpo somente no final da década de 90, mas se tornaram tão expressivos que, atualmente, muitos grupos de pesquisa no mundo inteiro dedicam-se em compreender as habilidades sociocognitivas dos cães. A principal razão para esse crescente interesse da ciência nesses animais se dá por três grandes motivos: (i) seu parentesco com os lobos selvagens; (ii) sua história evolutiva, como espécie, diretamente atrelada à dos seres humanos; e (iii) seu ambiente de desenvolvimento, que é, em sua maioria, em associação com outras espécies (especialmente a humana).

No entanto, apesar dos estudos sobre cognição e comportamento de cães estarem em ampla expansão no mundo, ainda existe uma escassez de literatura científica sobre o tema no Brasil, especialmente em língua portuguesa. Ao mesmo tempo, existe uma enorme demanda: muitos universitários (graduação e pós-graduação), profissionais das ciências animais e do comportamento, treinadores, tutores e pessoas em geral desejam conhecer e se aprofundar nessa área. O livro "Cognição e Comportamento de Cães — A ciência do nosso melhor amigo" é uma obra interdisciplinar de cunho científico que se propõe a preencher essa lacuna, explorando os principais temas abordados pela Etologia Canina, com foco nos processos psicológicos do cão, nas suas relações com o ser humano e no seu bem-estar. Dessa maneira, em 11 capítulos, o livro discute a origem dos cães, a compreensão e a produção de sinais comunicativos na relação entre cães e humanos, as influências de pistas sociais em seu comportamento, capacidades cognitivas caninas como memória, percepção visual e reconhecimento de emoções, o apego entre cães e pessoas e os problemas relacionados à separação, além do bem-estar e da genética por trás do comportamento desses animais. Trata-se de um projeto colaborativo que reúne 14 autores: docentes, doutores e mestres, ligados a diversas universidade brasileiras (Universidade Federal de São Paulo, Universidade de São Paulo, PUC-Minas, entre outras), além de colaboradores internacionais.

A produção deste livro teve como inspiração o professor César Ades, um dos nomes mais importantes da Etologia brasileira e quem iniciou e alavancou os trabalhos com cães no Brasil. Em 2012, o professor César faleceu, mas nos deixou o legado de levar conhecimento científico de forma acessível ao grande público (dentro e fora da Academia), sempre com o intuito de tornar as nossas relações com os cães mais saudáveis e positivas. Para abrir o livro, Angélica Sabadini, diretora da Biblioteca do Instituto de Psicologia da Universidade de São Paulo, nos presenteia com uma homenagem ao professor César, falando da sua influência na área da Cognição Canina.

Acreditamos que esta publicação trará uma contribuição importante para a Etologia brasileira, promovendo conhecimento em uma área da ciência essencial, porém pouco explorada em nosso país, além de trazer informações necessárias e interessantes para aqueles que trabalham ou que, de alguma forma, consideram o cão como um sujeito-chave de suas vidas. Esperamos, acima de tudo, que este livro ressalte a importância de entender melhor os nossos melhores amigos: conhecê-los de verdade para que saibamos quem realmente são os cães e para garantir que essa convivência se torne cada vez mais benéfica tanto para nós, humanos, quanto para eles.

CARINE SAVALLI E NATALIA DE SOUZA ALBUQUERQUE
ORGANIZADORAS

# César Ades...

Ao abrirmos as primeiras páginas do livro *Cognição e comportamento de cães: a ciência do nosso melhor amigo*, já sentimos a forte presença de uma pessoa singular. Estamos falando do querido Professor César Ades. Assim, esta obra é muito especial, pois compartilha através das palavras de seus ex-alunos e pesquisadores os ricos ensinamentos deixados por ele na área de comportamento animal, em particular dos cães.

César estava sempre entusiasmado com novos desafios e projetos. Se ele estivesse entre nós, com certeza estaria de corpo e alma mergulhado "nessa gratificante aventura" de produzir e organizar com suas queridas alunas Carine Savalli e Natalia de Souza Albuquerque e com os autores-colaboradores esta publicação, resultado de um lindo trabalho no qual César esteve em grande parte presente.

Quando pensamos nele, lembramo-nos de uma pessoa com um largo sorriso estampado no rosto, sempre alegre e pronto a compartilhar seus aprendizados, mas também a aprender, conversar, contar histórias de vida e ouvir. César era identificado pela sua simplicidade, grandiosidade e generosidade como ser humano, pela sua rica e diversificada produção intelectual, pela sua notável vida profissional marcada pela arte de ensinar e de orientar e pela multiplicidade de ideias e de realizações em vários campos de atuação, além de sua grande paixão e fascínio pela ciência, pelos animais e pela vida!

Nasceu no Egito, em 8 de janeiro de 1943, e no ano de 1958 veio para o Brasil com sua família. Sempre nos falava que seu interesse pelo comportamento animal surgiu logo na adolescência. Em uma entrevista não publicada oferecida para alunos do ensino médio, em 2007, conta: *"Desde que me lembro, sempre achei graça nos animais. Quando garoto, gostava de ver a vida dos insetos, na grama, me maravilhava ver as coisas que conseguiam fazer, tão diferentes das que fazemos. Em visitas ao zoológico, levava minha máquina fotográfica! Os animais são para mim uma fonte de surpresas: nunca deixo de ficar curioso, querendo saber do jeito como caçam, comem, namoram, cuidam da prole, se defendem de predadores... Eles são lindos!"*

No início dos anos 60, com 18 anos, entrou na jovem Universidade de São Paulo (USP) para fazer o curso de Psicologia e em 1965, ainda na graduação, iniciou suas atividades como docente na Universidade. Especialista em comportamento animal, foi professor titular do Instituto de Psicologia da USP e um dos responsáveis pelo desenvolvimento e expansão da Etologia no Brasil, tornando-se referência nacional e internacional na área. No IPUSP, foi diretor (2000-2004) e vice-diretor (1998-2000) e coordenador por muitos anos do Laboratório de Psicoetologia, onde realizou diversas pesquisas com várias espécies de animais. Orientou dezenas de alunos e seus orientandos tinham diversas formações acadêmicas: psicólogos, veterinários, biólogos, zootecnistas. Foi, também, diretor do Instituto de Estudos Avançados da USP, no período de 2008 a janeiro de 2012.

Dono de uma mente brilhante, estava sempre envolvido em diversos projetos e coordenava todos com muito carinho e atenção. Sua forte vocação para o estudo da memória em suas diversas abordagens fez com que se dedicasse, também, ao resgate e preservação da memória da Psicologia na USP, fundando assim o Centro de Memória do IPUSP, durante sua gestão como diretor do Instituto. Nesse projeto, trabalhamos juntos por mais de 10 anos. Assim, muitos momentos da vida me fizeram tê-lo por perto e sei que sou uma pessoa privilegiada, pois tive um amigo e um professor que me orientou tanto profissionalmente como para a vida! É uma honra participar desta importante obra, que traz tantas lembranças de César.

No auge de seus 69 anos, mas com bastante disposição para realizar muitas atividades e uma juventude exteriorizada no seu cativante jeito de ser, César partiu em 15 de março de 2012. Deixou muitas saudades e um grande legado: suas histórias, experiências, ensinamentos e belos exemplos a serem seguidos, além da herança de amar e viver intensamente e com muita alegria, assim com ele viveu! A forte imagem de César chegando com seu contagiante sorriso, com uma caderneta de anotações entre as mãos e sua máquina fotográfica, com a qual registrava a natureza, as pessoas e os animais... com certeza ficará para sempre na memória daqueles que com ele conviveram.

É gratificante saber que após sua partida seus ensinamentos estão sendo compartilhados em diversas áreas e para a nossa alegria Carine e Natalia nos apresentam Cognição e Comportamento de Cães. Elas viveram e sentiram por César a organização deste livro. Apesar da ausência e das saudades, abraçaram e realizaram o projeto de produção e publicação desta obra para homenageá-lo. É interessante ver como as autoras revelam na publicação características que eram marcas desse grande professor: o gosto pela pesquisa e pela escrita!

Aqui o leitor tem em mãos um belo conjunto de textos. Resultados de pesquisas apresentados em 11 capítulos, um lindo mosaico escrito a 14 mãos, para ser lido e apreciado, também, por todos aqueles que amam os animais. Esses textos chegam até nós e nos fazem explorar e mergulhar no interessante mundo dos cães, pois através deles conhecemos as diversas abordagens que contextualizam "a ciência do nosso melhor amigo".

Em três dos capítulos do livro, é notável a presença de Sofia. Impossível não lembrar de César andando nos jardins do IPUSP ao lado dessa linda cachorrinha. César coordenou as pesquisas realizadas com Sofia para analisar a comunicação do animal com o ser humano, através de sinais semelhantes à linguagem humana. Um lindo e pioneiro trabalho.

Finalizo este texto lembrando do César e de seu amor pelas crianças. Quando lhe perguntaram na entrevista citada acima sobre seu "hobby", ele nos conta: *"Tenho vários hobbies: gosto muito de escrever (embora escreva principalmente sobre assuntos científicos), gosto de tirar fotos... gosto de brincar (e aprender) com crianças. E tenho passarinhos em casa com os quais fiz amizade!"*

Agradeço às queridas Carine e Natalia e aos demais autores pela oportunidade de abrir esta relevante obra, de modo a preservar e nos fazer sentir nas páginas deste livro a forte presença do nosso querido amigo e grande mestre!

Nosso muito obrigada, Prof. César!

APARECIDA ANGÉLICA Z PAULOVIC SABADINI<br>
Diretora da Biblioteca do Instituto de Psicologia da Universidade de São Paulo

César Ades: foto digital — Arquivo Fotográfico do Centro de Memória do Instituto de Psicologia da Universidade de São Paulo.

# Sumário

**1** A origem dos cães e de suas habilidades sociocognitivas: teorias e controvérsias .................................................. 21
*Natalia de Souza Albuquerque, Carine Savalli*

**2** A comunicação entre o cão e o ser humano ....................... 43
*Carine Savalli*

**3** Estudos de caso sobre comunicação ................................... 73
*Daniela Ramos, Carine Savalli*

**4** Influências sociais no comportamento do cão ..................105
*Briseida Resende, Miriam Garcia*

**5** Memória em cães ..................................................................133
*Alice de Carvalho Frank, Maria Mascarenhas Brandão*

**6** Percepção visual de informação facial entre humanos e cães ..153
*Cátia Correia Caeiro, Kun Guo*

**7** Emoções e cães: percepção, reconhecimento e empatia ..........183
*Natalia de Souza Albuquerque*

**8** O apego entre cão e tutor ....................................................211
*Carine Savalli, Alice de Carvalho Frank, Natalia de Souza Albuquerque*

**9** Problemas relacionados à separação ........................................233
*Luciana Assis, Daniel S. Mills*

**10** O bem-estar do cão ...............................................................259
*Angélica da Silva Vasconcellos*

**11** Genética comportamental canina.........................................291
*Fernanda Ruiz Fadel, Malgorzata Pilot, Daniel S. Mills*

# 1
# A origem dos cães e de suas habilidades sociocognitivas: teorias e controvérsias

*Natalia de Souza Albuquerque*
*Carine Savalli*

*Eu e meu cão nascemos um para o outro*

A grande maioria dos estudos sobre a evolução da cognição social teve crianças e primatas não humanos como protagonistas (Zuberbühler & Byrne, 2006; Udell & Wynne, 2008). A preocupação sempre foi encontrar a origem dos mecanismos cognitivos e comunicativos típicos do ser humano e os demais primatas, por proximidade filogenética, sempre foram considerados os candidatos mais prováveis para exibir formas salientes de habilidades cognitivas similares às dos humanos (Horowitz, 2009). Desde Darwin, a procura por uma cognição social parecida com a do ser humano esteve focada, então, nos chimpanzés.

Apesar dessa preferência pela realização de pesquisas com primatas, nunca houve motivos reais para assumir que outros grupos de animais não tenham sofrido pressões evolutivas semelhantes e que, portanto, não pudessem apresentar inteligência social comparável. A literatura atual é consistente com a ideia de que não é necessário ter um cérebro primata para endossar uma inteligência social (Zuberbühler & Byrne, 2006).

Por exemplo, primatas humanos e não humanos sempre foram o foco principal dos estudos sobre percepção do olhar e habilidades relacionadas, apesar de não serem os únicos animais a viverem em sistemas sociais sofisticados que utilizam processos comunicativos que se baseiam em sinais visuais (Virányi, Topál, Gácsi, Miklósi, & Csányi, 2004). No entanto, mais recentemente, começou a se formar um crescente corpo de evidências científicas que mostra que animais de diferentes espécies são sensíveis à orientação visual de seus coespecíficos. Em especial, o cão doméstico apareceu como um sujeito promissor na investigação da emergência de habilidades finas de leitura da atenção de outros indivíduos (Miklósi, Topál, & Csányi, 2004; Virányi et al., 2004).

Os últimos 20 anos presenciaram o ressurgimento da pesquisa sobre o comportamento e a cognição dos cães domésticos (Udell & Wynne, 2008). Como ressalta Miklósi (2015), os etólogos geralmente ignoravam os cães por não serem animais "selvagens", mas, no final da década de 90, o interesse científico pelo comportamento desta espécie cresceu subitamente. Apesar de serem filogeneticamente distantes dos humanos, esses animais são altamente sociais e possuem uma característica que lhes é única: vivem em contato diário e intenso com animais de espécies diferentes, particularmente a espécie humana. Essa longa história de associação conosco parece ter facilitado a comunicação interespecífica. Nesse sentido, Miklósi e colaboradores (2004) afirmam que o cão é um excelente modelo para o estudo da cognição social. Existem evidências de que algumas de suas habilidades sociais são até mais complexas do que as de em outros canídeos (Hare, Brown, Williamson, & Tomasello, 2002; Miklósi et al., 2003) e de espécies geneticamente relacionadas ao ser humano, mas que não coabitam com ele, como alguns primatas (Elgier, Jakovcevic, Barrera, Mustaca, & Bentosela, 2009).

De acordo com Wynne (2009), o estudo da cognição de cães é particularmente interessante por várias razões: os cães (i) vêm de um ancestral comum ao lobo cinza e compartilham com ele algumas habilidades sociocognitivas; (ii) passaram pelo processo da domesticação (um período evolutivo compartilhado com seres humanos); (iii) vivem diária e intensamente com seres humanos, o que pode favorecer o desenvolvimento de habilidades sociocognitivas específicas que possibilitam que interajam efetivamente com as pessoas (Bräuer, Call, & Tomasello, 2004).

A presença dos cães é universal; eles estão presentes em praticamente todas as culturas e ambientes em que há seres humanos e, na sociedade moderna, ocupam um lugar especial nas nossas vidas (Galibert, Quignon, Hitte, & André, 2011), tornando-se, inclusive, membros da família humana (ver Capítulo 8 para mais detalhes sobre a relação afetiva entre o cão e o ser humano). Essa notável presença dos cães no ambiente humano (ver Quadro 1) fortalece ainda mais o crescente interesse científico em compreender as origens da relação entre as duas espécies.

---

### *Quadro 1*

De acordo Wynne (2009), uma pesquisa feita pela *American Pet Products Manufacturers Association* e pela *American Veterinary Medicine Association* mostrou que, nos Estados Unidos, 40% das casas incluem um cão e 40% dos tutores de cães permitem que esses animais durmam com eles em suas camas. No Brasil, recentes divulgações do Instituto Brasileiro de Geografia e Estatística (IBGE) revelaram mais cães nas casas dos brasileiros do que crianças, tendo em 2013 esse número alcançado cerca de 52,2 milhões em comparação aos 44,9 milhões de crianças entre 1 e 14 anos, sendo que 44,3% dos lares brasileiros possuem, pelo menos, um cão (IBGE, 2015).

# A ORIGEM DO CÃO E O INÍCIO DA RELAÇÃO ENTRE O CÃO E O SER HUMANO

O cão foi o primeiro animal a ser domesticado, antes ainda do advento da agricultura (Larson *et al.*, 2012). Atualmente, sabe-se que o parente vivo mais próximo do cão doméstico é o lobo cinza (Vilà *et al.*, 1997). De fato, para inferir sobre o comportamento do ancestral do cão, alguns estudiosos sugerem observar características do lobo cinza atual. Esses animais vivem em grupos e seguem um sistema social de hierarquia familiar, em que os progenitores são os líderes; praticam caça de forma cooperativa, o que requer um sistema complexo de comunicação, e são capazes de se adaptar a diferentes ambientes (Miklósi, 2015). Possivelmente, foi uma plasticidade comportamental semelhante a desses animais que facilitou a aproximação do ancestral do cão com o ser humano e abriu as portas para a domesticação, processo pelo qual os seres humanos são capazes de modificar vários traços da fisiologia e do comportamento de outros seres ao longo das gerações (Galibert *et al.*, 2011).

Ainda existe, no entanto, bastante discussão quanto à origem dos cães domésticos como espécie, tanto com relação ao período quanto ao local, com evidências conflitantes especialmente entre achados arqueológicos e estudos genéticos. No final da década de 90, as controvérsias em relação às datações do surgimento dos cães eram fervorosas. Alguns estudos sugeriam que o período em que os cães teriam divergido dos lobos teria começado há 135.000 anos, isto é, quando a estrutura morfológica de certos grupos de lobos começou a mudar assemelhando-se, assim, à do cão doméstico atual (Vilà *et al.*, 1997). No entanto, estudos mais atuais apontam que, apesar do início da interação entre humanos e o ancestral dos cães ser antigo, essas projeções estavam superestimadas.

De fato, o período em que ocorreu a separação entre cães e seus ancestrais é difícil de precisar, no entanto, a domesticação dos cães provavelmente começou durante o período paleolítico (35.000 a.C.), muito antes da domesticação de qualquer outro animal ou planta. O mais antigo fóssil de cão (com marcas claras de diferenciação dos lobos) foi datado em 31.700 anos (Galibert *et al.*, 2011). Segundo Galibert *et al.* (2011), esse processo mais antigo, provavelmente inconsciente, é chamado de protodomesticação e se distingue da domesticação real, que teria seu início por volta de 14.000 anos a.C.

Em 2002, Savolainen, Zhang, Luo, Lundeberg e Leitner, por meio de análises de DNA mitocondrial[1] de cães domésticos de várias regiões do planeta, encontraram que amostras provenientes do leste da Ásia apresentaram a maior variabilidade genética, sendo, possivelmente, a região geográfica que os cães habitariam há mais tempo, ou seja, onde o processo de domesticação teria começado. Posteriormente, a distribuição dos cães teria se expandido para outras regiões do globo. Mais recentemente, em 2012, o estudo de Ding e colaboradores confirmou esses achados por meio de análises a partir do DNA do cromossomo Y.

Mais informações para alimentar as controvérsias sobre as origens dos cães, temporal e geográfica, foram apresentadas por Thalmann e colaboradores (2013). Esses autores analisaram o genoma mitocondrial de canídeos pré-históricos da Eurásia e encontraram evidências de que o genoma de cães modernos estaria mais relacionado ao dos canídeos pré-históricos da Europa, com dados moleculares apontando para o surgimento da nova espécie entre 18.800 e 32.100 anos.

Skoglund, Ersmark, Palkopoulou e Dalén (2015) fizeram o sequenciamento genômico de um lobo siberiano de 35.000 anos e encontraram que este indivíduo pertenceu à uma população que divergiu do ancestral comum ao lobo atual e aos cães em um tempo muito próximo do aparecimento da linhagem do cão doméstico. Esses autores apresentaram evidências genéticas para, pelo menos, 27.000 anos da divergência entre o lobo e o cão. Eles acreditam que os cães tenham sido domesticados antes mesmo da diversificação

---

[1] O DNA mitocondrial não se modifica na linhagem materna ou muda muito pouco com o passar do tempo e, portanto, funciona como uma "assinatura" deixada pelos ancestrais. A partir dele é possível estimar quanto tempo se passou desde que ocorreu divergência entre duas espécies.

das populações modernas de lobos e que o ancestral tipo-lobo dos cães esteja agora extinto. Essas evidências, então, seriam consistentes com diversos relatos paleontológicos de canídeos tipo-cão que datam em torno de 30-35.000 anos. Além disso, sugerem que os cães atuais são derivados de múltiplas populações de lobos e de mais de um evento de domesticação.

Mais recentemente e caminhando nessa mesma direção, Frantz e colaboradores (2016) publicaram um artigo importante que tentou reconstruir a história evolutiva dos cães utilizando sequências de DNA mitocondrial de cães europeus (entre 14.000 e 3.000 anos) e sequenciamento genômico de um cão da Irlanda datado de 4.800 anos. A partir dessas análises, encontraram evidências palpáveis de que a domesticação dos cães não teria acontecido uma, mas, sim, duas vezes; em locais diferentes e com populações distintas. Segundo os autores, quando se fala em domesticação como um evento que aconteceu uma vez, é possível pensar que esse acontecimento tenha sido um acidente. No entanto, tendo a domesticação acontecido duas vezes, a uma distância de milhares de quilômetros entre os eventos, os autores enfatizam a inevitabilidade da domesticação do cão, ou seja, teria existido um conjunto de circunstâncias ambientais comuns que fez com que lobos e humanos tenham começado a interagir de um jeito completamente novo. Essa interação entre as duas populações, que se tornaram parceiras, deve ter levado ao surgimento dos cães.

Apesar de não saberem ainda exatamente como isso aconteceu, Frantz *et al.* (2016) sugerem que possivelmente havia populações de lobos distintas do ponto de vista ecológico, que se alimentavam de presas diferentes — o que pode ser visto em diferentes populações de lobo atuais. Duas populações independentes de lobos (possivelmente hoje extintas) começaram então a seguir populações humanas. Isto pode ter alterado o fluxo gênico entre os lobos, uma vez que passaram a se comportar de maneira diferente das outras populações e a ocupar um nicho totalmente distinto, deixando, portanto, de se reproduzir entre si. Isso pode ter sido chave para a diversificação em espécies diferentes. Apesar disso ter possivelmente ativado o processo de domesticação em tempos muito iniciais, não requereria nenhum tipo de esforço humano ou de atividade intencional de seleção.

Segundo Reid (2009), humanos proporcionaram aos antigos canídeos uma rica fonte de alimento, na forma de restos de comida e dejetos fecais e esses animais foram tolerados, possivelmente até encorajados, pelos humanos a consumirem esse lixo biológico. Essa teoria, defendida por Coppinger e Coppinger (2001), sugere que quando nossos ancestrais passaram a se fixar e formar assentamentos, passaram a gerar lixo, o que, como consequência, acabou por criar um novo nicho ecológico que atraiu esse animal do tipo-lobo. Os mais mansos teriam se aproximado e aceitado o convívio e interação com o ser humano. Nesse contexto, os ancestrais dos cães tiveram sua sobrevivência facilitada pela disponibilidade de recursos, enquanto humanos também se beneficiaram já que esses animais tiveram uma função higiênica importante (Reid, 2009). Mais ainda: com o cão ao seu lado, o ser humano ganhou mais segurança e proteção contra intrusos devido à audição e olfato apurados desses animais. Além disso, teriam se tornado muito mais capazes de conseguir recursos, consequentemente calorias, a partir do momento em que passaram a contar com aquele parceiro canídeo (Frantz *et al.*, 2016).

Mas, para além de uma associação com aspecto puramente cooperativo, desenvolveu-se também uma relação afetiva entre as duas espécies. O primeiro registro arqueológico que evidencia essa relação afetiva entre ser humano e cão foi encontrado em Israel e datado de 12.000 anos (Davis & Valla, 1978). Trata-se de um esqueleto humano, provavelmente um indivíduo com idade avançada, cujo sexo não pôde ser determinado devido a danos no esqueleto na altura da pélvis. Ele está deitado de lado (direito), com a mão próxima ao rosto e apoiada sobre um esqueleto de um filhote de um animal do tipo-cão de aproximadamente três a cinco meses, que foi enterrado inteiro. Para os autores, o fato do esqueleto do cão estar inteiro e ser um filhote oferece evidências de uma relação afetiva; o animal não estaria servindo de alimento para aquele ser humano. Em muitas culturas antigas, as pessoas eram enterradas com "aquilo" que queriam levar para a vida após a morte e talvez este tenha sido o caso desse achado arqueológico.

## O EFEITO DA DOMESTICAÇÃO NO COMPORTAMENTO DOS CÃES

Domesticação pode ser entendida como o caminho evolutivo pelo qual animais se tornam adaptados ao ambiente humano, em que não somente mudanças morfológicas, mas também comportamentais, estão envolvidas. Nesse sentido, tanto processos naturais quanto artificiais de seleção estão presentes e agem sobre os indivíduos. Como já vimos na seção anterior, apesar do surgimento dos cães como nova espécie ser um evento antigo e tema para muito debate, o processo evolutivo pelo qual passaram (de seus ancestrais até hoje) ainda continua sendo discutido. Atualmente, uma das grandes questões é de que maneira as características comportamentais e cognitivas dos cães surgiram ou se desenvolveram.

Um trabalho importante (um dos poucos estudos de longa duração sobre domesticação) começou na década de 50, quando o geneticista russo Dmitri Belyaev tentou remontar o processo de domesticação com uma população de raposas. Ele acreditava que apenas seria possível pessoas e outros animais ocuparem o mesmo grupo social se os seres humanos tivessem selecionado esses animais, mesmo que inconscientemente, pela redução de comportamentos agressivos. Sendo assim, para entender melhor a evolução desse processo, ele selecionou raposas pelos seus traços comportamentais por diversas gerações[2]. Para isso, cruzou os indivíduos que demonstravam menos sinais

---

[2] Esse estudo, embora tenha apresentado uma simulação de como pode ter ocorrido o processo de domesticação do cão, apresenta questões éticas importantes, uma vez que as raposas eram criadas em gaiolas muito pequenas e isoladas, para a indústria da pele.

de agressividade direcionados às pessoas (i.e., mais tolerantes à aproximação humana), tomando o cuidado de evitar endogamia. Após mais de 40 gerações, as raposas selecionadas mostraram diversos traços comportamentais semelhantes aos dos cães: comportamentos afiliativos, balançar de cauda, vocalizações direcionadas a pessoas, entre outros. Essas modificações comportamentais aconteceram paralelamente a mudanças fisiológicas, como alteração do ciclo reprodutivo e aumento da taxa reprodutiva e mudanças morfológicas, como o aparecimento de orelhas caídas, cauda curvada e manchas claras na pelagem; fenômeno conhecido como síndrome da domesticação (Belyaev, 1979).

Belyaev investigou o papel do desenvolvimento na evolução de animais domésticos. Ele acreditava que os principais processos que conduziram a domesticação ocorreram em um estágio inicial de estabelecimento de relações entre seres humanos e os ancestrais dos cães. Independente do cenário no período inicial, a domesticação pode ter sido favorecida pela seleção, provavelmente não intencional, de determinados comportamentos que facilitavam a coexistência em ambientes de espécies mistas. A seleção natural teria preservado seu papel de força dominante, sendo o humano apenas um fator que mudou, inconscientemente, a direção desse processo: animais menos agressivos tiveram vantagens nesse novo ambiente social interespecífico, já que possivelmente eram percebidos como menos ameaçadores e podiam aproveitar dos recursos humanos. Foi apenas gradualmente, e mais recentemente, que a seleção natural deu espaço à seleção artificial (Trut, Plyusnina, & Oskina, 2004, ver Quadro 2).

## Quadro 2

Hoje em dia, são mais de 400 raças de cães espalhadas por todo o mundo, além dos cães de raça misturada e os sem raça definida ("vira-lata"). Mas, foi apenas no período medieval e da Renascença que o mundo se deparou com uma diversificação importante dos cães, com a criação de centenas de raças por meio de seleção artificial, cada uma respondendo a padrões desejados estabelecidos pelos seres humanos. Isso levou à criação de raças adaptadas a diversos propósitos: guarda, pastoreio, caça e companhia. Todas essas raças apresentam uma ampla gama de fenótipos, fenômeno que só é encontrado entre os cães domésticos (Galibert *et al.*, 2011).

*Figura 1*. Lobo cinza e cão de estimação.

De acordo com Trut *et al.* (2004), Belyaev acreditava que era possível reproduzir as consequências da seleção natural no estágio inicial de domesticação e que isso poderia ser feito em um período curto de tempo, desde que fosse aplicada uma pressão seletiva muito forte. Os resultados desse estudo apontaram para possíveis mecanismos de transformação do comportamento que teriam agido sobre os ancestrais dos cães em direção à domesticação. Mostraram, também, que uma pressão de seleção extrema é um fator de ação rápida sobre traços comportamentais e pode resultar até mesmo em modificações na morfologia e na fisiologia dos animais. Belyaev sugeriu que várias características do caminho evolutivo pelo qual o cão doméstico passou podem ser reproduzidas em poucas gerações — dependendo da força da pressão.

Hare, Wobber e Wrangham (2012) propuseram uma teoria de seleção para os cães domésticos em dois estágios. O primeiro envolveria uma seleção natural, ou "autodomesticação", em que não haveria qualquer intervenção intencional pelos humanos. Nessa etapa, os ancestrais dos cães (chamados pelos autores de protocães) menos agressivos e que mostravam menos medo tiveram uma vantagem seletiva, uma vez que teriam sido capazes de se aproximar de grupamentos humanos e, consequentemente, explorar novas oportunidades ecológicas. Nesse primeiro estágio teria, então, ocorrido uma contrasseleção da agressividade. Depois que esses protocães começaram a se comportar de maneira social "apropriada" em direção a seres humanos e que as relações entre as duas espécies se estabeleceram e se fortaleceram, o segundo estágio do processo de evolução desses animais teria começado: a seleção intencional por determinadas características.

A redução da agressividade e o aumento da tolerância social são parte de um conjunto de alterações fisiológicas, morfológicas, cognitivas e comportamentais que também ocorreram na evolução humana e de alguns primatas não humanos, como os bonobos. Hare *et al.* (2012), por exemplo, apontam os bonobos como prováveis candidatos de terem passado por esse processo de autodomesticação. Bonobos são animais que demonstram alta tolerância social, com baixos níveis de conflitos e de sinais de agressividade em comparação à sua espécie irmã, os chimpanzés, que apresentam formas severas de comportamentos agressivos — possivelmente por diferenças nos esquemas de competição alimentar. É provável que o ambiente em que os bonobos evoluíram apresentasse maior disponibilidade de alimento, o que proporcionou um abrandamento das pressões ambientais relacionadas às competições em atividades de forrageamento, diminuindo a necessidade de apresentar comportamentos agressivos e, consequentemente, aumentando as oportunidades de interações cooperativas. Além disso, também são claras algumas diferenças morfológicas entre as duas espécies, que podem ser entendidas como análogas às diferenças entre animais domesticados e seus ancestrais selvagens. Hare e colaboradores (2012) sugerem que a seleção contra a agressividade em algumas espécies selvagens pode operar de maneira similar ao que ocorreu com animais domésticos, incluindo os cães. Dentro dessa perspectiva, a hipótese de autodomesticação pode fornecer explicações sobre a origem das muitas diferenças entre bonobos e chimpanzés e entre cães e lobos, que teriam surgido como subprodutos incidentais.

## A ORIGEM DAS HABILIDADES SOCIOCOGNITIVAS DOS CÃES

Cães são naturalmente animais sociais, mas um dos mais interessantes aspectos de sua vida social é que ela acontece principalmente em grupos de espécies mistas (Miklósi, 2015). Segundo Alcock (2009), existem muitos custos relacionados à vida social, incluindo aumento de competição por fontes de alimento e vulnerabilidade a parasitas e patógenos. Entretanto, as vantagens em viver socialmente devem sobrepor os seus aspectos negativos e incluem: proteção, por diluição do risco de se tornar uma presa ou pela habilidade de perceber o perigo mais rapidamente, cooperação e facilitação do forrageamento, que é resultado da habilidade de seguir os outros e de ler as pistas sobre os sítios de alimentação. De acordo com Zuberbühler e Byrne (2006), níveis altos de complexidade social também podem ser criados em associações interespecíficas, assim como uma complexa comunicação também pode se estabelecer entre indivíduos de diferentes espécies, como é o caso do cão doméstico e do ser humano (Elgier *et al.* 2009).

Dadas as características particulares das relações interespecíficas das quais os cães fazem parte há milhares de anos, a comunicação com seres humanos é de crucial importância. Isto levou alguns estudiosos, como Call, Bräuer, Kaminski e Tomasello (2003), a pensarem que é possível que os cães sejam mais habilidosos do que outros animais em tarefas comunicativas porque tal comunicação com humanos é frequente e usual para eles (tanto do ponto de vista ontogenético quanto filogenético). De acordo com Virányi *et al.* (2004), por exemplo, cães são evolutivamente preparados para usar gestos e outras dicas comunicativas para interpretar as ações das pessoas.

De acordo com Elgier *et al.* (2009), a comunicação inclui uma grande variedade de comportamentos, que são comumente exibidos pelos animais em seu dia a dia para resolver problemas como procurar alimento, parceiros, território e, em algumas espécies, para brincadeiras, comportamentos cooperativos, entre outros.

Cães parecem ser capazes de extrair várias informações de situações sociais, entre elas as que acontecem com grande frequência quando estão com seres humanos. De acordo com Pongrácz, Miklósi e Csányi (2001), os comportamentos dos cães domésticos em contextos sociais podem ser considerados como casos de "entendimento social". Esse termo se refere a processos cognitivos complexos por meio dos quais os cães seriam capazes de integrar informações ambientais e sociais para planejar seu comportamento.

Um dos grandes embates na área de cognição e comportamento de cães gira em torno da polarização "genética *vs.* ambiente" na busca de argumentos que expliquem as habilidades de leitura social dos cães (Schwab & Huber, 2006). Várias teorias e hipóteses já foram propostas na tentativa de explicar por que cães apresentam tão bom desempenho nas tarefas que envolvem estímulos mediados socialmente pelos seres humanos. As habilidades sociocognitivas dos cães são geralmente trabalhadas sob dois pontos de vista: (i) as influências ligadas ao desenvolvimento ao longo da vida, a partir da experiência direta com seres humanos; (ii) as influências filogenéticas sobre o comportamento e a cognição, que aparecem como resultado de um passado evolutivo único aos cães, seja pelo processo de domesticação ou pelo seu parentesco com lobos.

Uma das hipóteses para a origem das habilidades sociocomunicativas dos cães é a chamada ontogenética: elas seriam o produto de seu desenvolvimento em um contexto humano em que os cães aprendem os comportamentos que lhes são requeridos sem necessariamente haver qualquer tipo de predisposição para tal. Hare *et al.* (2002) chamaram essa de "hipótese da exposição humana", segundo a qual cães filhotes deveriam, então, ser pouco habilidosos em se comunicar com seres humanos e, ao longo da exposição ao ambiente humano, aprenderiam e refinariam essa habilidade. O estudo desses autores, que investigou em filhotes de cães a habilidade de seguir o gesto de apontar humano para encontrar alimento escondido, não confirmou essa hipótese, uma vez que mostrou que cães, desde muito cedo, já apresentavam um ótimo desempenho nessa tarefa. Da mesma forma, Riedel, Schumann, Kaminski, Call e Tomasello (2008) também encontraram evidências contrárias a essa hipótese ao mostrar que desde muito jovens, com seis semanas de idade, cães já apresentavam grande capacidade de seguir gestos humanos. Esse estudo usou a mesma tarefa de escolha entre dois potes com alimento escondido para comparar quatro grupos de cães: com 6; 8; 16 e 24 semanas de vida. Eles foram testados em quatro condições experimentais: 1) o experimentador apontava o recipiente correto uma vez e alternava olhares entre o cão e o pote correto quatro vezes; 2) o experimentador apontava quatro vezes o pote correto alternando olhares; 3) o experimentador colocava um marcador no pote correto (um pedaço de madeira preta e branca); e uma condição controle em que 4) o experimentador mantinha seu olhar à frente sem dar dica alguma. Mesmo os cães com seis semanas de vida escolheram o pote correto acima do acaso nas condições em que eram fornecidas dicas gestuais, enfraquecendo a hipótese da exposição humana e reforçando o papel da domesticação no desenvolvimento das habilidades comunicativas dos cães. Entretanto, Wynne, Udell e Lord (2008) criticaram a análise feita em Riedel *et al.* (2008), alegando que para comparar os grupos de cães com diferentes idades foi incluída a condição controle, sem dica social, para a qual não se esperaria, de fato, uma melhora com a idade e isso poderia ter enviesado os resultados. Wynne e colaboradores (2008) propuseram, então, uma reanálise desses dados considerando somente as condições com dicas sociais e, dessa vez, encontraram evidências de que o desempenho em seguir gestos humanos melhorava sim à medida que os cães ficavam mais velhos — uma evidência favorável à hipótese da influência da experiência nas habilidades sociocognitivas dos cães.

De acordo com Udell e Wynne (2008), cães, pela sua interação com humanos, aprendem a ler as pistas sociais humanas ao longo de sua vida por meio de processos de condicionamento básicos. A partir do momento em que o filhote é levado para uma casa humana ele se torna completamente dependente do seu cuidador para todas as suas necessidades. A maioria dos reforços que o cão vai receber durante sua vida é controlada por seres humanos, uma situação comparável com a das crianças e que pode explicar, pelo menos em parte, as similaridades quanto à sensibilidade a estímulos sociais apresentadas por crianças e cães. Os autores discutem, ainda, que a dependência e a sensibilidade a contingências humanas são modeladas rapidamente nos cães domésticos e que, portanto, reforçar determinados comportamentos dos cães resultaria na habilidade desses animais de "lerem" dicas sociais apresentadas pelas pessoas, incluindo gestos sutis. Durante os últimos milhares de anos, os ambientes sociais dos filhotes de cães e crianças têm se tornado cada vez mais semelhantes entre si, e diferentes dos de seus antepassados; assim, uma consequência dessa intensa coabitação seria o desenvolvimento de algumas habilidades como, por exemplo, o reconhecimento do estado de atenção (Udell & Wynne, 2008).

Virányi *et al.* (2008) apresentaram uma série de experimentos em que cães e lobos, socializados com seres humanos da mesma maneira, foram comparados em seu desempenho em seguir pistas humanas. Descobriram que cães ainda filhotes já apresentavam uma prontidão em seguir gestos de apontar, o que não era verdadeiro para lobos socializados. No entanto, quando estudados de forma longitudinal, e para alguns tipos de dicas gestuais (as mais salientes), o desempenho dos lobos se aproximava ao dos cães, especialmente após extenso treino, o que indicaria que com socialização apropriada durante a ontogenia os lobos poderiam se comportar como cães em alguns aspectos. Para os autores, essas seriam evidências de que a exposição aos gestos humanos durante a vida do animal e o reforço de comportamentos em decorrência da experiência com essas pistas comunicativas poderiam explicar algumas das habilidades sociocognitivas dos cães.

Por outro lado, uma outra escola de pensamento acredita que a diferença entre os cães e lobos tenha uma base genética, não sendo o simples produto do contato com o ser humano ao longo da vida de cada animal e da aprendizagem que esse contato propicia. Uma das hipóteses para a origem das habilidades comunicativas dos cães segundo essa corrente de autores sugere que elas decorreriam de características existentes no ancestral canídeo comum ao lobo cinza moderno. Lobos são animais marcadamente sociais e especialmente flexíveis em seu repertório comportamental durante interações sociais, como na caça coletiva e na resolução de disputas pela dominância. Além disso, lobos são sensíveis ao comportamento dos seus coespecíficos e capazes de responder apropriadamente a eles (Miklósi, 2015). A ideia por trás desta hipótese, que Hare *et al.* (2002) chamaram de "hipótese da generalização dos canídeos", é a de que os cães teriam generalizado essas habilidades para o contexto de sua vida com os seres humanos e que, portanto, as habilidades cognitivas desses animais teriam origem na sua história filogenética. De acordo com tal hipótese, outros canídeos, especialmente os lobos, deveriam ser tão capazes de seguir pistas sociais humanas quanto os próprios cães, entretanto o próprio estudo de Hare *et al.* (2002) não sustentou essa hipótese, uma vez que os cães se mostraram mais habilidosos do que os lobos na tarefa de seguir gestos de apontar humanos para encontrar um alimento. Importante ressaltar, no entanto, que esse estudo não garantiu que cães e lobos fossem comparáveis quanto à socialização com humanos antes do momento do teste.

A capacidade comunicativa dos cães também poderia ser o resultado do processo de domesticação (Miklósi, Polgárdi, Topál, & Csányi, 2000). Uma outra hipótese, também de caráter filogenético, é a de que teria havido pressão seletiva por habilidades sociocomunicativas levando a uma prontidão nos cães para decodificar sinais humanos ou para rapidamente adquirir essa habilidade, a "hipótese da domesticação" (Hare *et al.*, 2002). Partindo dessa ideia, cães seriam biologicamente preparados para aprender sobre gestos comunicativos humanos, assim como algumas aves são preparadas para adquirir seu canto espécie-específico (Reid, 2009). Um estudo emblemático que reforçou a possibilidade de uma herança genética das habilidades sociocognitivas dos cães foi o estudo de Miklósi *et al.* (2003). Cães e lobos socializados da mesma maneira foram treinados a abrir uma caixa para ter acesso a um alimento. Após os animais terem dominado a tarefa, apresentou-se uma condição experimental em que a caixa estava lacrada. Diante da impossibilidade de resolver o problema, os cães olhavam mais rapidamente e por mais tempo para os experimentadores do que os lobos, que preferiam tentar resolver a tarefa por conta própria. Miklósi *et al.* (2003) argumentaram que o olhar preferencial para o ser humano seria resultado de uma predisposição genética, difícil de ser induzida nos lobos, mesmo quando socializados. Divergem, assim, de Hare *et al.* (2002), ao sugerirem que o desenvolvimento de comportamentos comunicativos "tipicamente humanos" teria sido o resultado de um primeiro passo da domesticação, em que a principal pressão seletiva foi a necessidade de estabelecer a comunicação entre as duas espécies e não um subproduto incidental de uma seleção contra a agressividade conforme propõem Hare e colaboradores.

No entanto, Reid (2009) sugere que a domesticação por meio da redução do medo e/ou dos comportamentos agressivos direcionados a humanos (como já discutimos anteriormente neste capítulo) teria facilitado o surgimento das capacidades cognitivas dos cães. Durante a domesticação, traços selecionados pela interação com humanos (e.g., maior tolerância à aproximação de pessoas) podem ter carregado consigo outras características comportamentais e cognitivas que, com o passar do tempo evolutivo, teriam resultado nessa alta capacidade de resposta a estímulos sociais humanos (Hare *et al.*, 2002; Hare & Tomasello, 2005).

Ainda sob a perspectiva evolutiva, alguns cientistas atribuem a propensão dos cães por interações sociais humanas à evolução convergente, em que as duas espécies geneticamente distintas teriam sido modeladas por pressões seletivas similares (e.g., Hare & Tomasello, 2005, Reid, 2009). Vários autores (e.g., Miklósi *et al.*, 2000; Miklósi, Topál, & Csányi, 2004; Miklósi & Topál, 2005) acreditam que a domesticação como evento unidirecional não é suficiente para explicar as habilidades sociais altamente desenvolvidas dos cães. Eles defendem a ideia de que, a partir de um determinado momento, cães e humanos teriam evoluído juntos e que esse seria o motivo da existência de habilidades "tipicamente humanas" nos cães. Isso teria, então, equipado os cães com um maquinário cognitivo que não só é sensível às pistas e gestos humanos como também responde apropriadamente a essas informações; e, ao mesmo tempo, as pessoas com um maquinário cognitivo que também as tornaram capazes de ler esses animais, como por exemplo, a habilidade dos humanos de associarem estados emocionais a diferentes vocalizações dos cães independentemente de conviverem ou não com eles (Pongrácz, Molnár, Miklósi, & Csányi, 2005; Pongrácz, Molnár, & Miklósi, 2006).

## Considerações Finais

De acordo com Reid (2009), ainda não existe nenhum dado conclusivo do por que os cães seriam tão bons em responder a gestos comunicativos humanos. Pode ser um reflexo de um processo geral de aprendizagem que resulta da intensa exposição ao mundo humano durante a vida do indivíduo. Ao mesmo tempo, é possível que essas habilidades sejam um subproduto da domesticação e que se tratem de habilidades inatas que se manifestam espontaneamente. Alternativamente, durante o período de evolução compartilhada com o ser humano, cães podem ter desenvolvido habilidades cognitivas especializadas para interpretar o significado de sinais comunicativos humanos e para se engajar em trocas intencionais de informação com as pessoas. Os capítulos sobre comunicação (Capítulo 2) e percepção de emoções (Capítulo 7) deste livro trazem alguns exemplos de como esses aspectos se relacionam no desenvolvimento de habilidades sociocognitivas dos cães para interagir com o ser humano.

De qualquer forma, seja por processos naturais gerais ou pela seleção intencional do ser humano, os cães se adaptaram ao nosso mundo com bastante sucesso e é provável que isso seja devido, em grande parte, à sua capacidade de responder apropriadamente às interações conosco. É consenso que o cão é um animal especialmente preparado para perceber e interpretar sinais comunicativos do ser humano (e.g., Topál, Byrne, Miklósi, & Csányi, 2006) e para comunicar-se com este usando seu repertório natural de comportamentos (Ades, Rossi, & Pinseta, 2000). Alguns argumentam que cães e pessoas são mais do que espécies simpátricas, que essa associação tenha sido mutuamente benéfica, facilitando assim o desenvolvimento de uma série de habilidades que possibilitam relações tão duradouras entre espécies filogeneticamente distantes (Reid, 2009).

As evidências atualmente disponíveis favorecem as diferentes hipóteses não de forma exclusiva, mas dentro de uma dinâmica de interação entre a genética e os diversos moduladores do ambiente, que, combinados, possibilitam o desenvolvimento das habilidades cognitivas e características comportamentais. Na verdade, autores como Rose e colaboradores desde o começo da década de 80 questionam as razões pelas quais cientistas insistem em fazer uso de determinismos e dicotomias como "*nature vs. nurture*", tratando aspectos como genes e ambiente como causas separadas dos comportamentos; a própria genética do desenvolvimento já há muito tempo vem demonstrando que os dois são inseparáveis (Rose, Lewontin, & Kamin, 1984). Rose e Rose (2001) discutem que os comportamentos e mecanismos cognitivos são resultado de um processo que envolve diversos eventos e níveis múltiplos de interação e Rogoff (2005) pontua que aspectos biológicos não podem ser dissociados de aspectos sociais, culturais e de desenvolvimento, uma vez que funcionam articuladamente. A evolução e o desenvolvimento das habilidades dos cães, assim como a estrutura das habilidades em si, não deveriam ser pensados a partir de pressupostos excludentes, mas, sim, pautados em uma discussão integrada e interacional.

## Referências

Ades, C., Rossi, A., & Pinseta, D. (2000). In C. V. Santos & M. L. Vieira (Orgs.), *Anais do XVIII Encontro Anual de Etologia* (p. 213). Florianópolis: Sociedade Brasileira de Etologia.

Alcock, J. (2009). *Animal behavior: An evolutionary approach* (8th ed.). Sunderland, MA: Sinauer Associates.

Belyaev, D. K. (1979). Distabilizing selection as a factor in domestication. *Journal of Heredity, 70*(5), 301-308.

Bräuer, J., Call, J., & Tomasello, M. (2004). Visual perspective taking in dogs (*Canis familiaris*) in the presence of barriers. *Applied Animal Behaviour Science, 88*(3-4), 299-317.

Call, J., Bräuer, J., Kaminski, J., & Tomasello, M. (2003). Domestic dogs (*Canis familiaris*) are sensitive to the attentional state of humans. *Journal of Comparative Psychology, 117*(3), 257-263.

Coppinger, R., & Coppinger, L. (2001). *Dogs: A startling new understanding of canine origin, behaviour, and evolution*. New York, NY: Scribner.

Davis S. J. M., & Valla F. R. (1978). Evidence for domestication of the dog 12.000 years ago in the Natufian of Israel. *Nature, 276*(5688), 608-610.

Ding, Z.-L., Oskarsson, M., Ardalan, A., Angleby, H., Dahlgren, L-G., Tepeli, C., ... Zhang, Y. P. (2012). Origins of domestic dog in Southern East Asia is supported by analysis of Y-chromosome DNA. *Heredity, 108*(5), 507-514.

Elgier, A. M., Jakovcevic, A., Barrera, G., Mustaca, A. E., & Bentosela, M. (2009). Communication between domestic dogs (*Canis familiaris*) and humans: Dogs are good learners. *Behavioural Processes, 81*(3), 402-408.

Frantz, L. A. F., Mullin, V. E., Pionnier-Capitan, M., Lebrasseur, O., Ollivier, M.,... Larson, G. (2016). Genomic and archaeological evidence suggests a dual origin of domestic dogs. *Science, 352*(6290), 1228-1231.

Galibert, F., Quignon, P., Hitte, C., & André, C. (2011). Toward understanding dog evolutionary and domestication history. *Comptes Rendus Biologies, 334*(3), 190-196.

Hare, B., Brown, M., Williamson, C., & Tomasello, M. (2002). The domestication of social cognition of dogs. *Science, 298*(5598), 1634-1636.

Hare, B., & Tomasello, M. (2005). Human-like social skills in dogs? *Trends in Cognitive Science, 9*(9), 439-444.

Hare, B., Wobber, V., & Wrangham, R. (2012). The self-domestication hypothesis: Evolution of bonobo psychology. *Animal Behaviour, 83*(3), 573-585.

Horowitz, A. (2009). Attention to attention in domestic dog (*Canis familiaris*) dyadic play. *Animal Cognition, 12*(1), 107-118.

Instituto Brasileiro de Geografia e Estatística. (2015). *Pesquisa nacional de saúde 2013: acesso e utilização dos serviços de saúde, acidentes e violências: Brasil, grandes regiões e unidades da federação* (100 pp.). IBGE, Coordenação de Trabalho e Rendimento. Rio de Janeiro: IBGE.

Larson, G., Karlsson, E. K., Perri, A., Webster, M. T., Ho, S. Y. W., Peters, J., ... Lindblad-Toh, K. (2012) Rethinking dog domestication by integrating genetics, archeology and biogeography. *PNAS, 109*(23), 8878-8883.

Miklósi, Á. (2015). *Dog behaviour, evolution and cognition* (2nd ed.). Oxford: Oxford University Press.

Miklósi, Á., Kubínyi, E., Topál, J., Gácsi, M., Virányi, Z., & Csányi, V. (2003). A simple reason for a big difference: Wolves do not look back at humans but dogs do. *Current Biology 13*(9), 763-766.

Miklósi, Á., Polgárdi, R., Topál, J., & Csányi, V. (2000). Intentional behaviour in dog-human communication: An experimental analysis of "showing" behaviour in the dog. *Animal Cognition, 3*(3), 159-166.

Miklósi, Á., & Topál, J. (2005). Is there a simple reason for how to make friends? *Trends in Cognitive Sciences, 9*(10), 463-464.

Miklósi, Á., Topál, J., & Csányi, V. (2004). Comparative social cognition: What can dogs teach us. *Animal Behavior, 67*(6), 995-1004.

Pongrácz, P., Miklósi, Á., & Csányi, V. (2001). Owner's beliefs on the ability of their pet dogs to understand human verbal communication: A case of social understanding. *Current Psychology of Cognition, 20*(1-2), 87-107.

Pongrácz, P., Molnár, C., Miklósi, Á., & Csányi, V. (2005). Human listeners are able to classify dog (*Canis familiaris*) barks recorded in different situations. *Journal of Comparative Psychology, 119*(2) 136-144.

Pongrácz, P., Molnár, C., & Miklósi, Á. (2006). Acoustic parameters of dog barks carry emotional information for humans. *Applied Animal Behaviours Science, 100*(3-4), 228-240.

Reid, P. J. (2009). Adapting to the human world: Dogs' responsiveness to our social cues. *Behavioural Processes, 80*(3), 325-333.

Riedel, J., Schumann, K., Kaminski, J., Call, J., & Tomasello, M. (2008). The early ontogeny of human-dog communication. *Animal Behaviour, 75*(3), 1003-1014.

Rogoff, B. (2005). *A natureza cultural do desenvolvimento humano*. Porto Alegre, RS: Artmed.

Rose, H., & Rose, S. (2001). *Alas, poor Darwin: Arguments against evolutionary psychology*. London: Vintage.

Rose, S., Lewontin, R. C., & Kamin, L. J. (1984). *Not in our genes: Biology, ideology and human nature*. London: Penguin Group.

Savolainen, P., Zhang, Y., Luo, J., Lundeberg, J., & Leitner, T. (2002). Genetic evidence for an East Asian origin of domestic dogs. *Science, 298*(5598), 1610-1613.

Schwab, C., & Huber, L. (2006). Obey or not obey? Dogs (*Canis familiaris*) behave differently in response to attentional states of their owners. Journal *of Comparative Psychology, 120*(3), 169-175.

Skoglund, P., Ersmark, E., Palkopoulou, E., & Dalén, L. (2015). Ancient wolf genome reveals an early divergence of domestic dog ancestors and admixture into high-latitude breeds. *Current Biology, 25*(11), 1515-1519.

Thalmann, O., Shapiro, B., Cui, P., Schuenemann, V. J., Sawyer, S. K., Greenfield, D. L., ... Wayne, R. K. (2013). Complete mitochondrial genomes of ancient canids suggest a european origin of domestic dogs. *Science 342*(6160), 871-874.

Topál. J., Byrne, R., Miklósi, Á., & Csányi, V. (2006). Reproducing human actions and action sequences: "Do as I Do!" in a dog. *Animal Cognition, 9*(4), 355-367.

Trut, L. N., Plyusnina, I. Z., & Oskina, I. N. (2004). An experiment on fox domestication and debatable issues of evolution of the dog. *Russian Journal of Genetics, 40*(6), 644-655.

Udell, M. A. R., & Wynne, C. D. L. (2008). A review of domestic dogs' (*Canis familiaris*) human-like behaviors: Or why behavior analysts should stop worrying and love their dogs. *Journal of the Experimental Analysis of Behavior, 89*(2), 247-261.

Vilà, C., Savolainen, P., Maldonado, J. E., Amorin, I. R., Rice, J. E., Honeycutt, R. L., ... Wayne, R. K. (1997). Multiple and ancient origins of the domestic dog. *Science, 276*(5319), 1687-1689.

Virányi, Z., Topál, J., Gácsi, M., Miklósi, Á., & Csányi, V. (2004). Dogs respond appropriately to cues of humans' attentional focus. *Behavioural Processes, 66*(2), 161-172.

Virányi, Z., Gácsi, M., Kubinyi, E., Topál, J., Belenyi, B., Ujfalussy, D., & Miklósi, Á. (2008). Comprehension of human pointing gestures in young human-reared wolves (*Canis lupus*) and dogs (*Canis familiaris*). *Animal Cognition, 11*(3), 373-387.

Wynne, C. D. L. (2009). Editorial. *Behavioural Processes, 81*(3), 355-357.

Wynne, C. D. L., Udell, M. A. R., & Lord, K. A. (2008). Ontogeny's impacts on human-dog communication. *Animal Behaviour, 76*, e1-e4.

Zuberbühler, K., & Byrne, R. W. (2006). Social cognition. *Current Biology, 16*(18), R786-R790.

# 2
# A comunicação entre o cão e o ser humano

*Carine Savalli*

*O meu cão só falta falar*

Todo tutor tem uma boa história para contar sobre como seu cão é habilidoso em comunicar o que quer e também como ele parece compreender o que se fala. As habilidades comunicativas dos cães são tão enaltecidas pelos seus tutores que passaram a chamar atenção da ciência que estuda a cognição e o comportamento dos animais. O cão ganhou atenção da Etologia contemporânea devido às suas habilidades sociais, cooperativas e, principalmente, comunicativas. Uma das razões para a Etologia voltar seus olhos para os cães foi que o ambiente de experiência e exposição deles é comparável ao das crianças e o contato intenso e muito próximo com o ser humano favoreceu o desenvolvimento de várias capacidades funcionalmente similares às dos seres humanos. São muitas as habilidades sociocognitivas dos cães que possibilitam a cooperação com o ser humano em diversas atividades como caça, pastoreio, etc; mas foi, sobretudo, o desenvolvimento de uma comunicação especial e afinada entre as duas espécies a principal razão do sucesso dessa relação, sendo, portanto, importante compreendê-la do ponto de vista científico.

## Conceitos básicos sobre comunicação

A comunicação é um processo que envolve a interação entre dois indivíduos, o emissor de um sinal e o receptor, sendo que a função desse sinal pode ser deduzida a partir da resposta do receptor (Alcock, 2005). Por exemplo, quando balançamos a cabeça afirmativamente em resposta a um convite de outra pessoa estamos na posição do emissor de um sinal visual (o balançar de cabeça) que tem a finalidade de transmitir a mensagem de concordância com aquela pessoa, que, por sua vez, está na posição de receptor da mensagem e apresentará um comportamento apropriado em resposta àquele sinal; por exemplo, agradecerá o aceite do convite.

Existem vários canais de comunicação: visual, sonoro, por meio de cheiros, etc. O som é bastante flexível, uma quantidade enorme de mensagens pode ser transmitida pela modulação de parâmetros acústicos como a frequência, a tonalidade e o volume e pode ser usado para a comunicação entre indivíduos que estão fisicamente distantes. Já para animais territorialistas, deixar seu cheiro em algum local do ambiente pode ser útil para comunicar aos seus adversários que eles devem manter-se distantes. Por outro lado, a comunicação visual depende da perspectiva visual e do estado de atenção do receptor da mensagem (Alcock, 2005), exigindo uma certa proximidade entre emissor e receptor.

A evolução de um novo sinal comunicativo e seu valor adaptativo, tanto para emissor quanto para receptor, é um assunto de grande interesse da Etologia. Ser capaz de transmitir um dado sinal ou prestar atenção e responder a ele não pode diminuir o sucesso reprodutivo do animal para que esse sinal evolua (Hauser, 2000). Por exemplo, se emitir um sinal para um coespecífico chamar atenção de predadores, esse sinal poderá diminuir as chances de sobrevivência do emissor e, sendo este predado, não passará adiante seus genes e aquele sinal não evoluirá. Além disso, se o receptor consistentemente não responder ao sinal, este passa a não ter mais função comunicativa.

O processo a partir do qual a maioria dos sinais comunicativos surgem é denominado ritualização. Um determinado comportamento de um indivíduo passa a ter uma função comunicativa quando começa a gerar uma resposta em um receptor que confere vantagens àquele indivíduo. A ritualização pode moldar um sinal ao longo de um caminho evolutivo, processo chamado de ritualização filogenética, ou pode moldar um sinal ao longo da vida de um indivíduo, a ritualização ontogenética (Scott-Phillips, Blythe, Gardner, & West, 2011). Um cão pode, por exemplo, apontar o focinho para o pote de comida, no início de forma espontânea para cheirá-lo. Mas se seu tutor recompensá-lo por esse comportamento oferecendo comida, o cão pode aprender que esse sinal influencia o comportamento do seu tutor em seu favor, e passar a usá-lo para comunicar seu desejo pela comida. A partir desse exemplo, podemos assumir que parte dos sinais que utilizamos no processo comunicativo pode surgir a partir de repetidas interações entre os atores envolvidos (Savalli & Ades, 2011). Entretanto, no caso dos cães, esse processo está potencializado uma vez que há de antemão uma predisposição para interagir e se comunicar com os seres humanos. Portanto, filogênese e ontogênese contribuem para o desenvolvimento dessa comunicação interespecífica.

Questões como compreensão e produção de sinais, percepção do estado de atenção, referencialidade e intencionalidade dos sinais comunicativos são temas comumente abordados pela Etologia para estudar a comunicação intra e interespecífica e serão abordados neste capítulo com o foco na comunicação entre o cão e o ser humano.

## Compreensão e produção de sinais comunicativos

A compreensão e a produção de um sinal comunicativo envolvem mecanismos cognitivos diferentes. Por exemplo, antes de uma criança começar a falar, ela desenvolve uma compreensão de um vocabulário sobre objetos, eventos e ações (Seyfarth & Cheney, 2010). A compreensão é mais flexível e mais influenciada por mecanismos de aprendizagem, já a produção de um sinal sonoro, por exemplo, é mais limitada às estruturas acústicas que o indivíduo é capaz de articular. Os cães possuem um repertório de vocalizações limitado, não podem falar como nós! No entanto, eles são capazes de aprender a responder a comandos e palavras proferidas pelos seus tutores (Andics *et al.*, 2016). Quando muito estimulados, podem aprender centenas de palavras (ver Capítulo 3 sobre alguns estudos de caso).

A produção de sinais comunicativos, embora seja mais restrita, não é também completamente fixa. Os cães desenvolveram e refinaram, ao longo da domesticação, um repertório de sinais visuais e sonoros especialmente selecionados para a comunicação conosco, sendo possível, inclusive, treinar esses animais para utilizar símbolos visuais arbitrários para comunicar seus desejos aos seres humanos (Rossi & Ades, 2008; o Capítulo 3 descreve em detalhes o estudo com a cadela Sofia, que aprendeu a usar um teclado com símbolos para fazer pedidos).

## SINAIS COMUNICATIVOS REFERENCIAIS

Sinais comunicativos que informam ou se referem a um objeto (ou evento) no ambiente são considerados sinais referenciais (Savalli, Ades & Gaunet, 2014). A comunicação referencial já foi descrita em várias espécies. Um exemplo clássico na Etologia é a dança das abelhas (*Apis mellifera*); Von Frisch, em 1955, sugeriu que esses insetos seriam capazes de se comunicar por meio de movimentos corporais que indicariam a distância e a direção de uma fonte de alimento. Os golfinhos (*Tursiops truncatus*) também já foram observados indicando objetos no ambiente (Xitco, Gory, & Kuczaj, 2001).

Há duas formas de comunicação referencial estudadas na Etologia: a simbólica, que não exige o acesso visual ao objeto a ser comunicado e a comunicação por meio de gestos de mostrar ou apontar, que implica em uma relação espacial entre o emissor, o receptor e o objeto a ser comunicado.

A comunicação referencial simbólica, por exemplo baseada em vocalizações, é utilizada pelos animais principalmente para informar sobre fontes de alimentos e predadores ou em contextos sociais (Seyfarth, Cheney, & Marler, 1980). O exemplo mais conhecido da Etologia é a emissão de alarmes por macacos vervets (*Cercopithecus aethiops*) para indicar três tipos de predadores: águia, leopardo e cobra (Seyfarth *et al.*, 1980). Cada vocalização elicia uma resposta comportamental diferente nos coespecíficos, que é apropriada para a fuga de cada tipo de predador (e.g., o sinal que se refere ao predador aéreo elicia um comportamento de fuga e procura de esconderijo, o sinal que se refere ao predador terrestre elicia um comportamento de subir em árvores). Os comportamentos dos coespecíficos não são simples reações emocionais diante da presença dos predadores pois quando eles escutam *playbacks* dos chamados na ausência de predadores, eles continuam reagindo de forma apropriada para fugir de cada predador (Zuberbuhler, 2003), ou seja, o conteúdo semântico do chamado é característico para cada predador, independentemente deste estar visível ou não. Tais evidências sugerem que esses animais podem ter uma "representação mental" de seus predadores, embora essa interpretação seja controversa por atribuir uma capacidade cognitiva complexa aos animais. Também foi observado um efeito de audiência: esses macacos emitem mais chamados de alarme na presença de coespecíficos para receber a mensagem; por exemplo, fêmeas emitem alarmes com mais frequência na presença dos filhotes (Cheney & Seyfarth, 1985).

Cães também já foram estudados quanto à referencialidade de algumas vocalizações. Eles produzem rosnados diferentes para diferentes situações sociais com seus coespecíficos. Um estudo verificou que ao escutar um *playback* de um rosnado de guarda de comida, cães passavam menos tempo em contato com a comida do que quando eles escutavam uma vocalização de brincadeira ou de ameaça a um humano (Faragó, Pongrácz, Range, Virányi, & Miklósi, 2010). Há evidências, portanto, de que as vocalizações dos cães possuam conteúdos semânticos distintos e que os receptores das mensagens (outros cães) reajam de forma apropriada para cada situação.

Diferentemente das vocalizações, o comportamento de mostrar e apontar é um tipo de sinal referencial que requer a percepção visual do objeto e atenção conjunta do emissor e do receptor para o mesmo (Shepherd, 2010). Os gestos de apontar são usados entre os seres humanos como uma forma de manipular atenção de um outro indivíduo para um objeto ou evento no ambiente, e são considerados sinais referenciais de caráter cooperativo.

Muitos tutores afirmam que seus cães são talentosos em seguir seus gestos de apontar. Hare, Call e Tomasello (1998) e Miklósi, Polgárdi, Topál, & Csányi (1998) apresentaram as primeiras evidências científicas dessas habilidades comunicativas nos cães. Ao replicarem as tarefas que usualmente eram feitas com chimpanzés (*Pan troglodytes*), esses grupos de pesquisa encontraram resultados surpreendentes.

## O USO DOS GESTOS DE APONTAR DO SER HUMANO

De fato, os cães parecem especialmente preparados para usar os gestos referenciais de apontar dos seres humanos. O paradigma experimental clássico usado para estudar essa habilidade nos cães é uma tarefa de escolha entre dois potes chamada "tarefa de dupla escolha" (em inglês *two-choice task*), em que os seres humanos usam gestos de apontar para indicar qual dos potes contém um alimento escondido (Figura 1). Quando submetidos a esse teste, os cães não sabem onde o alimento foi escondido e um controle de cheiro evita que a escolha seja feita por esse critério. Nesse teste, os cães se mostram habilidosos em usar os gestos de apontar dos seres humanos para encontrar o local da comida escondida (Miklósi & Soproni, 2006, Figura 1), enquanto os chimpanzés normalmente falham nessa tarefa (Hare & Tomasello, 2004). Uma possível razão para essa falha é que os chimpanzés que participam dos estudos são criados em cativeiro, em situações controladas e muitas vezes as tarefas propostas nos estudos não apresentam relevância ecológica para essa espécie. Por outro lado, o habitat natural do cão é o ambiente humano há milhares de anos (ver Capítulo 1 para uma discussão sobre a origem dos cães); portanto, tarefas que envolvam a interação com o ser humano são, de fato, ecologicamente relevantes para os cães.

*Figura 1*. Paradigma experimental de escolha entre dois potes, com base no gesto de apontar.

A habilidade dos cães em responder às dicas sociais humanas, como gestos de apontar, já foi largamente investigada. Há uma considerável variação de tipos de gestos apresentados no teste de escolha entre dois potes em diferentes estudos. O gesto pode ser estático, dinâmico ou momentâneo; o informante pode ficar parado na posição e apontando para o objeto continuamente, ou pode recolher o braço após emitir o gesto de apontar — o que exige que o cão se lembre qual pote foi indicado no momento de fazer a sua escolha. Além disso, o gesto pode ser próximo ou distante do pote; pode ser simétrico, quando o informante humano se posiciona equidistante dos potes, ou assimétrico, quando ele está mais próximo de um dos potes e aponta para o outro. Pode, ainda, ser cruzado, por exemplo, o braço direito apontando para o pote esquerdo, ou vice-versa. Em revisão sobre tantas variações já usadas nesse paradigma experimental, Miklósi e Soproni (2006) encontraram que os cães são habilidosos em seguir os gestos de apontar dos seres humanos em todas as situações. Até mesmo quando o gesto é assimétrico, cuja tendência natural seria escolher o pote do qual o informante está mais próximo, os cães ainda preferem a informação do gesto ao invés da posição do informante. Quando dicas são combinadas, tornando a informação mais saliente (e.g., quando o informante associa alternância de olhares aos gestos), o desempenho dos cães na tarefa de escolha entre dois potes é ainda melhor (Miklósi & Soproni, 2006). Brandão (2012) verificou também que o conteúdo informativo do gesto de apontar permanece retido na memória dos cães por um minuto após a sua apresentação (o Capítulo 5 descreve em detalhes esse estudo).

Para considerar que um gesto de apontar é informativo, é necessário assumir que o receptor seja capaz de atribuir alguns conhecimentos, desejos e intenções ao informante. Caso contrário, o uso dos gestos seria somente resultado de uma aprendizagem associativa ou, então, o gesto teria somente a função de um simples comando a ser obedecido, ordenando que o cão vá a determinado local. Para testar essa hipótese, Scheider, Kaminski, Call e Tomasello (2013) apresentaram a cães uma adaptação da tarefa da escolha entre dois potes, em que o experimentador apontava sempre para o pote incorreto (sem a comida). Entre os fatores estudados, considerou-se o conhecimento do cão sobre o local da comida escondida: em uma das condições, o cão testemunhava a comida sendo escondida; já em outra, a única informação disponível era o gesto de apontar do experimentador. Na ausência de informação adicional sobre o local da comida, os cães preferiam seguir o gesto de apontar do experimentador. Entretanto, quando os cães presenciavam a comida sendo escondida em um dos potes, eles preferiam confiar em sua experiência visual prévia e ignorar o gesto incorreto do experimentador. Esse resultado sugere que seguir o gesto de apontar não significa somente responder a um comando ou a uma ordem, é mais do que isso.

Com o intuito de verificar se quando seguem os gestos de apontar de um informante humano os cães percebem, de fato, sua intenção em transmitir uma informação, Kaminski, Schulz e Tomasello (2012) compararam cães na tarefa da escolha entre dois potes, com base em gestos de apontar, em duas condições: em uma das condições o experimentador estabelecia contato visual e apontava intencionalmente para o pote correto; e, em outra condição, o experimentador procedia mecanicamente com o mesmo gesto de estender o braço em direção ao pote correto; mas de forma não intencional como se estivesse inspecionando o relógio no seu pulso. Esse estudo reforçou a hipótese de que cães percebem as intenções de seus informantes, uma vez que eles seguiam acima do acaso os gestos de apontar intencionais, mas não o faziam com os gestos não intencionais

Possivelmente, essa habilidade de seguir as dicas sociais humanas foi moldada pela domesticação, mas também sofre influência da experiência ao longo da vida do indivíduo. A seleção artificial também cumpriu um importante papel no desenvolvimento dessas habilidades: as raças cooperativas, selecionadas para trabalhar em contato visual com o ser humano, respondem melhor na tarefa da escolha entre dois potes do que outras raças (Gácsi, McGreevy, Kara, & Miklósi, 2009).

## A BUSCA DO OLHAR E COOPERAÇÃO

Os cães apresentam uma tendência a inspecionar a região dos olhos do ser humano (Pitteri, Mongillo, Carnier, Marinelli, & Huber, 2014). Embora alguns autores argumentem que os cães evitam o contato visual por representar uma ameaça (Perez-Guisado & Munoz-Serrano, 2009), em um contexto amigável e de cooperação com seu tutor, o contato visual ganha outro significado e, de fato, representa um facilitador da comunicação sinalizando para ambos que estão prontos para iniciar a emissão e a recepção dos sinais visuais (Vas, Topál, Gácsi, Miklósi, & Csányi, 2005; Topál, Kis, & Oláh, 2014; Savalli, Resende, & Gaunet, 2016, Figura 2).

*Figura 2*. Os cães olham nos olhos dos seres humanos. O estudo de Savalli *et al*. (2016) reforçou a importância do contato visual na comunicação entre as duas espécies — Foto de Maria Mascarenhas Brandão.

Os cães apresentam uma prontidão não somente para seguir o olhar humano em situações de forrageamento (Soproni, Miklósi, Topál, & Csányi, 2001; Téglás, Gergely, Kupán, Miklósi, & Topál, 2012), mas também para mostrar com o próprio olhar algo que querem no ambiente (Miklósi, Polgárdi, Topál, & Csányi, 2000; Miklósi *et al.*, 2003; Gaunet, 2008), o que sugere que eles são capazes de compartilhar atenção com os seres humanos. A tendência a seguir o olhar humano é ainda mais evidente quando é precedida de dicas ostensivas como chamar pelo nome e buscar contato visual, dicas essas que fornecem informações sobre a intenção do emissor de se comunicar (Téglás *et al.*, 2012), de forma semelhante ao que foi discutido sobre a percepção de gestos de apontar intencionais e não intencionais. Entretanto, Agnetta, Hare e Tomasello (2000) observaram, em seu estudo, que cães não seguiram o olhar do experimentador quando este olhava para frente ao longe, para o "espaço vazio", fora do contexto de forragenamento.

Cães usam as dicas de atenção e o contato visual para monitorar os seres humanos e suas reações. Um importante estudo treinou cães e lobos socializados com poucos dias de vida na tarefa de abrir uma caixa para ter acesso a um alimento. Em uma situação teste a caixa foi então lacrada e observou-se que, enquanto os cães rapidamente (e por muito mais tempo) olhavam para seus tutores, os lobos preferiam tentar solucionar o problema por conta própria sem buscar da mesma forma o olhar e a cooperação de seus cuidadores (Miklósi *et al.*, 2003).

A convivência diária do cão com o seu tutor e a dependência dessa relação para obter comida, água e interações sociais favorecem o estabelecimento da comunicação em cada díade. Nesses contextos, o contato visual entre eles está sempre sendo reforçado. O ambiente e as experiências vividas ao longo da vida de cada cão, sem dúvida, moldam essa competência. O comportamento dos cães de olhar para a face do ser humano torna-se mais frequente quando reforçado e pode se extinguir quando esse reforço é interrompido (Barrera, Mustaca, & Bentosela, 2010). Para cães de abrigos, que não convivem diariamente com um tutor, esse comportamento se extingue mais rapidamente do que para cães de companhia (Jakovcevic, Mustaca, & Bentosela, 2012). Cães de *agility*, por outro lado, intensivamente treinados e estimulados a olhar para o ser humano, buscam mais a cooperação e o olhar do ser humano do que cães não treinados (Marshall-Pescini, Passalacqua, Barnard, Valsecchi, & Prato Previde, 2009).

## A SENSIBILIDADE DOS CÃES À DIREÇÃO DA ATENÇÃO E À PERSPECTIVA VISUAL DO SER HUMANO

Para que aconteça a comunicação visual é fundamental que o receptor do sinal esteja em uma posição capaz de percebê-lo. Vários estudos mostram que quando os cães pedem comida levam em conta a posição corporal e a direção da atenção dos seres humanos (Gácsi, Miklósi, Varga, Topál, & Csányi, 2004; Virányi, Topál, Gácsi, Miklósi, & Csányi, 2004), o que também acontece quando realizam ações proibidas (Call, Brauer, Kaminski, & Tomasello, 2003). Eles são, no entanto, mais sensíveis à direção da cabeça e da face do que à direção dos olhos (Gácsi *et al.*, 2004; Yamamoto, Ohtanib, & Ohtab, 2011).

Virányi e colaboradores (2004) verificaram que ao receber uma instrução de um comando "deita", os cães responderam mais rapidamente quando o instrutor estava atento e fazendo contato visual do que quando olhava fixo à frente para o espaço vazio. Por outro lado, esses mesmos cães responderam mais nessa situação em que o instrutor olhava fixo à frente para o espaço vazio do que quando havia outra pessoa à sua frente. Os autores argumentam que os cães agiram como se a presença de uma pessoa no campo visual do instrutor indicasse que aquele comando verbal seria para ela e não para eles.

No estudo de Braüer, Call e Tomasello (2004) cães preferiram se aproximar de uma comida proibida no chão quando ela estava escondida atrás de uma barreira, que bloqueava a visão dos seus tutores à comida. Além disso, os cães também roubaram mais comida do chão quando estavam no escuro (Kaminski, Pitsch, & Tomasello, 2013) enquanto hesitaram mais quando somente a comida estava iluminada; um indício de que eles percebiam que o experimentador podia ver a comida quando ela estava iluminada. Já em outro estudo desse mesmo grupo de pesquisa (Kaminski, Braüer, Call, & Tomasello, 2009), anteparos foram usados para delimitar o que o experimentador podia ou não ver; no caso, os objetos de interesse eram dois brinquedos idênticos. O experimentador e o cão ficavam em lados opostos da sala, equidistantes aos dois brinquedos — um deles posicionado atrás de um anteparo opaco, fora do campo visual do experimentador, e outro atrás de um anteparo transparente (Figura 3). Ao ouvir o comando "busca", os cães apresentaram uma tendência para buscar o brinquedo que estava visível para o experimentador, atrás do anteparo transparente. Não houve preferência, no entanto, em outras duas condições, uma em que nenhum dos dois brinquedos estava visível para o experimentador, que se posicionava de costas para os dois anteparos, e outra em que os dois brinquedos estavam visíveis para o experimentador, que se posicionava do mesmo lado que o cão (de acordo com a Figura 3). Esse estudo apresentou, portanto, evidências de que os cães podem distinguir o que o ser humano pode ver ou não, ou seja, que esses animais são sensíveis à perspectiva visual do ser humano.

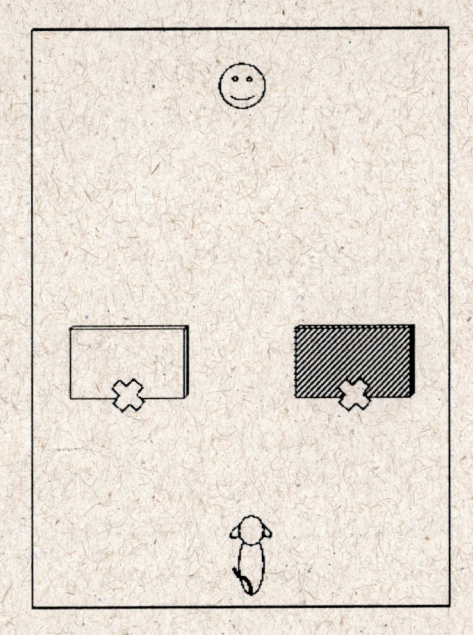

*Figura 3.* Desenho esquemático da condição experimental utilizada em Kaminski *et al.* (2009). Neste esquema os brinquedos estão representados pelo X. A caixa listrada representa o anteparo opaco que impedia a visão do experimentador ao brinquedo, enquanto a caixa lisa representa o anteparo transparente.

No estudo de Udell, Dorey e Wynne (2011) cães podiam pedir comida para duas pessoas, uma delas estava atenta e a outra não. Eles preferiram pedir comida para a pessoa atenta quando a outra pessoa estava lendo um livro; no entanto, não foi observada preferência quando a outra pessoa estava em uma situação estranha, com um balde cobrindo a cabeça. Como se o livro fosse, de fato, um sinal conhecido da ausência de atenção da pessoa para o cão. Os autores concluíram que cães são mais sensíveis a estímulos presentes em seu ambiente, o que ressalta a importância da experiência na discriminação do estado de atenção e da perspectiva visual do ser humano.

Embora os estudos descritos anteriormente indiquem que os cães são capazes de distinguir o que o ser humano pode ou não ver, Gaunet (2008) encontrou que cães de tutores cegos e cães de tutores com visão normal usaram as mesmas estratégias visuais para comunicar sobre uma comida inacessível, o que desafia os resultados anteriormente descritos, uma vez que sugere que cães de tutores cegos possivelmente não compreendam que seus tutores não podem ver. No entanto, curiosamente, os cães de tutores cegos usaram mais sinais sonoros de "lamber a própria boca" do que cães de tutores com visão normal, comportamento que pode ter sido reforçado ao longo da convivência com esses tutores que respondem a sons mas não a sinais visuais.

O grau de atenção que os cães prestam aos seres humanos também é um aspecto importante para estabelecer uma comunicação visual e pode estar relacionado à familiaridade ou à relação afetiva que possuem. Mongillo, Bono, Regolin e Marinelli (2010) verificaram que quando cães observavam o movimento do tutor e de uma pessoa estranha entrando e saindo de uma sala ao mesmo tempo, olhavam e prestavam mais atenção preferencialmente aos seus tutores. Mais recentemente, Horn, Range e Huber (2013) compararam o tempo que os cães passavam olhando atentos a uma pessoa manipulando caixas, que poderia ser o tutor ou uma pessoa estranha (em momentos distintos). Os cães olhavam por um tempo significativamente maior e ficavam mais interessados e atentos quando quem manipulava as caixas eram seus tutores. Entretanto, essa diferença não foi observada quando a pessoa estranha foi comparada com uma outra pessoa que era familiar ao cão mas não interagia com a mesma intensidade e frequência que o tutor.

É importante ressaltar que afirmar que cães são sensíveis às pistas de atenção do ser humano (postura, posição do corpo, direção do olhar) não implica em assumir que eles possuem uma representação cognitiva do que seja o olhar; esses resultados podem ser interpretados de forma parcimoniosa, como respostas à presença ou ausência de estímulos (e.g., olhos abertos ou fechados). Por outro lado, os resultados sobre a sensibilidade dos cães à perspectiva visual do ser humano mediada por anteparos (Braüer *et al.*, 2004, Kaminski *et al.*, 2009) demandam explicações mais complexas, uma vez que não podem ser interpretados como somente uma discriminação de diferentes posições corporais ou direção e visibilidade dos olhos. Esses estudos ressaltaram, de fato, uma dimensão sobre a capacidade de perceber o que o ser humano pode ou não ver.

## INTENCIONALIDADE

A comunicação intencional é usualmente associada a habilidades cognitivas complexas como atribuir representações mentais ao outro. Griffin (1976) foi um dos primeiros cientistas a atribuir interpretações mentalistas aos comportamentos de animais não humanos. Ele defendia que alguns desses animais poderiam planejar seus comportamentos e agir de forma intencional. O grande desafio dessa abordagem é que não há como mensurar estados subjetivos. Esta ênfase em atribuições mentalistas dificulta a investigação dessa habilidade em outros animais; no entanto, há várias tentativas de operacionalizar os estudos e definir critérios objetivos de tal forma a viabilizar análises comparativas.

Dennett (1983), por exemplo, propôs um tipo de operacionalização dessa capacidade sugerindo que os animais podem ter diferentes graus de intencionalidade. Um animal que somente responde a estímulos seria desprovido de intencionalidade. Já um animal capaz de ter crenças e desejos sobre o comportamento do outro teria um grau simples de intencionalidade. Mas se, além disso, ele também tiver a percepção sobre o estado mental do outro teria um grau maior de intencionalidade. Um nível mais complexo ainda se referiria ao caso em que o indivíduo seria capaz de planejar suas ações de tal forma a manipular o estado mental do outro. A partir dessa perspectiva, nós, seres humanos, teríamos o mais alto grau de intencionalidade, uma vez que podemos nos comunicar com a intenção de modificar o estado mental do outro (Shettleworth, 2010).

Para D'Entremont e Seamans (2007), uma criança de um ano é capaz de determinar o estado de atenção dos adultos, mas isso não implica que ela entende os adultos como agentes intencionais. Somente por volta de 18 meses de idade a criança passaria a compreender experiências subjetivas, crenças, emoções e desejos dos outros e a reconhecer que a perspectiva visual do outro é diferente da sua própria. Quando a criança indica algo no ambiente, como pedir um brinquedo, por exemplo, ela está buscando atenção conjunta com o cuidador, sugerindo que ela sabe o que o outro pode perceber ou ver. A criança começa, portanto, a compreender o outro como ser intencional a partir do momento em que passa a ser capaz de se engajar em ações cooperativas e coordenadas com um objetivo em comum. Isso requer que ambos os indivíduos respondam um ao outro. De acordo com Tomasello, Carpenter, Call, Behne e Moll (2005), a cooperação com objetivos comuns é o que diferencia a comunicação intencional humana de interações comunicativas entre outros animais. Entretanto, um bom contra-exemplo ao que defende Tomasello e colaboradores (2005) é a cooperação entre cães e seres humanos, com objetivos claramente comuns, e que, como já foi descrito neste capítulo, é a base da relação de milhares de anos entre as duas espécies.

Para Tomasello e colaboradores (2005) a comunicação referencial e intencional surge nas crianças antes do desenvolvimento da linguagem, quando elas começam a usar gestos de apontar para designar objetos no ambiente com objetivos cooperativos, estabelecendo atenção conjunta. A habilidade de produzir gestos de apontar pelas crianças é reforçada pela aprendizagem social. A partir da exposição dos gestos de seus cuidadores, as crianças aprendem que podem indicar o que querem ou direcionar atenção do outro com tais gestos. Mas para usá-los com essas intenções é necessário ter a compreensão do que o outro pode ver, ou seja, da perspectiva do outro, e ainda lhe atribuir estados mentais. Quando adultos não respondem aos gestos de apontar, as crianças persistem nos seus comportamentos comunicativos, aumentando a frequência de alternância de olhares e vocalizações (Liszkowski, Carpenter, Henning, Striano, & Tomasello, 2004). E, adicionalmente, elas apontam menos quando os adultos não podem vê-las (Liszkowski, Carpenter, & Tomasello, 2008).

Muitas são as controvérsias sobre quais sinais comunicativos podem ser considerados referenciais e intencionais, mas resultados de estudos com crianças na fase pré-linguística possibilitaram a definição de critérios necessários para considerar um sinal comunicativo como referencial e intencional. Para Bates, Camaioni e Volterra (1975) esse sinal deve ser usado socialmente e deve ser influenciado pela direção da atenção do receptor da mensagem. O emissor da mensagem deve apresentar alternância de olhares entre o receptor e o objeto a ser comunicado e, quando a tentativa de manipular o comportamento do receptor falhar, o emissor deve persistir e elaborar os sinais. O efeito de audiência (i.e., a influência da presença do receptor da mensagem) é um critério necessário para garantir que o sinal emitido tenha, de fato, função comunicativa e não simplesmente motivacional. Além disso, a influência da atenção visual (direção corporal ou do olhar) indica que o emissor da mensagem pode inferir para onde o receptor está olhando e sua disponibilidade para receber a mensagem visual. Um outro aspecto da comunicação referencial é a alternância de olhares, um comportamento comunicativo que tem o objetivo de chamar atenção do receptor para o objeto a ser comunicado. Por fim, a persistência e elaboração dos sinais quando falha a comunicação (i.e., quando o sinal não produz a resposta esperada no receptor) permite que o emissor deixe suas intenções mais claras e explícitas. Resumidamente, a comunicação intencional ocorre quando o emissor é capaz de discriminar e reagir apropriadamente ao estado e à direção de atenção do receptor e à sua disponibilidade para receber a mensagem.

A mudança da ênfase dos estudos sobre comunicação intencional, que passaram a focar nos comportamentos comunicativos observáveis e em critérios objetivos, sem a necessidade de inferir sobre aspectos subjetivos e habilidades mentalistas complexas, abriu a possibilidade de que as propriedades da comunicação intencional fossem testadas em outros animais, como o cão.

## Produção de sinais comunicativos referenciais e intencionais em cães

Vários estudos já validaram os critérios operacionais de referencialidade e intencionalidade propostos por Bates e colaboradores (1975) em chimpanzés em cativeiro (ver Leavens, Hopkins, & Bard, 2005 para uma descrição desses estudos). Chimpanzés na natureza também já foram observados usando gestos de apontar para pedir "catação" para outro indivíduo em uma região específica do corpo (Hobaiter & Byrne, 2011). Mas no que diz respeito aos cães, há ainda poucos estudos que investigaram a produção de sinais referenciais e intencionais.

Os paradigmas experimentais que envolvem pedir um objeto como comida ou brinquedo replicam uma situação ecologicamente relevante para o cão e são utilizados por alguns estudos. Em um desses estudos (Miklósi *et al.*, 2000), o experimentador escondia um pedaço de comida ou brinquedo em um de três possíveis locais na presença do cão; em seguida, saía da sala experimental e o tutor entrava, criando a oportunidade para o cão sinalizar ao tutor o local do objeto escondido. Em duas condições controles o cão ficava na presença ou somente do objeto (o tutor não entrava na sala) ou somente do tutor (o experimentador somente acariciava o cão e não escondia objeto algum). A partir da comparação dessas três situações experimentais quanto aos comportamentos comunicativos dos cães, essa pesquisa constatou que cães olhavam mais para o local da comida quando o tutor estava presente e olhavam mais para o tutor quando a comida estava presente. Na presença de ambos (objeto e tutor), cães usavam alternância de olhares entre eles e vocalizavam para sinalizar o local do objeto escondido. Esses comportamentos de chamar atenção apresentam a característica de serem direcionais e de guiarem atenção dos tutores para o alvo, e foram considerados, portanto, funcionalmente referenciais e intencionais.

Em outro estudo semelhante, cães também viam um brinquedo ser escondido em um lugar inacessível e eram observados quanto aos comportamentos de mostrar e a posição relativa no ambiente (Gaunet & Deputte, 2011). As condições experimentais desse estudo incluíam, da mesma forma que o estudo anterior, tutor e brinquedo presentes, somente o tutor ou somente o brinquedo presente. Os resultados mostraram que os cães olhavam e alternavam olhares entre tutor e local do brinquedo escondido e, adicionalmente, se posicionavam mais próximos do local do brinquedo escondido como uma forma de chamar atenção do tutor para o local.

A alternância de olhares já foi observada em outras situações, como em situações de resolução de problemas, a exemplo do já citado estudo (Milósi et al., 2003) em que, após serem treinados a obter um alimento abrindo uma caixa, os cães encontravam a caixa lacrada e, por isso, alternavam olhares entre o tutor e a caixa como forma de solicitar cooperação para abri-la (ver também Gaunet, 2008). A alternância de olhares também já foi descrita em um contexto em que os cães se deparavam com um objeto novo e potencialmente ameaçador, como um ventilador ligado. Nessa situação, a alternância de olhares indicava um monitoramento da atenção do ser humano ao objeto novo e uma busca por informações sobre o perigo que tal objeto poderia oferecer (Merola, Prato-Previde, & Marshall-Pescini, 2012).

Em outra tarefa em que os cães deveriam mostrar para um ajudante humano o local de um brinquedo e o local de uma ferramenta para alcançar tal brinquedo (uma vara), observou-se que os cães apresentaram sinais comunicativos para indicar o local do brinquedo, mas não para indicar o local da vara. Curiosamente, esses sinais comunicativos eram mais frequentes quando o ajudante não havia presenciado o brinquedo sendo escondido, o que sugere que os cães teriam uma percepção sobre o conhecimento do ajudante quanto ao local do brinquedo (Virányi *et al.*, 2006). No entanto, esse resultado não se confirmou em outro estudo semelhante (Gaunet & Massioui, 2014).

A persistência e elaboração dos sinais diante da falha na comunicação também já foi objeto de estudo. Em Gaunet (2010), cães-guias de cegos e cães de companhia participaram de um estudo em que um brinquedo era posicionado em um local inacessível e, após comunicarem-se com seus tutores sobre esse objeto no ambiente, eles poderiam receber o objeto pedido ou um objeto não familiar que não despertava seu interesse. Os cães persistiram nos comportamentos comunicativos quando receberam o objeto não familiar no lugar do brinquedo. Esse estudo não observou, no entanto, elaboração dos sinais diante da falha na comunicação (i.e., novas combinação de sinais ou novos sinais).

Mais recentemente, em 2014, Savalli e colaboradores apresentaram um estudo para avaliar em cães todos os critérios de referencialidade e intencionalidade propostos por Bates (1975) de maneira integrada (efeito de audiência, efeito de direção da atenção do ser humano, presença de alternância de olhares entre o ser humano e o objeto a ser comunicado, persistência e elaboração quando a comunicação falha). Cães foram apresentados a uma situação naturalística em que uma comida saborosa estava visível mas inacessível; para acessá-la os cães precisavam da cooperação de seus tutores. Na sala da pesquisa havia duas prateleiras que foram usadas de forma aleatória ao longo das condições experimentais para colocar a comida, e permitia, assim, a avaliação de um componente direcional dos comportamentos comunicativos. Diferente dos estudos anteriores (Miklósi *et al.*, 2000; Gaunet *et al.*, 2010; Gaunet & Deputte, 2011), no estudo de Savalli *et al.* (2014) a comida estava visível para o cão, de tal forma a evitar uma possível influência da habilidade de permanência de objetos (i.e., da compreensão de que um objeto continua existindo mesmo quando está fora do campo visual) e da memória no desempenho comunicativo dos cães.

Após o cão observar o experimentador colocar a comida em uma das prateleiras, o experimentador saía da sala por uma porta e o tutor entrava por outra (Figura 4). Em três condições experimentais, os cães podiam se comunicar com seus tutores nos primeiros 30 segundos e, após essa etapa, três desfechos foram comparados: 1) sucesso na comunicação — tutor dava a comida inteira; 2) sucesso parcial na comunicação — tutor dava somente metade da comida e 3) falha na comunicação — tutor oferecia uma comida indesejável (e.g., jiló), que estava na mesma prateleira que a comida apetitosa, colocando-a no chão. Após o desfecho seguia-se uma fase de mais 30 segundos, em que os comportamentos dos sujeitos também eram registrados. Além dessas três condições que permitiram estudar a persistência e elaboração em caso de falha na comunicação, os cães também foram observados somente na presença da comida (tutor ausente) e somente na presença do tutor (comida ausente). Por fim, havia ainda uma condição em que o tutor permanecia de costas para a comida. Comparações adequadas entre essas seis condições experimentais permitiram testar todos os critérios de referencialidade e intencionalidade (Savalli *et al.*, 2014). Os cães apresentaram comportamentos comunicativos direcionados à comida, especialmente alternância de olhares, que foram mais longos e frequentes quando o tutor estava presente e quando estava direcionado ao cão. Ademais, os cães persistiam e elaboravam os sinais quando não recebiam a comida inteira: eles continuavam alternando olhares e usavam mais sinais múltiplos combinados (e.g., olhares associados à vocalização ou lamber de boca). Os cães apresentaram, de fato, comportamentos de manipulação da atenção do tutor, que são compatíveis com os critérios de referencialidade e intencionalidade.

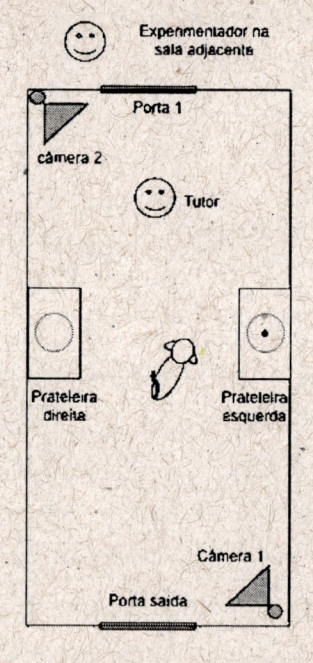

*Figura 4.* Desenho esquemático da sala experimental em Savalli *et al.* 2014, Savalli *et al.*, 2016.

A influência de dicas mais sutis da atenção do tutor (direção dos olhos, da cabeça, do olhar e o contato visual) na produção de sinais comunicativos dos cães também foi avaliada nessa mesma situação naturalística (Savalli *et al.*, 2016). O tutor podia estar olhando para um ponto fixo à frente, de olhos fechados, olhando para cima (somente com os olhos), olhando para o céu com a cabeça para cima, olhando para baixo lendo um livro ou, então, ele poderia estar atento, seguindo visualmente o cão. Esse estudo encontrou que dicas mais sutis da atenção visual não foram usadas individualmente; os cães não discriminaram somente a visibilidade dos olhos, mas sim o conjunto, cabeça e olhar. Os cães apresentaram mais comportamentos comunicativos quando os tutores estavam atentos e buscavam mais o contato visual (i.e., disponíveis para comunicação) do que quando eles estavam com a cabeça para cima ou para baixo, condições que envolviam mudança na direção da cabeça e dos olhos ao mesmo tempo. Os cães também olharam por mais tempo para os tutores quando estes estavam atentos do que quando estavam olhando para um ponto fixo à frente — situação em que a comida ainda estava dentro do campo visual periférico do ser humano (conforme Figura 4) — o que reforça ainda mais a importância do contato visual para os cães iniciarem a comunicação. Savalli e colaboradores (2016) defendem, portanto, que há uma distinção entre discriminar a direção dos olhos e a disponibilidade para fazer contato visual. Outros dois estudos sugerem que cães apresentam uma tendência a inspecionar mais a região dos olhos na face humana e que são sensíveis à direção do olhar humano (Pitteri *et al*., 2014; Ohkita, Nagasawa, Kazutaka, & Kikusui, 2016), no entanto, esses dois estudos apresentaram aos cães uma tarefa de escolha entre estímulos estáticos — imagens ou pessoas imóveis. O estudo de Savalli *et al*. (2016), por outro lado, submeteu cães a uma situação naturalística e dinâmica, em que eles precisavam dividir o foco da atenção entre o tutor e o objeto a ser comunicado no ambiente (a comida), e, nesse contexto comunicativo, eles não usaram somente a região dos olhos como dicas de atenção, mas sim a combinação da direção da cabeça e do olhar. Ainda assim, o contato visual parece ser fundamental para que a comunicação se estabeleça.

Recentemente uma nova proposta para operacionalizar os estudos sobre a intencionalidade em outros animais sugere observar três critérios (Townsend *et al*., 2016): 1) o emissor deve ter um objetivo para emitir os sinais comunicativos, que devem cessar quando o objetivo for alcançado; 2) o emissor deve produzir sinais direcionados ao receptor como uma forma de alcançar esse objetivo — o que implica no uso social do sinal e em uma sensibilidade à disponibilidade do receptor em receber a mensagem e, por fim, 3) o comportamento do emissor deve mudar o comportamento do receptor da mensagem de forma consistente com a aparente intenção do emissor. Os critérios sugeridos nessa nova proposta parecem encontrar uma correspondência com os critérios de Bates e colaboradores (1975), o que fortalece os resultados observados com cães, ou seja, as evidências de que os cães se comunicam de forma intencional com o ser humano para mostrar algo que querem no ambiente seguem válidas.

Apesar dos estudos descritos anteriormente indicarem que os cães de fato comunicam o que querem, uma pesquisa buscou investigar se eles também comunicariam sobre um objeto que seria de interesse apenas para o tutor. Kaminski, Neumann, Bräuer, Call e Tomasello (2011) propuseram um experimento em que os cães assistiam uma pessoa esconder um objeto: 1) de interesse somente do cão (seu brinquedo favorito); 2) de interesse somente do experimentador (um furador de papel que minutos antes do teste o experimentador havia usado na frente do cão); 3) de interesse de ambos (um brinquedo com o qual ambos brincaram juntos antes de iniciar o procedimento); ou 4) sem interesse para ambos (um vaso). O experimentador, que entrava na sala após o objeto ter sido escondido por outra pessoa, devia encontrar tal objeto escondido com base nos comportamentos comunicativos dos cães. Esse estudo concluiu que o experimentador encontrava mais o objeto quando ele era de interesse do cão do que quando era somente de interesse do ser humano. Os autores concluíram que os cães se comunicam somente para pedir o que querem, mas não para informar sobre um objeto de interesse somente para o ser humano. Entretanto, quando o tutor assumia o papel do experimentador, os cães ficaram mais motivados para informar sobre o objeto de interesse somente para o seu tutor. As conclusões desse estudo são controversas, uma vez que o foco das análises não foi os comportamentos comunicativos dos cães, mas sim a habilidade do ser humano de ler os sinais caninos para encontrar o objeto escondido. Esse mesmo grupo de pesquisa propôs, posteriormente, um estudo semelhante, mas agora com o foco nos comportamentos comunicativos dos cães (Piotti & Kaminski, 2016). Os cães testemunharam um objeto sendo escondido em uma de três possíveis caixas. Para um grupo de cães, o objeto era relevante para o experimentador (grupo "*objeto relevante*") — um *notepad* que ele acabara de manipular antes do teste, na presença do cão — enquanto para outro grupo de cães o objeto era um grampeador, que não tinha sido manipulado anteriormente pelo experimentador (grupo "*objeto irrelevante*"). Após uma pessoa esconder um desses objetos na presença somente do cão, ela saía da sala e, em seguida, entrava o experimentador que começava a procurar algo. Quase todos os cães alternaram olhares entre a caixa na qual estava o objeto escondido e o experimentador, para ambos os grupos. Entretanto, a persistência, medida pela duração do olhar dos cães para o experimentador, foi maior no grupo em que o objeto era relevante para o experimentador. Os autores, dessa vez, concluíram que possivelmente os cães seriam capazes de distinguir objetos com base no interesse do ser humano e indicar o seu local de tal forma a fornecer uma informação útil, mesmo não sendo um objeto de interesse para os cães.

## MAS E OS LATIDOS?

Nos estudos reportados anteriormente, os cães não utilizaram expressivamente as vocalizações para se comunicar com seus tutores sobre um objeto no ambiente, o que pode ser explicado pelo fato de que eles são frequentemente desencorajados ou proibidos de vocalizar no seu dia a dia (Savalli *et al.* 2014, Gaunet, 2010). O contato visual, por outro lado, é reforçado nas interações diárias entre cão e tutor e passa a ter um papel fundamental na comunicação entre as duas espécies (Bentosela, Barrera, Jakovcevic, Elgier, & Mustaca, 2008).

Ainda assim, as vocalizações são utilizadas pelos cães em diferentes contextos e diferenças dos parâmetros acústicos auxiliam na emissão de mensagens não ambíguas. Por exemplo, de acordo com Miklósi *et al.* (2015) sons de alta frequência são emitidos em situações amigáveis, afiliativas e de submissão (ganidos, choramingos), já sons de baixa frequência são emitidos em situações mais ofensivas e assertivas (rosnados).

Cães uivam menos que seus parentes mais próximos, os lobos-cinzas, mas, por outro lado, eles latem mais e em muitos contextos que envolvem os seres humanos. Os latidos dos cães são vocalizações especiais que apresentam grande variação e, portanto, requerem um receptor capaz de distinguir diversas mensagens. É possível que essa flexibilidade e amplo uso dos latidos pelos cães tenha sido o resultado da interação com os seres humanos ao longo do processo de domesticação (Miklósi *et al.*, 2015). Pongrácz, Molnár, Miklósi e Csányi (2005, 2006) gravaram latidos de cães em seis contextos sociais diferentes e posteriormente tocaram esses *playbacks* para pessoas (tutoras de cães ou não), que deveriam classificar os estados emocionais dos cães. De fato, as pessoas foram capazes de classificar corretamente os estados emocionais somente escutando os *playbacks* dos latidos (e.g., latidos gravados quando uma pessoa desconhecida aproximava-se do portão da casa do cão foram classificados como agressivos, latidos gravados em contextos de brincadeiras foram classificados como amistosos e entusiasmados, etc). Como essa habilidade foi observada até mesmo entre as pessoas que não convivem diariamente com cães, é possível assumir que o ser humano também tenha desenvolvido uma preparação para interpretar os latidos dos cães.

## Considerações Finais

Cães e humanos desenvolveram durante o período de domesticação uma relação de cooperação que permitiu que os cães adquirissem formas de comunicação parecidas com as dos seres humanos, que, por sua vez, adquiriram a habilidade de interpretar os sinais dos cães. A convivência diária e intensa entre eles também favorece o estabelecimento de sinais particulares para cada díade, o que garante a sintonia da relação. As duas espécies se especializaram em ler uma a outra, e é essa comunicação, tão especial e afinada, que as tornou parceiras ao longo do caminho evolutivo até os tempos atuais.

# Referências

Agnetta, B., Hare, B., & Tomasello, M. (2000). Cues to food location that domestic dogs (*Canis familiaris*) of different ages do and do not use. *Animal Cognition, 3*(2), 107-112.

Alcock, J. (2005). *Animal behavior: An evolutionary approach* (8th ed.). Sunderland, MA: Sinauer Associates.

Andics, A., Gábor, A., Gácsi, M., Faragó, T., Szabó, D., & Miklósi, Á. (2016). Neural mechanisms for lexical processing in dogs. *Science, 353*(6303), 1030-1032.

Barrera, G., Mustaca, A., & Bentosela, M. (2010). Communication between domestic dogs and humans: Effects of shelter housing upon the gaze to the human. *Animal Cognition, 14*, 727-734.

Bates, E., Camaioni, L., & Volterra, V. (1975). Performatives prior to speech. *Merrill-Palmer Quarterly, 21*, 205-226.

Bentosela, M., Barrera, G., Jakovcevic, A., Elgier, A. M., & Mustaca, A. E. (2008). Effect of reinforcement reinforcer omission and extinction on a communicative response in domestic dogs (*Canis familiaris*). *Behaviour Processes, 78*, 464-469.

Brandão, M. M. (2012). *A memória de um gesto comunicativo humano no cão doméstico (Canis familiaris)*. Dissertação de Mestrado, Instituto de Psicologia, Universidade de São Paulo, São Paulo.

Brauer, J., Call, J., & Tomasello, M. (2004). Visual perspective taking in dogs (*Canis familiaris*) in the presence of a barrier. *Applied Animal Behavior Science, 88*, 299-317.

Call, J., Brauer, J., Kaminski, J., & Tomasello, M. (2003). Domestic dogs (*Canis familiaris*) are sensitive to the attentional state of humans. *Journal of Comparative Psychology, 117*, 257-263.

Cheney, D. L., & Seyfarth, R. M. (1985). Vervet monkey alarm calls: Manipulation through shared information? *Behaviour, 94*, 739-751.

Dennet, D. C. (1983). Intentional systems in cognitive ethology: The "Panglossian Paradigm" defended. *Behavioral and Brain Sciences, 6*(3), 343-355.

D'Entremont, B., & Seamans, E. (2007). Do infants need social cognition to act socially? An alternative look at infant pointing. *Child Development, 78*(3), 723-728.

Faragó, T., Pongrácz, P., Range, F., Virányi, Z., & Miklósi, Á. (2010). "The bone is mine": Affective and referential aspects of dog growls. *Animal Behaviour, 79*, 917-925.

Gácsi, M., Miklósi, Á., Varga, O., Topál, J., & Csányi, V. (2004). Are readers of our face readers of our minds? Dogs (*Canis familiaris*) show situation-dependent recognition of human's attention. *Animal Cognition, 7*(3), 144-153.

Gácsi, M., McGreevy, P., Kara, E., & Miklósi, Á. (2009). Effect of selection for cooperation and attention in dogs. *Behavioral and Brain Function, 5*(31). doi: 10.1186/1744-9081-5-31

Gaunet, F. (2008). How guide-dogs of blind owners and pet dogs of sighted owners (*Canis familiaris*) ask their owners for food? *Animal Cognition, 11*, 475-483.

Gaunet, F. (2010). How do guide dogs and pet dogs (*Canis familiaris*) ask their owners for their toy and for playing? *Animal Cognition, 13*, 311-323.

Gaunet, F., & Deputte, B. L. (2011). Functionally referential and intentional communication in the domestic dog: Effects of spatial and social contexts. *Animal Cognition, 14*, 849-860.

Gaunet, F., & Massioui, F. E. (2014). Marked referential communicative behaviours, but no differentiation of the "knowledge state" of humans in untrained pet dogs versus 1-year-old infants. *Animal Cognition, 17(5)*, 1137-1147.

Griffin, D. R. (1976). *The question of animal awareness*. New York, NY: Rockefeller University.

Hare, B., Call, J., & Tomasello, M. (1998) Communication of food location between human and dog (*Canis familiaris*). *Evolution of Communication, 2*(1), 137-159.

Hare, B., & Tomasello, M. (2004). Chimpanzees are more skilful in competitive than in cooperative cognitive tasks. *Animal Behaviour, 68*, 571-581.

Hauser, M. D. (2000). *The evolution of communication*. (4th ed.) Cambridge, Massachusetts: MIT Press.

Hobaiter, C., & Byrne, R.W. (2011). The gestural repertoire of wild chimpanzess. *Animal Cognition*, 14, 745-767.

Horn, L., Range, F., & Huber, L. (2013). Dogs' attention towards humans depends on their relationship, not only on social familiarity. *Animal Cognition, 16*, 435-443.

Jakovcevic, A., Mustaca, A., & Bentosela M. (2012). Do more sociable dogs gaze longer to the human face than less sociable ones? *Behavioral Processes, 90*(2), 217-222.

Kaminski, J., Brauer, J., Call, J., & Tomasello, M. (2009). Domestic dogs are sensitive to the humans perspective. *Behaviour, 146*, 979-998.

Kaminski, J., Neumann, M., Bräuer, J., Call, J., & Tomasello, M. (2011). Dogs, *Canis familiaris*, communicate with humans to request but not to inform. *Animal Behaviour, 82*, 651-658.

Kaminski, J., Pitsch, A., & Tomasello, M. (2013). Dogs steal in the dark. *Animal Cognition, 16*, 385–394.

Kaminski, J., Schulz, L., & Tomasello, M. (2012). How dogs know when communication is intended for them. *Developmental Science, 5*(2), 222–232

Leavens, D. A., Hopkins, W. D., & Bard, K. (2005). Understanding the point of chimpanzee pointing - Epigenesis and ecological validity. *Current Directions in Psychological Science, 14*(4), 185-189.

Liszkowski, U., Carpenter, M., Henning, A., Striano, T., & Tomasello, M. (2004). Twelve-month-olds point to share attention and interest. *Developmental Science, 7*(3), 297-307.

Liszkowski, U., Carpenter, M., & Tomasello, M. (2008). Twelve-month-olds communicate helpfully and appropriately for knowledgeable and ignorant partners. *Cognition, 108*(3), 732-739.

Marshall-Pescini, S., Passalacqua, C., Barnard, S., Valsecchi, P., & Prato Previde, E. (2009). Agility and search and rescue training differently affects pet dogs' behaviour in socio-cognitive task. *Behavioural Processes, 78*, 449-454.

Merola, I., Prato-Previde, E., & Marshall-Pescini. S. (2012). Social referencing in dog-owner dyads? *Animal Cognition, 15*(2), 175-185.

Miklósi, Á. (2015). *Dog-Behaviour, evolution and cognition* (2nd ed.). Oxford: Oxford University Press.

Miklósi, Á., Kubinyi, E., Topál, J., Gácsi, M., Virányi, Z., & Csányi, V. (2003). A simple reason for a big difference: Wolves do not look back at humans, but dogs do. *Current Biology, 13*, 763-766.

Miklósi, Á., Polgárdi, R., Topál, J., & Csányi, V. (1998). Use of experimenter-given cues in dogs. *Animal Cognition, 1*, 113-121.

Miklósi, Á., Polgárdi, R., Topál, J., & Csányi, V. (2000). Intentional behavior in dog human communication: An experimental analysis of "showing" behaviour in the dog. *Animal Cognition, 3*, 159-166.

Miklósi, Á., & Soproni, K. (2006). A comparative analysis of animals' understanding of the human pointing gesture. *Animal Cognition, 9*, 81-93.

Mongillo, P., Bono, G., Regolin, L., & Marinelli, L. (2010). Selective attention to humans in companion dogs, *Canis familiaris*. *Animal Behaviour, 80*(6), 1057-1063.

Ohkita, M., Nagasawa, M., Kazutaka, M., & Kikusui, T. (2016). Owners' direct gazes increase dogs' attention-getting behaviors. *Behavioural Processes, 125*, 96-100.

Perez-Guisado, J., & Munoz-Serrano, A. (2009). Factors linked to dominance aggression in dogs. *Journal of Animal Veterinary Advances, 8*(2), 336-342.

Piotti, P., & Kaminski, J. (2016). Do Dogs Provide Information Helpfully? *PLoS ONE, 11*(8). doi: 10.1371/journal.pone.015979

Pitteri, E., Mongillo, P., Carnier, P., Marinelli, L., & Huber, L. (2014). Part-Based and configural processing of owner's face in dogs. *PLoS ONE, 9*(9). doi: 10.1371/journal.pone.0108176

Pongrácz, P., Molnár, C., Miklósi, Á., & Csányi, V. (2005). Human listeners are able to classify dog (*Canis familiaris*) barks recorded in different situations. *Journal of Comparative Psychology, 119*(2), 136-144.

Pongrácz, P., Molnár, C., Miklósi, Á., & Csányi, V. (2006). Acoustic parameters of dog barks carry emotional information for humans. *Applied Animal Behaviour Science, 100*(3-4), 228-240.

Rossi, A. P., & Ades, C. (2008). A dog at the keyboard: Using arbitrary signs to communicate requests. *Animal Cognition, 11*(2), 329-338.

Savalli, C., & Ades, C. (2011). Diálogo entre cães e pessoas: uma comunicação especial. In *Temas atuais em Etologia e Anais do XXIX Encontro Anual de Etologia*. Uberlândia: Composer Gráfica e Editora.

Savalli, C., Ades, C., & Gaunet, F. (2014). Are dogs able to communicate with their owners about a desirable food in a referential and intentional way? *PLoS ONE, 9*(9). doi: 10.1371/journal.pone.0108003

Savalli, C., Resende, B. D., & Gaunet, F. (2016). Eye contact is crucial for referential communication in pet dogs. *PLoS ONE, 11*(9). doi.org/10.1371/journal.pone.0162161

Scheider, L., Kaminski, J., Call, J., & Tomasello, M. (2013). Do domestic dogs interpret pointing as a command? *Animal Cognition, 16*, 361-372.

Scott-Phillips, T. C., Blythe, R. A., Gardner, A., & West, S. A. (2011). How do communication systems emerge? *Proceedings of the Royal Society B: Biological Sciences*. doi:10.1098/rspb.2011.2181

Seyfarth, R. M., & Cheney, D. L. (2010). Production, usage and comprehension in animal vocalizations. *Brain and Language, 115*, 92-100.

Seyfarth, R. M., Cheney, D, L., & Marler, P. (1980). Vervet monkey alarm calls: Semantic communication in a free-ranging primate. *Animal Behaviour, 28*, 1070-1094.

Shepherd, S. V. (2010). Following gaze: Gaze-following behavior as a window into social cognition. *Frontiers in Integrative Neuroscience, 4(5)*, 1-13

Shettlleworth, S. J. (2010). *Cognition, evolution and behavior* (2nd ed.). New York, NY: Oxford University Press.

Slocombe, K. E., & Zuberbuler, K. (2005). Functionally referential communication in a chimpanzee. *Current Biology, 15*, 1779-1784.

Soproni, K., Miklósi, Á., Topál, J., & Csányi, V. (2001). Comprehension of human communicative signs in pet dogs (*Canis familiaris*). *Journal of Comparative Psychology, 115*, 122-126.

Téglás, E., Gergely, A., Kupán, K., Miklósi, Á., & Topál, J. (2012). Dogs' gaze following is tuned to human communicative signals. *Current Biology, 22*, 1-4.

Tomasello M., Carpenter M., Call, J., Behne, T., & Moll, H. (2005). Understanding and sharing intentions: The origins of cultural cognition. *Behavioral and Brain Sciences, 28*, 675-735.

Topál, J., Kis, A., & Oláh, K. (2014). Dog's sensitivity to human ostensive cues: A unique adaptation? In J. Kaminski & S. Marshall-Pescini, *The social dog: Behavior and cognition*. San Diego, CA: Academic Press.

Townsend, S. W., Koski, S. E., Byrne, R. W., Slocombe, K. E., Bickel, B., Boeckle, M., ... Manser, M. B. (2016). Exorcising Grice's ghost: An empirical approach to studying intentional communication in animals. *Biological Reviews*. doi: 10.1111/brv.12289

Udell, M. A. R., Dorey, N. R., & Wynne, C. D. L. (2011). Can your dog read your mind? Understanding the causes of canine perspective taking. *Learning Behaviour*, *39*, 289-302.

Vas, J., Topál, J., Gácsi, M., Miklósi, A., & Csányi, V. (2005). A friend or an enemy? Dogs' reaction to an unfamiliar person showing behavioural cues of threat and friendliness at different times. *Applied Animal Behavior Science*, *94*, 99-115

Virányi, Z., Topál, J., Gácsi, M., Miklósi, Á., & Csányi, V. (2004). Dogs respond appropriately to cues of human's attentional focus. *Behavioural Processes*, *66*, 161-172.

Virányi, Z., Topál, J., Gácsi, M., Miklósi, Á., & Csányi, V. (2006). A non-verbal test of knowledge attribution: a comparative study on dogs and children. *Animal Cognition*, *9*, 13-26.

Von Frisch, K. (1955). *The dancing bees*. New York, NY: Harcout, Brace and World.

Yamamoto, M., Ohtanib, N., & Ohtab, M. (2011). The response of dogs to attentional focus of human beings: A comparison between guide dog candidates and other dogs. *Journal of Veterinary Behavior*, *6*, 4-11.

Xitco, J. M. J., Gory, J. D., & Kuczaj, S. A. (2001). Spontaneous pointing by bottlenose dolphins (*Tursiops truncatus*). *Animal Cognition*, *4*, 115-123.

Zuberbuhler, K. (2003). Referential signaling in non-human primates: Cognitive precursors and limitations for the evolution of language. *Advances in the Study of Behavior*, *33*, 265-307.

# 3
# Estudos de caso sobre comunicação

*Daniela Ramos*
*Carine Savalli*

*O meu cão entende tudo que eu falo.*

Os cães comunicam-se com os seres humanos como nenhuma outra espécie, eles são habilidosos em decodificar sinais comunicativos humanos e possuem um repertório natural de sinais adaptados especialmente para transmitir mensagens para os seres humanos (Savalli, Ades & Gaunet, 2014; Miklósi, 2015). A experiência e a exposição frequente e intensa a ambientes sociais ricos em estímulos podem favorecer ainda mais o aprimoramento das habilidades comunicativas caninas. Neste capítulo vamos falar sobre cães especiais na pesquisa etológica sobre produção e compreensão de sinais comunicativos; cães que desde cedo foram intensamente estimulados e que, com treinamentos planejados, adquiriram habilidades comunicativas excepcionais.

## Sofia e a comunicação por meio de símbolos arbitrários

Sofia era uma cadela sem raça definida que participou de vários estudos sobre comunicação cão-humano no Instituto de Psicologia da Universidade de São Paulo (IP-USP) entre os anos de 2002 e 2009 sob a orientação do Professor César Ades. Assim como outros animais "linguísticos" que se destacaram em experimentos brilhantes em cognição e comunicação animal, como a chimpanzé Washoe (Gardner & Gardner, 1969), o bonobo Kanzi (Savage-Rumbaugh & Lewin, 1994) e o papagaio Alex (Pepperberg, 1991), Sofia contribuiu para apontar capacidades e limites do uso de um sistema de símbolos arbitrários de comunicação (Rossi & Ades, 2008) e da compreensão de palavras combinadas (Ramos & Ades, 2012).

Na comunicação humana existem os sinais sonoros, as palavras, que tanto emissor quanto receptor conhecem e relacionam aos mesmos referentes; podem até mesmo referir-se a objetos ausentes, uma das propriedades que define os aspecto semântico da nossa linguagem. Há também o aspecto sintático: os sinais sonoros elementares podem ser combinados para formar sentenças que seguem regras gramaticais, e, além disso, o receptor pode tornar-se emissor e vice-versa, estabelecendo diálogos. Há, ainda, a comunicação não-verbal, como a linguagem corporal, que para ser efetiva o emissor da mensagem deve se valer de estratégias para atrair atenção visual do receptor, que, por sua vez, precisa ter o aparato sensorial para reconhecer o sinal, e deve estar atento visualmente para receber a mensagem.

Ainda que muito distante da complexidade da nossa linguagem, a Etologia tem mostrado que a comunicação entre o ser humano e indivíduos de algumas espécies de animais pode se estabelecer por meio de sinais arbitrários. Os sinais arbitrários assumem, nesse contexto, o lugar e a função de sinais espontâneos gerados durante uma interação habitual entre animais e os humanos que cuidam deles. Com treinamento e interação contínua, estudiosos criaram condições para potencializar o desenvolvimento de habilidades de compreensão e produção de sinais, por meio de sistemas de símbolos arbitrários, em animais de diversas espécies, como, por exemplo, o chimpanzé (Gardner & Gardner, 1969), o bonobo (Savage Rumbaugh & Lewin, 1994), o golfinho (Xitco, Gory & Kuczaj, 2001), o papagaio (Pepperberg, 1991) e também o cão (Rossi & Ades, 2008).

Os sistemas de sinais arbitrários ensinados aos animais para estabelecer uma comunicação com o ser humano podem ser constituídos por movimentos específicos, como o caso da linguagem de sinais (*American Sign Language*) adotada pelo casal de psicólogos Gardners (Gardner & Gardner, 1969) para comunicar-se com Washoe e outros chimpanzés, ou, podem ser estabelecidos por uma interface física, como por exemplo um teclado computadorizado com símbolos arbitrários, como o utilizado por Savage Rumbaugh com o bonobo Kanzi (Savage-Rumbaugh & Lewin, 1994), e por Rossi e Ades (2008) com a cadela Sofia. Essa interface física apresenta a vantagem de facilitar o treino dos animais exigindo deles uma capacidade motora simples para que gerem sinais perceptíveis pelo ser humano. No caso do cão, o movimento de pressionar teclas é mais fácil de ser ensinado do que movimentos corporais específicos para diferentes mensagens.

Como já mencionado, um dos estudos pioneiros no desenvolvimento de uma interface física para comunicação interespecífica foi realizado por Savage-Rumbaugh. Um bonobo (*Pan paniscus*), espécie de primata que usa muitos gestos e vocalizações, chamado Kanzi, demonstrou grande facilidade para aprender e comunicar-se a partir de um painel com dezenas de símbolos arbitrários (Savage-Rumbaugh, McDonald, Sevcik, Hopkins & Rubert, 1986). Kanzi teve uma história bastante curiosa. Sua mãe adotiva, chamada Matata, participava de um estudo que visava treiná-la a usar o painel com símbolos arbitrários (figuras geométricas) para comunicar-se com o ser humano, e ela carregava seu filhote nas sessões de treinamento. Tratava-se de um painel eletrônico que emitia a palavra falada em inglês associada a cada símbolo pressionado. Apesar do esforço e empenho dos pesquisadores, Matata não obteve grandes progressos. Após 2 anos de treino e aproximadamente 30.000 testes, ela aprendeu somente 6 símbolos e os usava de forma muito limitada; porém, Kanzi que desde filhote foi exposto indiretamente ao treinamento, começou, a partir de um determinado momento, a usar os símbolos espontaneamente para fazer pedidos, nomear objetos, anunciar intenções. Foi, portanto, uma aquisição espontânea do uso desse sistema de comunicação a partir da simples exposição social, como fazemos com as crianças humanas. Vários estudos se seguiram com Kanzi sobre produção e compreensão linguística (Savage-Rumbaugh & Lewin, 1994).

Kanzi parecia compreender o inglês falado, o que para a pesquisadora facilitava a aquisição dos símbolos. Para testar essa habilidade, mostrava-se ao Kanzi três fotografias, ou três símbolos, e falava-se a palavra associada a um deles. Esse teste incluiu 35 diferentes itens usados em 180 ensaios com inglês e 180 ensaios com os símbolos. Kanzi acertou 93% com as palavras em inglês e 95% com símbolos. Aparentemente, a aquisição da comunicação por símbolos foi facilitada pela habilidade de compreensão do inglês falado. Savage-Rumbaugh e colaboradores (1994) compararam, ainda, o desempenho de Kanzi com o de uma criança de 2 anos de idade, chamada Alia. Para tanto, os pesquisadores apresentaram 660 novas sentenças em inglês, que geralmente demandavam alguma ação a um objeto como, por exemplo, *"pegue a faca e corte a cebola"*. Kanzi e Alia demonstraram ótimo desempenho em compreender as novas sentenças, seus comportamentos foram condizentes com o esperado para a maioria das sentenças. Kanzi apresentou 74% de respostas corretas contra 65% de Alia (Savage-Rumbaugh & Lewin, 1994).

Rossi e Ades (2008), inspirados nos procedimentos de produção de sinais usados com Kanzi, treinaram a cadela Sofia a comunicar seus desejos e necessidades básicas como "água", "comida", "casinha", "passear", "brinquedo", "carinho" e "xixi" por meio do toque da pata em um teclado com símbolos arbitrários (Figura 1). Os símbolos arbitrários usados por Sofia apresentavam, portanto, um significado previamente definido, que tanto Sofia quanto o ser humano conheciam e associavam aos mesmos referentes. Sofia passou por várias fases de treinamento durante alguns anos, desde o treinamento de comandos básicos de obediência até o treinamento específico de aquisição e discriminação dos símbolos; estes estavam originalmente associados aos respectivos recursos (e.g., pote de água, pote de comida, porta da casinha, etc.) e foram gradativamente afastados e modificados no processo de sua incorporação no teclado.

*Figura 1*. Sofia no laboratório no Instituto de Psicologia da Universidade de São Paulo. Teclado com símbolos arbitrários. O símbolo com listras pretas e brancas era usado para pedir "passeio", o triângulo azul para a "água", o círculo de metal para a "comida", a argola para a "casinha", o X para o "carinho" e a bola amarela para o "brinquedo".

Após o treinamento de associação dos símbolos aos objetos, a propriedade motivacional do uso dos símbolos por Sofia foi testada. Sofia foi filmada em situações naturalísticas de uso do teclado, e seus comportamentos antecedentes e consequentes ao uso foram registrados. Todos os objetos de desejo que poderiam ser demandados por meio dos símbolos encontravam-se visíveis. Os resultados desse estudo evidenciaram a pertinência do uso dos símbolos, pois tanto antes como depois de pressionar a tecla correspondente a um possível desejo (água, alimento, brinquedo, etc.), Sofia exibia comportamentos dirigidos ao objeto em questão, sugerindo que o símbolo usado era apropriado para indicar o objeto desejado (Rossi & Ades, 2008). A rotina de utilização do teclado por Sofia continuou dentro do contexto familiar após o término do experimento. Segundo relatos de sua tutora, Sofia continuou pedindo "carinho" ao acordar; "água" em situações em que poderia sentir sede, "comida" ou "brinquedo" quando avistava, respectivamente, alguma comida ou algum brinquedo e "casinha" quando à noite queria ser coberta em sua cama.

Um dos aspectos importantes do comportamento de Sofia eram os olhares dirigidos ao experimentador quando usava o teclado, que aconteciam quando ela estava se dirigindo ao teclado, e também após usá-lo. Esses olhares indicavam que o símbolo usado estava sendo, de fato, associado ao comportamento que produzia no experimentador, ou seja, ao atendimento do pedido de seu desejo. A ausência de resposta ao pedido de Sofia fazia-lhe persistir, ela voltava a apertar a tecla até ser atendida.

O uso de símbolos arbitrários no estudo de Rossi & Ades(2008) por envolver novos comportamentos além daqueles que os cães espontaneamente já usam para interagir com seus tutores, permitiu colocar em destaque vários aspectos relevantes da comunicação interespecífica. A produção de sinais por meio do teclado tinha características próprias de atos comunicativos: os olhares de Sofia representavam um monitoramento do comportamento do experimentador para averiguar se ele estava iniciando o atendimento ao pedido e também uma forma de chamar sua atenção. Ademais, os olhares indicavam espacialmente o objeto desejado, uma vez que ela alternava os olhares entre o experimentador e o objeto indicado no teclado. O processo de comunicação com símbolos arbitrários era, portanto, "triangular", já que envolvia o cão (emissor), o ser humano (receptor) e o teclado, que se tornou a interface pela qual os sinais comunicativos eram produzidos. O teclado foi, nesse contexto, um "facilitador" da comunicação entre o cão e o ser humano, permitindo que o animal substituísse o comportamento natural de pedir pelo comportamento de teclar no símbolo apropriado, tornando a transmissão da informação mais clara e eficiente.

Sofia foi filmada em vários episódios sozinha com o teclado e observou-se um *efeito de audiência*, ou seja, Sofia não usava o teclado na ausência de uma pessoa para receber a mensagem (Rossi & Ades, 2008). Além disso, Sofia usava o teclado para comunicar-se com diversas pessoas, que modificavam seu comportamento de tal forma a satisfazer os seus pedidos. Entretanto, o teclado não era usado de forma a produzir um diálogo, ou seja, para Sofia, essa comunicação por meio do teclado era unidirecional.

Como uma forma de reforçar a hipótese de que o teclado era usado, de fato, com uma função comunicativa visual, foi necessário ainda avaliar se Sofia seria sensível à perspectiva visual e sinais de atenção do ser humano ao teclado. Em outras palavras, faltava entender o quanto a presença da atenção visual humana era uma condição para o uso do teclado.

# A influência dos sinais de atenção e do acesso visual humano no uso do teclado por Sofia

Para a comunicação visual ser efetiva, o receptor deve estar visualmente disponível e atento para perceber o sinal visual enviado pelo emissor (ver Capítulo 2 para mais detalhes). A ausência de atenção diminui a probabilidade de recepção do sinal e pode estimular a busca por outros canais de comunicação.

Savalli, Resende e Ades (2013) investigaram se quando Sofia pedia no teclado ela discriminava os sinais de atenção do ser humano e percebia se este visualizava ou não o teclado. Para tanto, Sofia foi submetida a um paradigma experimental de escolha entre dois teclados para pedir comida, sendo que somente um deles podia ser visto por um experimentador. Manipularam-se os sinais de atenção visual do experimentador (com os olhos vendados ou não; de frente ou de costas) e a visão do experimentador ao teclado, por intermédio de anteparos, interpostos entre um dos teclados e o experimentador.

No primeiro teste, Sofia podia escolher entre dois teclados idênticos, um deles diante de um experimentador atento visualmente e outro diante de um experimentador sem atenção para ela ou para o teclado — de costas (condição experimental que visava avaliar o efeito da orientação corporal do experimentador) ou com uma venda na região dos olhos (condição experimental que visava avaliar o efeito da visibilidade dos olhos do experimentador). Ambos os experimentadores não interagiam com Sofia rotineiramente. No segundo teste, Sofia também podia escolher entre dois teclados idênticos, um deles atrás de um anteparo opaco (fora do campo de visão do ponto de vista de um experimentador), e o outro visível. Foram três condições experimentais: 1) com um "anteparo opaco alto" que impedia que o experimentador tivesse acesso visual a um dos teclados e, ao mesmo tempo, também impedia que Sofia pudesse ver o experimentador se escolhesse tal teclado; 2) com um "anteparo opaco baixo" que impedia que o experimentador tivesse acesso visual a um dos teclados, porém se Sofia escolhesse tal teclado, ela poderia ainda ver o experimentador; 3) com um "anteparo opaco baixo" de um lado e um "anteparo transparente" de acrílico do outro lado, de tal forma a incluir barreiras físicas para ambos os teclados. O anteparo de acrílico transparente era demarcado por uma faixa branca, para torná-lo aparente, mas mantinha um dos teclados visível para o experimentador (Figura 2).

*Figura 2.* Condição experimental com anteparo opaco baixo *vs..* anteparo transparente (Redigolo, 2008).

Os resultados dos testes indicaram que certos sinais de atenção do experimentador, como olhar exposto ou a posição corporal de frente, não influenciaram o uso do teclado por Sofia. Ela escolheu ao acaso entre os teclados posicionados diante de um experimentador de olhos expostos (e olhando para ela) e diante de um experimentador de olhos vendados.

Assim como também escolheu ao acaso os teclados diante dos experimentadores de frente ou de costas. Uma possível explicação para esses resultados relaciona-se ao fato de que o teclado emitia um *feedback* auditivo, um som com a palavra relacionada ao símbolo pressionado. Ao longo do treinamento para o uso do teclado Sofia possivelmente estabeleceu uma associação entre teclar, ouvir a palavra pronunciada, e ter o seu pedido atendido, sem que necessariamente o receptor da mensagem estivesse com atenção imediata à Sofia ou ao teclado. A rotina de obtenção dos pedidos por meio da produção sonora do teclado pode ter diminuído o controle exercido por sinais visuais de atenção das pessoas sobre o comportamento de Sofia, que pode ter se generalizado para o contexto dos testes experimentais.

Por outro lado, a perspectiva visual potencial do teclado pelo experimentador influenciou a resposta de Sofia, que escolheu consistentemente o teclado visível para o experimentador em todas as condições testadas.

Os controles experimentais eliminaram explicações alternativas e tornaram mais forte a interpretação de que a perspectiva visual do experimentador com relação ao teclado, de fato, orientava a escolha de Sofia. Ela poderia não escolher o teclado atrás do anteparo alto, simplesmente por ele interromper o contato visual com o experimentador, mas o anteparo baixo eliminou essa eventual interrupção de contato visual, e, ainda assim, não modificou a preferência pelo teclado visível. Além disso, Sofia poderia preferir o lado sem anteparo simplesmente para evitar uma barreira física, porém o controle com o anteparo transparente a colocou em uma situação em que para ambas as opções havia uma barreira física, e, ainda assim, Sofia preferiu usar o teclado visível para o experimentador, atrás do anteparo transparente. Os autores consideraram a hipótese de aprendizagem ao longo dos testes pouco provável pois, ao final do estudo, foram propostos cenários modificados e objetos diferentes, como barreiras visuais, e, ainda assim, a escolha pelo teclado visível para o experimentador manteve-se, indicando que não estava associada às condições padronizadas de teste, que ocorria de forma flexível. Esse estudo reforçou que Sofia teria uma compreensão da função da percepção visual em seres humanos, o que corroborou com o estudo de Braüer, Call e Tomasello (2004) que verificou a capacidade de cães levarem em conta o acesso visual do ser humano a uma comida proibida, dada a maior frequência de violações da proibição quando um anteparo tornava impossível o acesso visual do experimentador à comida.

Essas condições experimentais foram também aplicadas com outra cadela, chamada Laila, também sem raça definida, que convivia com Sofia. Ela pareceu claramente ter aprendido a utilizar a tecla "comida" observando Sofia usá-la. Foram detectadas diferenças individuais: Laila buscava mais o olhar do ser humano do que Sofia e parecia mais atenta aos sinais da atenção humana.

## Sofia e a compreensão de palavras combinadas

Paralelamente aos treinos com o teclado, Sofia participou de um estudo sobre a compreensão semântica (Ramos & Ades, 2012) em que se pretendia verificar se ela era capaz de atender a comandos verbais compostos de duas informações: uma informação referente a um *objeto* e outra referente a uma *ação* a ser executada sobre o referido objeto (Figura 3). Para avaliar essa discriminação múltipla de sinais, Sofia foi treinada para responder aos comandos verbais referentes às ações "aponta" e "busca" em relação aos objetos referidos por meio de comandos verbais de objetos "bola", "palito", "garrafa", "chave". As primeiras associações entre as palavras e seus respectivos referentes, tanto para os comandos verbais de objetos quanto para os de ações, foram estabelecidas por meio de interações informais e aproximações sucessivas. Cada objeto foi apresentado individualmente e, em separado e cada ação foi ensinada com outros objetos não nomeados.

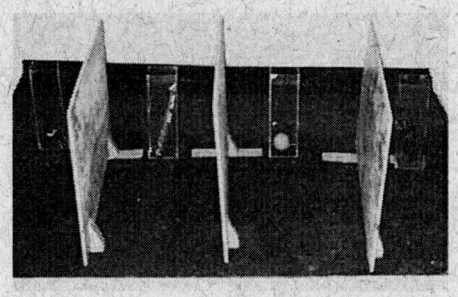

*Figura 3.* Disposição dos objetos durante sessão de treinamento com quatro objetos. Da esquerda para a direita: chave, palito, bola e garrafa.

Na primeira fase do estudo, comandos verbais de objeto e de ação foram apresentados sequencialmente: quando Sofia já havia selecionado o objeto referido por um comando de objeto, era apresentado, na sequência, um comando de ação. Já na segunda fase, os pares de sinais objeto-ação eram apresentados simultaneamente, na mesma "sentença", antes de permitir que Sofia respondesse ao comando duplo. Acertos eram recompensados com comida (ração e petiscos caninos), além de elogios verbais e carinho. Erros eram corrigidos por meio da palavra "NÃO". Em seguida, Sofia era chamada de volta para a posição inicial e fazia-se a repetição do comando pedido. Se na segunda execução do comando Sofia persistisse no erro (ou mesmo cometesse um erro diferente) uma "dica" era fornecida pelo treinador principal. Sofia era então recompensada pelo comportamento correto embora fosse considerada errada a tentativa de responder ao comando. Além disso, foram realizados testes experimentais para investigar o uso de sinais acidentais, existência de generalização semântica (ou seja, generalização do significado das palavras para outros exemplares na mesma categoria) e desempenho em novos pares de comandos objeto-ação.

Sofia respondeu com sucesso em todas as etapas de treinamento de comando único e foi capaz de responder às sequências de comando objeto-ação emitidas tanto como comandos sequenciais quanto simultâneos em sessões contendo dois, três ou quatro objetos disponíveis. Os testes específicos que avaliaram possíveis informações fornecidas pelos pesquisadores, quer pelo contato visual, quer pelos movimentos dos lábios, mostraram que seu desempenho não estava sob o controle desses sinais acidentais. Além disso, seu desempenho sob novas condições, como ambiente desconhecido, treinador desconhecido, nova distribuição dos objetos, diferentes velocidades de emissão dos comandos verbais e novos objetos na mesma categoria demonstraram a existência de generalização semântica (Figura 4). Quanto à série de novos testes de combinações (isto é, não treinados), Sofia executou corretamente quando as mesmas combinações treinadas foram todas pedidas em ordem inversa (ação-objeto) e também para um novo comando de objeto que nunca havia sido combinado antes com os comandos de ação (urso-busca, urso-aponta).

*Figura 4.* Sessão de testes experimentais com Sofia. Em cima, da esquerda para a direita: treinador com boca coberta e treinador com olhos cobertos. Abaixo, da esquerda para a direita: objetos distribuídos de forma inédita (espalhados e fora das caixas acrílicas) e treinador desconhecido.

Os resultados com Sofia corroboraram e elevaram a patamares superiores achados preliminares em estudos pioneiros sobre a capacidade de compreensão semântica canina. Por exemplo, no estudo de Warden e Warner (1928), verificou-se que o cão Fellow era capaz de responder prontamente a muitos comandos humanos e, a partir deles, discriminar muitos objetos. Eckstein (1949) verificou no cão Topper não só uma capacidade de compreensão do comando "embaixo da mesa", mas também a generalização desse comando para todos os exemplares da classe, de modo que o cão era capaz de executar a tarefa mediante a presença de qualquer outra mesa. Young (1991), em um estudo sobre compreensão linguística de três cães (da raça Golden Retriever), Apollo, Brandi e Misti, verificou uma capacidade de resposta a comandos verbais humanos e a partir desses uma discriminação dos seguintes objetos de madeira: colher, escova de cabelo e broche para roupa. O estudo, que deu ênfase à aplicabilidade da questão, destacou-se pelos controles e pela variedade de testes realizados com o intuito de avaliar a flexibilidade das capacidades analisadas. Os objetos foram colocados em alturas e distâncias diferentes das naturalmente utilizadas em treinamento e até escondidos atrás de um anteparo. Para testar a ocorrência ou não de generalização semântica, foram utilizados outros exemplares da mesma classe, no caso, objetos de plástico. Os resultados demonstraram que o desempenho dos cães Apollo, Brandi e Misty, na tarefa de buscar objetos solicitados na forma exclusiva de comandos verbais de um termo, foi comparável aos apresentados anteriormente por golfinhos, leões-marinhos e primatas. Em nenhum desses três experimentos, entretanto, evidenciou-se nos cinco cães estudados compreensão de comandos verbais múltiplos.

Sofia surpreendeu ao demonstrar uma capacidade de discriminação de objetos e de ações por meio de comandos verbais múltiplos. O desempenho por ela apresentado foi comparável àquele apresentado por golfinhos, leões-marinhos e primatas nos experimentos que serviram como base para esse estudo e, portanto, aplicaram semelhantes procedimentos experimentais. Alinhado ao que se verificou com outros cães "linguísticos" (Rico, Chaser, Betsy e outros — ver adiante), os resultados com Sofia sugeriram que cães domésticos, uma vez treinados intensa e sistematicamente para tal, poderiam compreender uma linguagem humana complexa e exclusivamente verbal.

## Rico e a habilidade de compreensão de palavras e aprendizagem por mapeamento rápido

Aos 2 anos de idade as crianças aprendem novas palavras em um ritmo muito rápido, por volta de 10 palavras por dia. Tal habilidade envolve processos de associação e um conjunto de princípios que inclui a chamada inferência por exclusão, todos mediados pela memória (Kaminski, Call, & Fisher, 2004; Aust, Range, Steurer, & Huber, 2008). O processo de inferência por exclusão, ou mapeamento rápido, envolve associar uma nova palavra a um novo objeto, a partir da suposição de que os outros objetos familiares já possuem outros nomes conhecidos. Há ainda nos seres humanos mecanismos cognitivos para aplicar esses conhecimentos de forma produtiva, ou seja, mecanismos que levam as crianças a articular as palavras aprendidas e a usá-las de forma apropriada. É importante notar que, assim como em outros processos comunicativos, a compreensão do sinal precede a produção.

O estudo de Kaminski e colaboradores (2004), publicado na *Science*, a mais importante revista do mundo científico, investigou os limites da aprendizagem de palavras em um cão de companhia da raça Border Collie chamado Rico. Sua tutora afirmava que ele conhecia mais de 200 palavras, a maioria nomes de objetos, especialmente brinquedos, e que os trazia corretamente quando solicitados. Habitualmente usava-se comida ou brincadeiras como reforço. Por meio de um paradigma experimental de pedidos de objetos familiares e novos, a pesquisa procurou investigar a habilidade de Rico em aprender novas palavras por meio de inferência por exclusão.

O primeiro experimento foi delineado somente para avaliar se Rico era, de fato, capaz de trazer os brinquedos que ele já conhecia. Os 200 objetos foram aleatorizados em 20 conjuntos com 10 objetos cada, e a tutora pedia então dois objetos escolhidos aleatoriamente em cada conjunto. Tanto tutora quanto experimentador ficavam em uma sala adjacente, diferente da sala em que estavam os objetos, a fim de evitar qualquer dica inconsciente. Nesse primeiro experimento, dos 40 objetos solicitados, Rico trouxe corretamente 37 deles, um desempenho muito acima do que seria o esperado ao acaso.

Em um segundo estudo analisou-se sua habilidade para aprender novas palavras por meio do processo de inferência por exclusão. Para tanto, um novo objeto era colocado com outros sete conhecidos na sala adjacente. Foram conduzidas 10 sessões, e, portanto, foram apresentados no total 10 novos objetos. O primeiro e segundo pedidos eram de objetos já conhecidos por Rico; no terceiro pedido, falava-se uma palavra nova. Esse procedimento pretendia controlar a preferência pelo novo, ou seja, avaliar se Rico conteria o impulso de buscar o novo objeto de imediato. Ele trouxe o novo objeto ao escutar a nova palavra em sete das 10 sessões testadas, ou seja, um desempenho superior ao esperado por mero acaso. Os pesquisadores concluíram que Rico foi capaz, portanto, de fazer inferência por exclusão.

Rico guardou a associação entre as novas palavras e novos objetos na memória pois continuou apresentando bom desempenho em trazer corretamente o objeto novo de um conjunto de objetos familiares após quatro semanas dos testes iniciais. Os autores afirmaram que o desempenho de Rico poderia ser explicado por um conjunto de mecanismos que incluía adquirir o princípio de que novos objetos recebem novos nomes, aprender por exclusão e reter as novas palavras na memória. Esse estudo reforçou que os mecanismos de compreensão e produção podem se desenvolver de forma independente, sendo a compreensão de sons bastante flexível.

Embora os resultados com Rico indicassem que possivelmente os cães apresentem a habilidade de inferência por exclusão, a associação entre um novo objeto e uma nova palavra, pode também ser o resultado de outros processos, como por exemplo, a neofilia, que é a preferência pelo novo (Rico estaria demonstrando uma preferência pelo novo quando assim fosse permitido, ou seja, no momento em que um nome de objeto conhecido não é pronunciado e, sim, um nome novo, sendo que sua escolha não teria relação nenhuma com o nome novo mas sim com um desejo de se aproximar do objeto novo), ou a evitação de estímulos já conhecidos. A escolha pelo novo estímulo também poderia ter um sentido positivo quando comparado com estímulos conhecidos que possuem algum significado negativo. Para afirmar que o indivíduo é capaz, de fato, de inferir por exclusão, seria necessário descartar interpretações alternativas.

De fato, em estudo posterior realizado por Kaulfuss e Mills (2008) demonstrou-se em cães uma forte preferência por objetos novos disponibilizados em conjunto com objetos familiares, todos brinquedos caninos, em uma tarefa de escolha, mas isso não era suficiente para rejeitar a hipótese da inferência por exclusão em cães. Novos experimentos eram necessários para melhor compreensão do fenômeno em questão.

Aust e colaboradores (2008) testaram seis cães em um paradigma experimental que visava eliminar as hipóteses alternativas possíveis para o desempenho de Rico. Eles criaram um dispositivo computadorizado para apresentar uma tarefa de escolha entre duas imagens por meio do toque na tela. Esse dispositivo liberava uma recompensa (comida) para a escolha apropriada. Foram usados como estímulos imagens de oito objetos, sendo que quatro deles foram associados com a recompensa, recebendo assim um significado positivo, enquanto para os outros quatro atribuiu-se um significado negativo pela ausência do reforço. Para cada ensaio treino apresentavam-se dois estímulos, um positivo e outro negativo, em posições aleatorizadas ao longo das repetições. Durante a fase de treinamento, as escolhas dos estímulos positivos resultavam em recompensa e as escolhas dos estímulos negativos não eram reforçadas, e, nesse caso, exibia-se um estímulo visual de uma tela vermelha por três segundos, e, em seguida, o mesmo pareamento era apresentado, ou seja um ensaio de correção. Outra escolha errada levava a mais um ensaio de correção, enquanto a escolha correta finalizava o ensaio com a recompensa. Para facilitar a aprendizagem, as escolhas corretas e incorretas nos ensaios de treinamento eram acompanhadas ainda de sinais acústicos.

Os ensaios testes, por sua vez, não eram reforçados, a primeira escolha entre qualquer uma das duas imagens apresentadas não resultava em qualquer *feedback* acústico, visual, corretivo, nem tampouco recompensa. A primeira sessão teste envolveu 28 ensaios treinos e quatro ensaios testes. No ensaios testes apresentava-se um dos quatro estímulos negativos e um novo estímulo, que substituía, de acordo com a lógica do treinamento, o estímulo positivo. O sujeito que escolhesse por exclusão deveria, portanto, optar pelo novo, rejeitando o estímulo negativo já conhecido. Por outro lado, sujeitos que tivessem preferência pelo familiar escolheriam o já conhecido, apesar do significado negativo. No entanto, esse primeiro teste ainda era insuficiente para atribuir a capacidade de inferência por exclusão. Para excluir as hipóteses alternativas de neofilia ou evitação do estímulo negativo, uma segunda etapa foi proposta. Os sujeitos que preferiram o estímulo novo no teste 1 foram avaliados novamente quanto à persistência por esse novo estímulo, quando pareado com um segundo novo estímulo. No teste 1, eles alocaram o primeiro estímulo novo em uma classe de estímulos positivos, possivelmente por exclusão; e no teste 2, ao pareá-lo com um segundo novo estímulo, a escolha persistente pelo primeiro, agora positivo, mostraria que não houve uma preferência pelo novo ou uma evitação a estímulos negativos conhecidos, mas sim que o indivíduo realmente teria feito uma inferência por exclusão.

Praticamente todos os humanos testados nesse paradigma apresentaram inferência por exclusão, três dos seis cães testados mostraram evidências significativas dessa habilidade. Os autores sugeriram que os três cães que falharam no primeiro teste, possivelmente aprenderam a discriminar os estímulos negativos e positivos no treino de forma puramente mecânica, ou seja, a partir de um processo associativo básico que não permitiu a avaliação necessária para fazer a inferência por exclusão nos testes seguintes. Esse estudo confirmou parcialmente, portanto, os resultados encontrados com Rico.

## CHASER E O APRENDIZADO DE MAIS DE 1.000 PALAVRAS E CATEGORIZAÇÃO

Logo após a publicação da pesquisa conduzida com Rico, foram levantados questionamentos sobre o processo de aprendizagem para adquirir novas palavras. Argumentava-se que poderia tratar-se de um simples comando de buscar um determinado objeto, sem que fosse atribuído, de fato, qualquer conteúdo referencial à palavra (Bloom, 2004). Não estaria Rico simplesmente tratando o pedido "buscar o objeto" como um comando único?

Para investigar esses questionamentos Pilley e Reid (2011) iniciaram uma pesquisa com uma cadela também da raça Border Collie chamada Chaser. Ela recebeu treinamento de quatro a cinco horas diárias durante três anos. Os pesquisadores buscaram analisar a propriedade da referencialidade das palavras com o intuito de responder às incertezas levantadas por Bloom (2004) sobre o aprendizado de novas palavras por Rico. Adicionalmente, investigou-se se Chaser seria capaz de agrupar os nomes dos objetos em categorias maiores e, por fim, se ela seria capaz de aprender os nomes a partir do processo de inferência por exclusão.

Os números de Chaser impressionam. Foram usados mais de 1.000 objetos entre eles 800 brinquedos de pelúcia, 116 bolas, 26 frisbees e mais de 100 objetos de plástico. Todos receberam nomes diferentes e foram marcados com seus nomes de tal forma que os treinadores usassem sempre o nome correto para cada objeto.

Chaser aprendia um ou dois nomes próprios por dia e era recompensada com interações sociais e brincadeiras. Sempre que se apresentava um novo objeto para Chaser, apontava-se e falava-se o seu nome, seguia-se uma brincadeira de buscar o objeto, repetindo-se várias vezes o nome em cada sessão de tal forma a facilitar a associação. No treino inicial não havia outros objetos a fim de evitar erros e facilitar a associação. Por um período de duas a quatro semanas, repetia-se esse procedimento reforçado com brincadeiras. Boa parte do treinamento envolvia sessões para retenção dos nomes de objetos já familiares.

O critério para considerar que um nome havia sido aprendido era que Chaser deveria selecionar o objeto correto, dentro de uma coleção de oito objetos familiares, sem erro por oito vezes seguidas. A probabilidade disso acontecer sem que ela tivesse, de fato, aprendido o nome do objeto seria muito pequena. Quando ela cometia um erro, a sessão era interrompida e uma nova sessão de treinamento com o objeto era iniciado. Os sete objetos distratores eram alterados para cada pedido. Ao longo de quase três anos de treinamento Chaser aprendeu 1.022 palavras de acordo com o critério adotado.

Foram propostos, adicionalmente, testes mensais em que 20 objetos familiares eram colocados no chão e pedidos um a um sem reposição. Parte dessas sessões eram "cegas", ou seja, o treinador estava em uma sala diferente de tal forma que Chaser não podia vê-lo ou usar qualquer dica comportamental enquanto selecionava um objeto. As sessões mensais aumentavam a medida que Chaser aumentava seu vocabulário (por exemplo, ao completar 1.000 palavras aprendidas, o teste mensal incluiu 50 sessões com 20 objetos). Durante os testes mensais Chaser sempre foi capaz de trazer entre 18 e 20 objetos corretos, até mesmo nas sessões "cegas", mostrando que a presença do treinador não aumentava a acurácia extraordinária de Chaser.

Por fim, após três anos de treino, Chaser foi submetida a uma demonstração pública, em um auditório, diante de uma plateia de quase 100 estudantes. Cinco pessoas escolheram aleatoriamente 10 objetos, perfazendo um total de 50 objetos, dos quais Chaser buscou corretamente 46 deles, mesmo nessa situação estressante e em um ambiente diferente e ruidoso.

Para testar a independência do conteúdo dos nomes aprendidos e dos comandos, era necessário que o nome do objeto pudesse ser usado para diferentes ações. Bloom (2004) questionava se o ato de pedir o objeto usando, por exemplo, a expressão "busca objeto" estaria sendo usado por Rico como um comando simples em vez de representar de fato duas palavras com significados independentes. Pilley e Reid (2011) propuseram, então, testar a independência entre os nomes e as ações, usando combinações diferentes das usadas até então. Para tanto, ao longo de 14 ensaios foram pareados aleatoriamente um entre três possíveis comandos de ação (buscar, tocar com a pata ou tocar com o nariz) com um entre três possíveis brinquedos conhecidos por Chaser. Nenhum dos três comandos de ação havia sido pareado com esses três objetos antes. Tanto Chaser quanto o experimentador não podiam ver os objetos no momento do pedido, tampouco o experimentador podia ver a ação que Chaser executava ao se aproximar do objeto. Da mesma forma que Sofia, Chaser se mostrou capaz de responder apropriadamente à combinação de duas palavras proferidas ao mesmo tempo (ação e objeto), reforçando assim o aspecto referencial dos nomes aprendidos (Pilley & Reid, 2011; Ramos & Ades, 2012).

A capacidade de categorização dos símbolos é também uma importante propriedade da nossa linguagem. Símbolos podem pertencer a categorias maiores de objetos. Por exemplo, "garfo", "faca" e "colher" referem-se a três objetos distintos, mas podemos usar a categoria "talheres" para referirmo-nos a esse grupo de objetos. Para investigar a capacidade de categorização de palavras em Chaser, os pesquisadores usaram as categorias "brinquedo", "bola" e *frisbee*. As bolas e os *frisbees* tinham formatos semelhantes, sendo, portanto, as características físicas que os reuniam em seus grupos. Entretanto, com relação à categoria "brinquedo" todos os 1.022 objetos conhecidos pelo nome próprio por Chaser pertenciam a essa categoria, enquanto os objetos da categoria complementar, os não brinquedos, eram quaisquer outros objetos da casa com os quais Chaser não tinha permissão para brincar. Portanto, não era a característica física que permitia a discriminação entre brinquedos e não brinquedos, mas sim a sua função, exigindo uma discriminação mais abstrata. Para ensinar os nomes das categorias utilizaram-se os mesmos procedimentos usados para ensinar os nomes próprios de cada objeto. Para o treinamento de generalização colocavam-se oito objetos da mesma categoria no chão e pedia-se que buscasse os objetos usando sempre o nome da categoria. Para o treinamento de discriminação eram colocados no chão oito objetos da categoria com outros oito fora da categoria, escolhidos aleatoriamente como, por exemplo, as oito bolas e oito não bolas, que foram espalhadas no chão também de forma aleatória, formando círculos. Eram feitos, então, pedidos dos oito objetos usando o nome da categoria. Ao trazer um objeto errado, Chaser era corrigida com, por exemplo, "não, este não é uma bola". O critério de aprendizagem estabelecia que fossem atendidos corretamente os oito pedidos consecutivos, tanto nos ensaios de generalização quanto nos de discriminação. Chaser acertou 100% em todos os testes, sempre trazendo os objetos que faziam parte da categoria, demonstrando ser capaz de atribuir três nomes a um mesmo objeto; afinal, ela conhecia os objetos pelos seus nomes próprios, sabia ainda categorizar bolas e *frisbees*, e, reconhecia que estes eram também classificados como brinquedos.

Por fim, Pilley e Reid (2011) investigaram se, de fato, o processo de inferência por exclusão estaria atuando na aprendizagem de novas palavras de Chaser. Para controlar a preferência pelo novo, incluía-se dois novos objetos entre oito familiares e, então, pedia-se os oito objetos familiares. Esse procedimento foi repetido oito vezes e Chaser trouxe corretamente todos os objetos familiares em todas as sessões, indicando que não estava sendo guiada por um impulso de buscar um objeto novo. Excluída essa interpretação alternativa, testou-se a inferência por exclusão em algumas etapas. Na primeira delas, um novo objeto era colocado juntamente com outros sete objetos familiares e, nos primeiros dois pedidos, solicitava-se dois objetos familiares. Somente no terceiro pedido, falava-se um novo nome, que deveria ser associado ao novo objeto. Em seguida, esse novo item era colocado em uma sala adjacente com três outros novos objetos e quatro outros objetos familiares. Seguiam-se dois pedidos de objetos familiares e, por fim falava-se novamente o nome do novo item. Todo esse procedimento foi repetido oito vezes e Chaser apresentou um desempenho impecável na escolha imediata do novo objeto associado ao novo nome. Entretanto, esses mesmos testes foram repetidos após 10 minutos de intevalo e 24 horas depois, e, nesses casos, Chaser trouxe o objeto correto em 5 dos 8 testes após 10 minutos de intervalo, e em somente 1 dos 8 testes 24 horas horas depois. Ao repetir esse procedimento 2 anos mais tarde, quando Chaser tinha já 5 anos de idade, ela trouxe o objeto correto em 6 dos 8 testes imediatos e em 4 dos 8 testes após 10 minutos de intervalo. Esses resultados reforçaram que Chaser era capaz de fazer inferência por exclusão, mas que treinos adicionais de brincadeiras com o novo objeto seriam, de fato, necessários para a retenção na memória da associação entre o novo nome e o novo objeto.

## BETSY E RICO E A INTEGRAÇÃO DA MEMÓRIA
### SOBRE O QUE E ONDE BUSCAR

Forragear faz parte do repertório de todos os animais e a memória do que e onde encontrar o alimento é uma habilidade que torna essa tarefa mais eficiente. Há evidências de que cães podem guardar na memória a informação de onde está um alimento e possuem algum grau da habilidade de permanência de objeto (Fiset & LeBlanc, 2007), um processo cognitivo que surge nas crianças a partir de dois anos de idade e permite que o indivíduo perceba que um objeto continua existindo mesmo quando desaparece do campo visual. A permanência de objetos pode ter uma importante função na vida de um animal que precisa, por exemplo, lembrar que quando a presa desaparece atrás de arbustos, ela continua existindo (o Capítulo 5 trata com mais detalhes esse tema).

Rico já havia demonstrado a habilidade de memorizar nomes de muitos objetos (Kaminski *et al.*, 2004) mesmo quando eles não estavam presentes na mesma sala, mas a integração da informação do local desses objetos não foi testada naquele estudo. Kaminski, Fisher e Call (2008), os mesmos colaboradores do primeiro estudo com Rico, propuseram, então, um novo estudo para investigar se dois cães, Rico e agora Betsy, outra cadela da raça Border Collie, seriam capazes de integrar a informação do que procurar e onde procurar. Em um primeiro experimento Rico e Betsy deveriam procurar por vários objetos em duas salas diferentes. No momento do estudo, Betsy, assim como Rico, também já possuía um repertório de nomes de mais de 150 objetos. O experimento foi conduzido em três salas, uma delas era a sala principal, o ponto de partida onde ficavam o experimentador, tutor e o cão, e as outras duas salas continham cinco objetos para Betsy ou seis objetos para Rico, escolhidos aleatoriamente do repertório de cada um. Após colocar os objetos em cada sala fora da visão do cão, o experimentador retornava à sala principal, e pedia um a um os objetos que estavam nas duas salas. O cão era livre para explorar as duas salas e obter, assim, informações sobre a localização dos grupos de objetos. Ao trazer o objeto correto, o cão era reforçado com comida ou brincadeira, e ao trazer um objeto incorreto o mesmo pedido era repetido. Os pedidos seguiram uma lista aleatorizada e foram conduzidas duas sessões por dia. Registrou-se o número de objetos trazidos corretamente e o primeiro local visitado a cada pedido. O primeiro pedido foi excluído, uma vez que correspondia ao momento de exploração das duas salas; e também foram excluídos os últimos pedidos. Tanto Rico quanto Betsy apresentaram excelente desempenho em trazer os objetos corretos. Entretanto, com relação à escolha espacial, enquanto Rico escolheu se dirigir de imediato para a sala correta acima do acaso, Betsy fez o contrário e visitou consistentemente primeiro a sala em que não estava o objeto solicitado. Portanto, enquanto Rico mostrou ter a capacidade de integrar na memória a informação do local dos objetos, Betsy aparentemente usou uma estratégia diferente.

Para compreender melhor a estratégia de Betsy, os pesquisadores propuseram um segundo estudo, considerando agora três salas, além da principal, sendo que em duas delas foi colocado um único objeto, e a terceira sala permaneceu vazia. No início, Betsy podia explorar as três salas guiadas pelo experimentador e ao retornar para a sala principal um dos objetos era solicitado. Se Betsy trouxesse o objeto correto, o ensaio finalizava e os objetos eram trocados para iniciar outro ensaio. Foram conduzidas duas sessões com 12 pedidos, na primeira sessão a inspeção nas três salas era feita sempre na mesma ordem (sala A, depois B e, por fim, C) e na segunda sessão, a inspeção era feita de forma aleatória (as três salas eram diferentes das usadas na primeira sessão). Procurou-se, assim, avaliar se a estratégia de busca de Betsy estaria sendo influenciada por uma rota fixa proposta pelo experimentador. Betsy trouxe os objetos corretos em todos os pedidos na primeira sessão e em 11 dos 12 pedidos na segunda sessão. Entretanto, no que se refere à informação espacial, Betsy continuou dirigindo-se consistentemente primeiro para a sala errada em todos os pedidos. Em ambas as sessões ela usou uma estratégia sistemática fixa, preferindo visitar uma determinada sala primeiro e quando não encontrava o objeto passava para outra. Esse estudo mostrou, portanto, que somente Rico foi capaz de integrar na memória as informações do que e onde buscar, permitindo-lhe uma busca mais eficiente, do que a estratégia fixa usada por Betsy.

# Rico, Betsy, Paddy, Cooper e Gale
## e a compreensão de símbolos icônicos

Entender a intenção do outro é uma importante habilidade para o ser humano. Crianças com aproximadamente 1 ano de idade já começam a compreender que um gesto de apontar carrega a intenção de mostrar algo no ambiente (Tomasello, Carpenter, Call, Behne, & Moll, 2005). Já a habilidade de compreender símbolos físicos icônicos, como por exemplo, inferir o que um adulto quer quando este mostra uma réplica menor de um objeto, começa a aparecer nas crianças, somente entre 2 e 3 anos de idade, por ser uma habilidade mais complexa que envolve uma duplicidade (uma réplica de um brinquedo em tamanho diferente, também é um brinquedo, tanto quanto o objeto real).

Os cães também parecem compreender a comunicação intencional dos seres humanos e apresentam prontidão para seguir gestos de apontar (Miklósi & Soproni, 2006), mas há ainda muitas discussões na literatura sobre a compreensão do aspecto referencial e intencional dos gestos (ver Capítulo 2 para mais detalhes). Para estudar a compreensão do aspecto intencional dos sinais dos seres humanos, no lugar de palavras ou gestos de apontar, Kaminski, Tempelmann, Call e Tomasello (2009) investigaram essa habilidade a partir de símbolos físicos icônicos, em três cães treinados em associar palavras a objetos, Rico, Betsy e Paddy, e em outros dois cães não treinados, Cooper e Gale. Procurou-se verificar o quanto esses cães seriam capazes de inferir a intenção do ser humano ao apresentar réplicas de objetos físicos (em tamanho normal ou miniaturas) ou fotos dos mesmos.

Os testes aconteciam em duas salas, em uma delas ficava o tutor e o experimentador, e na outra eram colocados oito objetos familiares. O tutor era instruído a pedir um dos objetos dizendo "busca" e apresentando três possíveis dicas visuais: uma réplica idêntica, uma réplica miniatura, ou uma foto do objeto, sem falar o nome do objeto. Se o cão trouxesse o objeto correto era recompensado com brincadeira, caso contrário repetia-se o pedido até no máximo três vezes. Para cada possível dica apresentada foram feitos oito pedidos. Importante observar que os animais podiam aprender a associar um objeto a outro, mas normalmente isso demandaria exposição e treino; por outro lado, se essa associação fosse feita rapidamente como exigia o experimento proposto, fortaleceria a hipótese de que os cães seriam capazes de compreender a intenção do ser humano quando pede o objeto por meio da réplica.

Entre os cães treinados com palavras, todos trouxeram o objeto correto acima do acaso, nas condições de réplica indêntica e miniatura. Entre os cães não treinados, nenhum teve sucesso com a réplica idêntica, entretanto Gale teve sucesso com a réplica miniatura. Em uma segunda sessão com os dois cães não treinados, usando a réplica idêntica, ambos tiveram sucesso na tarefa, mostrando um aprendizado da ideia geral da tarefa. Já para a dica fornecida por meio da foto do objeto, entre os cães treinados somente Betsy foi capaz de trazer o objeto correto acima do acaso; e entre os cães não treinados, Cooper também teve sucesso.

Uma hipótese alternativa é que os cães estariam somente associando a aparência física do ícone ao objeto, já que foi mais difícil usar fotos como ícones. Para investigar essa possibilidade, os cães treinados participaram de uma segunda etapa do estudo em que se apresentava a foto do objeto solicitado e, na sala adjacente, os cães poderiam escolher entre quatro objetos físicos ou as suas fotos. Se os cães estivessem orientando sua busca pela semelhança física do objeto, sem que houvesse um entendimento da natureza representacional da réplica, então ao mostrar uma foto de um objeto (um pedaço de papel), os cães prefeririam trazer uma foto (outro pedaço de papel). Repetiu-se esse procedimento 12 vezes para cada cão. Rico trouxe corretamente o correspondente ao pedido em 11 das 12 sessões, e mostrou forte preferência por trazer o próprio objeto físico. Já as escolhas de Paddy e Betsy foram ao acaso, embora

Betsy, quando considerados somente os oito últimos pedidos, tenha trazido o item solicitado em sete deles, mas sem preferência clara pela foto ou pelo objeto físico.

Nesse estudo todos os cães treinados foram capazes de usar réplicas de tamanho natural ou miniaturas para identificar o objeto que o experimentador pedia. Os cães não treinados compreenderam rapidamente a tarefa, sendo improvável tratar-se de uma equivalência de estímulos, o que, por sua vez, exigiria longo treino. Por outro lado, usar os ícones representados por fotos foi mais difícil para os cães; mas, ainda assim, dois cães tiveram sucesso desde o início. Ademais, o fato de não preferirem fotos a objetos, quando a dica era uma foto, sugere que eles não estavam orientando sua busca simplesmente pela semelhança física do objeto. De todo modo, os cães pareciam perceber que mostrar um ícone indicava que o experimentador tinha a intenção comunicar algo sobre ele.

## Considerações Finais

Os estudos de caso aqui descritos certamente não apenas surpreenderam a comunidade científica internacional como contribuíram sobremaneira para o entendimento que temos hoje acerca das habilidades comunicativas caninas. Por meio de estudos planejados e estruturados, treinamentos extensivos e testes experimentais rigorosos, ambientes e procedimentos altamente controlados, foi possível inferir sobre os processos de aquisição de produção e compreensão linguística pelos cães, bem como seus aparentes limites e desafios de aprendizagem e desempenho, dando-nos uma ideia mais precisa da comunicação entre o cão e o ser humano na prática. Mais do que apontar o que necessariamente ocorre no dia a dia das interações entre cães e pessoas, os estudos apontaram onde podemos chegar quando monitoramos e modelamos os processos caninos de aquisição linguística.

De fato, se considerarmos as interações naturalísticas de cães e pessoas em suas residências, pessoas acreditam em uma comunicação com o cão quase perfeita. Ramos, Mills e Ades, 2006 perguntaram a opinião de tutores de cães ao redor do mundo sobre a capacidade dos cães de comunicarem-se com seres humanos. Um questionário disponibilizado *online*, em duas línguas (inglês e português) foi respondido por 5.565 tutores de diversas nacionalidades (Brasil, Estados Unidos, Inglaterra, Canadá, Noruega, Austrália, Finlândia, Suécia, Nova Zelândia e outros). Os resultados confirmaram o esperado: os tutores acreditam fortemente que seus cães sejam capazes de comunicar-se não somente enviando informações, como também entendendo informações que são comunicadas a eles. Em uma escala de 0 a 10, 0 representando uma incapacidade completa de se comunicar, e 10 uma comunicação perfeita, os tutores atribuíram, em média, nota 8,3 para a capacidade dos cães comunicarem informações às pessoas e 7,8 para a capacidade de entenderem quando comunicamos informações a eles. Participantes ao redor do mundo apontaram igualmente pontos fortes na comunicação canina tais como a habilidade de comunicar desejos (brincar, comer, passear, descansar), emoções (felicidade, tristeza, saudade) e a capacidade de entender palavras (referente a pessoas, lugares, comida e petiscos, ou até punições). Já para algumas formas complexas ou abstratas de comunicação, tais como a comunicação de emoções secundárias, como vergonha ou culpa, tutores pareceram não acreditar tão fortemente nas capacidades caninas.

Os estudos de casos mostram que, considerando que a comunicação humana é predominantemente verbal, um treinamento específico iniciado desde cedo favorece uma boa compreensão canina e, consequentemente, uma comunicação eficiente. Ao menos no quesito compreensão, é bem provável que cães utilizem naturalmente uma combinação de sinais verbais, gestuais e contextuais para compreender o que o ser humano diz, já que não é comum serem ensinados desde cedo, de forma intensiva e estruturada, a discriminar sinais exclusivamente verbais.

Em termos de produção linguística, o caso da cadela Sofia forneceu evidências sólidas de que cães são capazes de aprender uma forma de comunicação visual simbólica, e que essa habilidade está sob influência de mecanismos essenciais para que a comunicação de fato ocorra (e.g., atenção do receptor da mensagem). Mas mesmo na comunicação natural entre cães e pessoas, ou seja, na ausência de equipamentos especiais tal como o teclado de Sofia, os cães claramente possuem um repertório especial de sinais comunicativos para transmitir informações aos seus tutores por meio de sinais diversos (vocais, corporais), tal como acreditam seus tutores (Ramos, Mills, & Ades, 2006).

O estudo da comunicação entre o cão e o ser humano, além de possibilitar o desenvolvimento de modelos teóricos acerca das capacidades cognitivas dos cães, é importante do ponto de vista aplicado. Os cães possuem vários papéis na sociedade humana, além de serem animais de estimação, podem acompanhar portadores de deficiências visuais, trabalhar com salvamento, apreensão de fugitivos, caça e podem até mesmo ser co-terapeutas em diversos contextos. Para a execução dessas tarefas, é fundamental uma boa comunicação entre o cão e o condutor (ou paciente). Desse modo, ajustes nas interações entre pessoas e seus cães com base nas reais motivações e habilidades caninas mostram-se necessários para que a comunicação e as relações entre cães e pessoas funcionem de modo mutuamente benéfico.

## Referências

Aust, U., Range, F., Steurer, M., & Huber, L. (2008). Inferential reasoning by exclusion in pigeons, dogs, and humans. *Animal Cognition, 11*(4), 587-597. doi: 10.1007/s10071-008-0149-0

Bloom, P. (2004). Can a dog learn a word? *Science, 304*, 1605-1606.

Bräuer, J., Call, J., & Tomasello, M. (2004). Visual perspective taking in dogs (*Canis familiaris*) in the presence of a barrier. *Applied Animal Behavior Science, 88*, 299-317.

Eckstein, G. (1949). Concerning a dog`s word comprehension. *Science, 109*(2837), 494.

Fiset, S., & LeBlanc, V. (2007). Invisible displacement understanding in domestic dogs (*Canis familiaris*): The role of visual cues in search behavior. *Animal Cognition, 10*, 211-224.

Gardner, R. A., & Gardner, B, T. (1969). Teaching sign language to a chimpanzee. *Science, 165*(3894), 664-672.

Kaminski, J., Call, J., & Fischer, J. (2004) Word learning in a domestic dog: Evidence for "fast mapping". *Science, 304*(5677), 1682-1683.

Kaminski J., Fischer J., & Call, J. (2008). Prospective object search in dogs: Mixed evidence for knowledge of What and Where. *Animal Cognition, 11*, 367-371.

Kaminski, J., Tempelmann S., Call J., & Tomasello M. (2009). Domestic dogs comprehend human communication with iconic signs. *Developmental Science, 12*(6), 831-837. doi: 10.1111/j.1467- 7687.2009.00815.x

Kaulfuss, P., & Mills, D. S. (2008). Neophilia in domestic dogs (*Canis familiaris*) and its implication for studies of dog cognition. *Animal Cognition, 11*(3), 553-556.

Miklósi, Á. (2015). *Dog-Behaviour, evolution and cognition* (2nd ed.). Oxford: Oxford University Press.

Miklósi, Á., & Soproni, K. (2006). A comparative analysis of animals' understanding of the human pointing gesture. *Animal Cognition, 9*, 81-93.

Pepperberg, I. M. (1991). A communicative approach to animal cognition: A study of conceptual abilities of an African Grey Parrot. In C. A. Ristau (Ed.), *Cognitive ethology: The minds of other animal* (pp. 153-155). Mahwah, NY: L. Erlbaum Associates.

Pilley, J. W. (2013). Border collie comprehends sentences containing a prepositional object, verb, and direct object. *Learning and Motivation, 44*(4), 229–240.

Pilley, J. W., & Reid, A. K. (2011). Border collie comprehends object names as verbal referents. *Behavioral Process, 86*(2), 184-195.

Ramos, D., & Ades, C. (2012). Two-Item sentence comprehension by a dog (*Canis familiaris*). *PLoS ONE, 7*(2). doi: 10.1371/journal.pone.0029689

Ramos, D., Mills, D. S., & Ades, C. (2006). Human-dog communication: An international study of owners. *UFAW Conference*, UK.

Redígolo, C. S. (2008). *O papel da atenção humana na comunicação cão-ser humano por meio de um teclado*. Dissertação de Mestrado, Instituto de Psicologia, Universidade de São Paulo, São Paulo.

Rossi, A. P., & Ades, C. (2008). A dog at the keyboard: Using arbitrary signs to communicate requests. *Animal Cognition, 11*, 329-338.

Savage-Rumbaugh, S., & Lewin, R. (1994). *Kanzi: The ape at the brink of the human mind*. John Wiley & Sons.

Savage-Rumbaugh, S., McDonald, K, Sevcik, R. A., Hopkins, W. D., & Rubert, E. (1986). Spontaneous symbol acquisition and communicative use by pygmy chimpanzees (*Pan paniscus*). *Journal of Experimental Psychology: General, 115*(2), 211-235.

Savalli, C., Ades, C., & Gaunet, F. (2014). Are dogs able to communicate with their owners about a desirable food in a referential and intentional way? *PLoS ONE, 9*(9). doi: 10.1371/journal.pone.0108003

Savalli, C., Resende, B. D., & Ades, C. (2013). Are dogs sensitive to the humans visual perspective and signs of attention when using a keyboard with arbitrary symbols to communicate? *Current Ethology, 12*, 29-38.

Xitco Jr, M. J., Gory, J. D., & Kuczaj, S. A. (2001). Spontaneous pointing by bottlenose dolphins (*Tursiops truncatus*). *Animal Cognition, 4*, 115-123.

Tomasello M., Carpenter M., Call, J., Behne, T., & Moll, H. (2005). Understanding and sharing intentions: The origins of cultural cognition. *Behavioral and Brain Sciences, 28*, 675-735.

Warden, C. J., & Warner, L. H. (1928). The sensory capacities and intelligence of dogs, with a report on he ability of the noted dog "Fellow" to respond to verbal stimuli. *The Quarterly Review of Biology, 3*(1), 1-28.

Young, C. A. (1991). Verbal commands as discriminative stimuli in domestic dogs (*Canis familiaris*). *Applied Animal Behaviour Science, 32*(1), 75-89.

# 4
# Influências sociais no comportamento do cão

*Briseida Resende*
*Miriam Garcia*

Em 1924, Hachiko, cão da raça Akita, foi adotado pelo professor Hidesaburo Ueno, que morava no subúrbio de Tóquio. O professor, todos os dias, pegava o trem na estação mais próxima de sua casa para chegar ao seu trabalho, no Departamento de Agricultura da Universidade de Tóquio. O cão passou a acompanhá-lo de casa até a estação. O professor pegava o trem, seguia para o trabalho e, quando retornava no trem das 15h, o cão o estava esperando na estação. Em 1925, Ueno foi ao trabalho, mas, na universidade, sofreu um AVC (acidente vascular cerebral) fatal e não retornou à estação. O cão lá ficou esperando. E lá retornava todos os dias. Sua história ficou conhecida e os passageiros, bem como os funcionários, passaram a levar petiscos e comida ao cão. Nove anos depois da morte de seu humano, Hachiko faleceu. História semelhante ocorreu em 1864, em Edimburgo, quando o pastor de ovelhas Jock veio a falecer, deixando sozinho seu Fox Terrier Bobby. O cão, todos os dias, cumpria a rotina à qual havia se habituado a percorrer com seu humano, indo dormir junto à sua sepultura no cemitério de Greyfriar. Catorze anos depois, o cão faleceu também. Foram construídas estátuas, tanto de Hachiko quanto de Bobby, nos locais em que demostravam sua fidelidade: na estação de trem de Shybuya e no cemitério de Greyfriar. Em 2015, foi também construída uma estátua celebrando um reencontro fictício entre Hachiko e o Professor Ueno na Universidade de Tóquio. Vários exemplos como e demonstram não só o vínculo que pode se estabelecer entre cães e humanos, mas também a capacidade de aprendizagem que esses animais possuem. Estando imersos em um mundo social em que cães e humanos interagem, aprendem não só em quem confiar, mas também o que e quando fazer. Quais são os processos e mecanismos envolvidos nessa aprendizagem, e o que significa dizer que há aprendizagem social? É o que vamos desenvolver neste capítulo.

Tendo em vista que as histórias filo e ontogenéticas de cães e humanos se confundem, retomaremos as discussões sobre domesticação para desconstruir a dicotomia inato/aprendido (ver também Capítulo 1), trazendo a abordagem dos Sistemas em Desenvolvimento. Tal abordagem parte de uma visão holística dos organismos, trazendo uma fluidez para a compreensão de como os comportamentos emergem. Dentro dessa perspectiva, apresentaremos os mecanismos de aprendizagem, enfatizando como acontecem em contextos sociais, sempre exemplificando com trabalhos realizados com canídeos. Não temos a proposta de realizar uma extensiva revisão dos trabalhos realizados com cães sobre aprendizagem social (que o leitor curioso pode encontrar no livro de Miklósi, 2015, por exemplo), mas subsidiar uma leitura crítica da literatura produzida pela área.

## FILOGÊNESE E ONTOGÊNESE DO COMPORTAMENTO CANINO

A pesquisa envolvendo comportamento canino vem se expandindo enormemente nos últimos 20 anos, sendo que os pesquisadores podem ser separados em duas vertentes conceituais: uma ligada à Análise Experimental do Comportamento, enfocando processos de aprendizagem e ontogenia (como

Wynne e Udell; ver, por exemplo, Udell, Dorey, & Wynne, 2008, 2010); outra ligada à Etologia, enfatizando o caráter herdado das capacidades do cão, que seria decorrente da co-evolução com humanos ao longo do processo de domesticação (por exemplo, Miklósi, Kubinyi, Topál, Gácsi, Virányi, & Csányi, 2003; e Hare, Brown, Williamson, & Tomasello, 2002; ver Dahas, Neves Filho, Cunha, & Resende, 2014 para uma discussão sobre as vertentes). Os pesquisadores mais identificados com a escola etológica costumam enfatizar os aspectos ligados à filogênese, e são reconhecidos como "cognitivistas", por também se referirem à "cognição" para explicar as habilidades dos cães. Já os pesquisadores identificados com a Análise Experimental do Comportamento enfatizam a ontogênese, especialmente os processos de aprendizagem.

Ao se discutir a importância da filogênese e da ontogênese sobre a capacidade de aprendizagem e resposta ao comportamento humano, pesquisadores ligados às duas vertentes comparam experimentalmente cães domésticos com lobos, e com outras espécies. Nesses experimentos, os animais são expostos a tarefas em que devem responder a dicas humanas (Hare, Brown, Williamson, & Tomasello, 2002; Miklósi, Kubinyi, Topál, Gácsi, Virányi, & Csányi. 2003; Virányi *et al.*, 2008; Udell, Dorey, & Wynne, 2008). Há variações experimentais que manipulam a história de vida dos animais com os humanos (e.g., uso de lobos que recebem cuidados de humanos e uso de cães de abrigo, que teriam menos contato com humanos) e que manipulam as condições experimentais relativas tanto ao local em que o teste é feito, quanto aos estímulos físicos ou sociais (Hare, Rosati, Kaminski, Braüer, Call, & Tomasello, 2010; Miklósi, Kubinyi, Topál, Gácsi, Virányi, & Csányi, 2003; Udell, Dorey, & Wynne, 2008). A vertente etológica tem defendido que os cães respondem rapidamente ao comando humano e necessitam menos treino para as tarefas em que há dicas humanas do que lobos (Lakatos, 2011; Hare *et al.*, 2002; Virányi *et al.*, 2008). Isso seria atribuído a uma história evolutiva compartilhada: ao longo do processo de domesticação, teriam sido selecionados animais que utilizassem de forma eficiente as dicas dadas pelo comportamento humano. Estudos com outros animais domesticados, como cabras (Kaminski, Riedel, Call, & Tomasello, 2005) e cavalos (Proops, Walton, & McComb, 2010), revelam que esses animais são capazes de seguir o gesto de apontar dos humanos, sendo esses resultados utilizados como evidências de que a domesticação teria selecionado animais capazes de entender esses gestos sem ter tido uma experiência prévia específica (Lakatos, 2011). Cognitivistas, então, defendem que a capacidade inata de compreensão dos gestos humanos seria uma consequência da história evolutiva de domesticação. Isso teria acontecido não só com cães, mas com outros animais domesticados, como cabras, por exemplo (Kaminski *et al.*, 2005).

Por outro lado, Udell *et al.* (2008) demonstraram que lobos, caso tenham um determinado ambiente de criação e interajam diariamente com humanos, podem, sem treinamento específico algum, usar gestos de apontar de humanos para encontrar alimento, enquanto cães de abrigo testados em ambiente externo não seguem esses gestos. Além disso, animais não domesticados, como focas, podem seguir gestos de apontar de forma comparável às cabras domesticadas (Scheumann & Call, 2004). Ou seja, os resultados desses experimentos indicam claramente a importância da ontogênese para a emergência dos comportamentos dos cães.

Ainda que coloquem ênfases diferentes nas explicações sobre os fenômenos, pesquisadores das duas vertentes reconhecem tanto a existência da aprendizagem, quanto da história evolutiva. De fato, há consenso na literatura a respeito da existência de aspectos inatos e aprendidos nos comportamentos de interação entre cães e humanos, e há também consenso de que essa dicotomia estaria superada. Ainda assim, o debate entre Inato *vs.* Aprendido/ Natureza *vs.* Cultura/ Gene *vs.* Ambiente continua em pauta, e os pesquisadores parecem dizer: "há a interação inato/aprendido, mas o que realmente explica isso que eu estou estudando é o aspecto inato (ou o aprendido). Se é verdade que a dicotomia está superada, por que isso acontece?

Para Ingold (2001), o que ocorre é que há, na ciência moderna, uma falsa impressão de que houve superação da dicotomia, afinal, são reconhecidas a interação e a equidade de importância entre o que é herdado e o que é aprendido. Por esta linha de raciocínio, está a ideia da Síntese da Biologia Moderna, segundo a qual os genes contêm o projeto geral para a construção do organismo e, a partir desse projeto, há uma plasticidade comportamental, fisiológica e morfológica, que dependerá do ambiente. Traduzindo esse pensamento para aprendizagem, a partir de dicas sociais pelos cães, estaria a ideia de que os cães seriam universalmente equipados com uma capacidade inata de aprender a partir de dicas humanas; e que a capacidade de aprender (ou cognição) teria sido dada pela história evolutiva, transmitida geneticamente. Dessa forma, a interação gene-ambiente seria unidirecional, partindo do gene. Porém, ainda que o gene seja um elemento importantíssimo na diferenciação entre cães e os outros seres vivos, as características de cada cão só podem aparecer por meio do processo de desenvolvimento, que envolve não apenas genes, mas muitos outros elementos do ambiente (Ingold, 2001). Ou seja, não há nenhuma característica impressa no gene, assim como não é possível que nenhum traço do organismo apareça em virtude apenas de um ambiente. Sendo assim, conforme afirma Ingold (2001), o genótipo, concebido como um desenho contexto-independente não existe. Por esse raciocínio, o cão não viria ao mundo "equipado" para aprender a partir de humanos, pronto para receber o *input* ambiental, e não estaria recebendo do ambiente a informação que satisfaria as condições de *input* de uma capacidade pré-constituída: ele estaria constantemente sendo formado como parte desse ambiente, desenvolvendo sua anatomia, sua fisiologia e seus neurônios, reconstruindo sua natureza canina e sendo, portanto, um sistema em desenvolvimento. Conforme Ingold (2001) coloca, nosso "equipamento corpóreo" não vem "pronto" ao nascer: vai sofrendo modificações contínuas ao longo da vida. Modificações que dependem das características do ambiente. Os genes se expressam em resposta a estímulos internos e externos, e reagem a indicações ambientais, o que aponta para a bidirecionalidade Estrutura

↔ Função. Os organismos são, então, considerados sistemas em desenvolvimento, e a interação dinâmica e bidirecional dos elementos que compõem os sistemas — internos ou externos — define as características emergentes (Gottlieb, 2001). Então, a dicotomia Inato *vs.* Aprendido simplesmente não existe: genes, demais moléculas, componentes dos ambientes físico e biológico são todos elementos de igual peso dos sistemas que se desenvolvem. Tanto o determinismo genético quanto o ambiental são excluídos desta interpretação, na medida em que o resultado do desenvolvimento dependerá das circunstâncias específicas da história de cada organismo, que envolve igualmente os diversos elementos que compõem o sistema, sejam bióticos ou abióticos. Dentro dessa lógica, que é a que adotamos neste capítulo, não faz sentido a disputa entre as vertentes cognitivista e comportamentalista.

As características dos organismos, sejam traços morfológicos ou comportamentais, são, portanto, reconstruídas por cada um ao longo do desenvolvimento. Os padrões que emergem, de acordo com Jablonka e Lamb (2001) são, sim, herdados, mas não apenas geneticamente. Essas autoras definem quatro sistemas de heranças: o genético, o epigenético, o ontogenético e o cultural. A herança ontogenética trata basicamente da aprendizagem. Na próxima seção, discutiremos o que é aprendizagem e como ocorre socialmente.

## Aprendizagem

De acordo com Domjan (2015), a aprendizagem pode ser definida como uma mudança duradoura nos mecanismos do comportamento envolvendo estímulos específicos e/ou respostas que resultam de experiência prévia com estímulos e respostas similares. Os mecanismos da aprendizagem podem ser analisados em diferentes níveis — comportamental, neural e molecular, celular e genético — todos produtos finais da interação com o ambiente. Neste capítulo, nos concentraremos principalmente no nível comportamental.

No nível comportamental, é comum distinguir entre aprendizagem não associativa e aprendizagem associativa (Kandel *et al.*, 2013). Na aprendizagem não associativa, há mudança duradoura no comportamento pela experiência com um estímulo. Na aprendizagem associativa, a mudança é produzida pela relação entre dois estímulos ou entre respostas e estímulos. Boa parte da aprendizagem de vertebrados é associativa e seus mecanismos são comuns entre animais de diferentes clados (Kandel *et al.*, 2013).

A aprendizagem associativa pode ocorrer por meio de dois tipos de treino: o condicionamento pavloviano, também chamado de respondente ou clássico e o condicionamento operante, também chamado de instrumental. O condicionamento pavloviano consiste em ensinar relações de contingência ou dependência entre dois estímulos. No procedimento mais conhecido, um estímulo inicialmente neutro é repetidamente apresentado antes de um estímulo que já controla uma resposta. O estímulo que já controlava a resposta antes do treino é denominado de Estímulo Incondicionado (US)[1] e a resposta observada na sua presença de Resposta Incondicionada (UR). Sabe-se que o treino foi bem sucedido ou que o animal "aprendeu a relação" quando a resposta passa também a ser observada só na presença do estímulo neutro, que passa então a ser denominado de Estímulo Condicionado (CS) e a resposta induzida na sua presença de Resposta Condicionada (CR).

No procedimento básico de condicionamento operante, uma resposta tem repetidamente como consequência um estímulo incondicionado. Se, depois, é verificada mudança na frequência, intensidade, duração ou padrão da resposta em decorrência desse procedimento, então se diz que a resposta ficou condicionada ao estímulo, e o estímulo passa a ser denominado de reforçador ou punidor. De acordo com Baum (2006), a relação entre o comportamento e sua consequência pode ser classificada em quatro tipos: reforço positivo,

---

[1] Em português são utilizadas as abreviaturas do inglês: *Unconditioned Stimulus, Unconditioned Response, Conditioned Stimulus, Conditioned Response*.

reforço negativo, punição positiva e punição negativa. "Reforço" e "punição" aludem ao efeito do estímulo consequente sobre o comportamento: falamos de reforço quando verificamos que a relação de contingência entre a resposta e sua consequência produz aumento da frequência ou mantém a resposta, e de punição quando observamos que a consequência diminui a probabilidade da resposta acontecer novamente. Já "positivo" e "negativo" se referem à mudança no ambiente produzida pela resposta: positivo quando a resposta produz a apresentação de um estímulo e negativo quando a resposta produz a remoção de um estímulo. Assim, reforço positivo é o aumento da probabilidade da resposta pela apresentação contingente de um estímulo, e reforço negativo é o aumento da probabilidade da resposta pela remoção contingente de um estímulo. De forma similar, punição positiva é a diminuição da probabilidade da resposta pela apresentação de um estímulo, e punição negativa é a diminuição da probabilidade da resposta pela remoção contingente de um estímulo[2]. É importante mencionar que ainda que esses conceitos sejam frequentemente utilizados para se referir à frequência de respostas, outros parâmetros do comportamento, como duração e intensidade, podem mudar pela apresentação contingente de um estímulo.

Um exemplo de reforço positivo é o aumento da frequência com que o cão senta do lado da mesa quando esse comportamento foi seguido de comida no passado; um de reforço negativo é o aumento da frequência de sinais de submissão do cão que foram efetivos em reduzir agressões de outros cães. Um exemplo de punição positiva é a diminuição de pular em cima do outro quando isso foi seguido de comportamentos agonísticos dos outros; e um de punição negativa, seria a diminuição da força da abocanhada de brincadeira

---

[2] Como aponta Domjan (2015) os procedimentos de reforço negativo, especificamente de esquiva, aumentam a resposta, e os de punição, diminuem a resposta, mas ambos tem como produto a diminuição do contato com o estímulo aversivo. No reforço negativo a diminuição do contato é obtida "fazendo alguma coisa", por esse motivo, é frequentemente denominada de esquiva ativa. Na punição, por outro lado, a diminuição do contato com o aversivo é obtida "não fazendo uma coisa", o que tem levado a alguns autores denomina-la de esquiva passiva. Entretanto, esse tipo de nomenclatura é confuso, uma vez que "não fazer uma coisa" não é considerado comportamento ou resposta.

do cão em partes do corpo de humanos ou de outros cães quando abocanhadas fortes foram no passado seguidas da suspensão da brincadeira.

A relação entre o responder e sua consequência é determinada pelo ambiente em que essa relação se estabelece e se mantém. Uma resposta que é seguida da apresentação de um reforçador em um ambiente pode não ter consequências, ou até ser punida em outro ambiente. Por exemplo, latir na ausência de um humano, mas na presença de outro cão pode ser frequentemente seguido do afastamento do outro cão, porém latir na presença de um humano pode ser frequentemente seguido de uma agressão do humano. É possível que, com o tempo, o cão passe a latir com alta frequência e intensidade na presença de outros cães e em baixa frequência na presença de humanos: o latir seria controlado por reforço negativo na presença de outros cães e por punição positiva na presença de humanos. Assim, outros cães e humanos adquiririam a função de sinais que indicariam qual seria a consequência do latir na sua presença. Estímulos que antecedem a resposta e sinalizam o tipo e probabilidade da consequência que seguirá o responder são denominados de Estímulos Discriminativos. Uma forma simples de treino discriminativo consiste em reforçar ou punir a emissão da resposta na presença de um estímulo e colocar em extinção[3] a emissão da resposta na presença de outro(s) estímulo(s).

É possível afirmar que, pelo menos em relação ao treino, o condicionamento operante e o condicionamento pavloviano, diferem principalmente nas condições de treino que são arranjadas pelos pesquisadores, treinadores, educadores, etc. No condicionamento pavloviano, a relação de contingência entre o Estímulo Neutro e o Estímulo Incondicionado é independente da resposta: havendo ou não resposta, o US será apresentado depois da apresentação de

---

[3] A extinção operante consiste em não apresentar mais o reforçador quando a resposta é emitida. O resultado típico do processo de extinção é a diminuição da resposta. (Domjan, 2015). No nosso exemplo do latir, poderíamos considerar a possibilidade em vez da resposta de latir do cão na presença de humanos ser seguida da agressão do humano, ela simplesmente não seria seguida de nenhuma ação por parte do humano.

CS. No condicionamento operante, a relação de contingência entre o estímulo discriminativo e a apresentação do US (reforçador) é dependente da resposta: na presença do estímulo, o reforçador será apresentado apenas se o animal responder. Para ilustrar essa diferença, vejamos uma situação hipotética em que o abanar o rabo é condicionado ao comando "abana" por um ou outro método de treino. Por condicionamento clássico (ou pavloviano), poderíamos, por exemplo, condicionar abanar o rabo cada vez que falássemos "abana". Para isso, primeiro identificaríamos qual estímulo já induz esse comportamento, como, por exemplo, acariciar a cabeça do cão, e verificaríamos que o cão não abana o rabo quando dizemos "abana". Depois, no treino, falaríamos "abana" sempre antes de acariciar a cabeça. Se, depois de fazer isso várias vezes, verificarmos que o cão abana o rabo cada vez que falamos "abana", podemos dizer que a resposta de abanar o rabo foi condicionada de forma pavloviana ao comando "abana". Por condicionamento operante, precisaríamos incluir mais um estímulo ao treino: o reforçador. Por exemplo, poderíamos oferecer um petisco cada vez que o cão abanasse o rabo quando disséssemos "abana" e não oferecer o petisco cada vez que ele abanasse quando disséssemos qualquer outra coisa. Se, depois de várias vezes isso feito, verificarmos que a frequência de abanar o rabo quando dita a palavra "abana" é bem maior do que quando dita qualquer outra palavra, podemos dizer que o abanar o rabo foi condicionado ao comando "abana" por condicionamento operante.

 Até aqui, descrevemos os procedimentos básicos de treino de ambos os condicionamentos e as mudanças no comportamento por eles produzidas. Foge do escopo deste capítulo descrever as formas mais complexas desses treinos e as interações entre os condicionamentos pavloviano e operante (para maior aprofundamento nesse tema indicamos a leitura de Domjan, 2015). Porém, é importante que o leitor esteja ciente de que muitos comportamentos não diretamente treinados por algum desses condicionamentos, dependem deles. Por exemplo, a emergência de classes de estímulos, a generalização entre estímulos, a resolução súbita de problemas ou *insight*, dependem da existência de repertórios comportamentais que foram aprendidos por alguma dessas formas de treino.

A história de treino é fundamental para se entender o repertório atual adquirido de um organismo, porém a aprendizagem também depende de outras variáveis e histórias. Nem todo treino de relações pavlovianas ou operantes produzem aprendizagem: são privilegiadas associações entre estímulos de maior valor adaptativo, ou seja, o aprender mais facilmente certas relações varia de acordo com a espécie e está relacionado com a evolução e o ambiente (Garcia & Koelling, 1966). Um determinado animal pode ser capaz de distinguir entre dois estímulos, mas ter seu comportamento controlado pelos estímulos que tiverem relevância de acordo com sua história, seja filo ou ontogenética (Mackintosh, 1973). Estímulos que são reforçadores para uma espécie não são necessariamente reforçadores para outra. Diferentes estímulos têm efeitos diferentes sobre o comportamento e, mesmo que para uma certa espécie um estímulo seja um reforçador em uma situação, ele pode não ser em outra (Stevenson-Hinde, 1973). Por exemplo, aproximar-se de um coespecífico poderá ser reforçado ou punido a depender da situação: se o outro cão estiver se alimentando, aproximar-se dele pode ter como consequência rosnados, mas se aproximar em uma outra situação pode ser seguido de uma saudação afiliativa[4]. Portanto, para se compreender a história de aprendizagem de cada animal, deve-se levar em conta o seu nicho de desenvolvimento e sua história evolutiva (Hinde, 1973).

## Aprendizagem Social

Animais que vivem em grupos sociais, além de aprenderem a partir da própria experiência, podem aprender a partir das experiências dos outros

---

[4] Como por exemplo o *greeting strech* que consistem em um tipo de espreguiçamento no qual o cão as patas dainteiras, ou traseiras, abaixando parte do seu corpo.

indivíduos. De acordo com Fragaszy e Perry (2003), aprendizagem social seria, por uma definição ampla, aprender a partir de um indivíduo. A ampla definição de aprendizagem social cobre desde aprendizagens por meio de interação direta, até aprendizagens resultantes da mera exposição por ter acompanhado o outro. Adotamos também a ideia de que, não sendo a "informação" uma coisa, não pode ser transferida de um indivíduo a outro, como se fosse um pacotinho. Mas, em contexto social, os indivíduos podem gerar comportamentos similares aos dos outros, influenciados pelos comportamentos ou alterações ambientais produzidos pelos outros (Fragaszy & Perry, 2003), o que só pode ocorrer por meio da atividade percebida, vivida por cada um. Conforme Fragaszy e Perry (2003), a trajetória do desenvolvimento de cada indivíduo com relação ao que percebe, e à forma como age, será diferente de acordo com a presença de elementos sociais e associais: a presença dos outros ao longo do desenvolvimento pode aumentar a saliência das experiências contingentes a eles. Os aprendizes podem preferir prestar atenção aos coespecíficos, sendo então o contexto social um meio de canalizar o comportamento. De acordo com essa visão, a aprendizagem social não ocorreria por meio de um processo distinto de aprendizagem. Sua distinção se dá apenas em virtude dos elementos contextuais envolvidos. Fragaszy e Visalberghi (2001) sugerem que aprendizagem socialmente enviesada seria o termo mais acurado para caracterizar este processo.

Hoppit e Laland (2013), por sua vez, consideram que o termo "aprendizagem socialmente enviesada" pode trazer confusão. Eles retomam a definição de Heyes (1994), construída a partir da definição de Box (1984, apud Hoppit & Laland, 2013), segundo a qual aprendizagem social é a aprendizagem que é influenciada por observação de, ou interação com, outro animal, mas criticam o uso do verbo "influenciar", por carecer de precisão. Sugerem, então, a seguinte definição: "Aprendizagem social é a aprendizagem que é facilitada por observação de, ou interação com, outro indivíduo (ou seus produtos)". Esta é basicamente a mesma ideia apresentada por Fragaszy e Visalberghi (2001), escrita de uma forma mais precisa por Hoppit e Laland (2013), e que será aqui utilizada.

## Mecanismos de Aprendizagem Social

Cientistas vêm se questionando sobre como o ambiente social afeta a aprendizagem, criando diferentes formas de classificar os mecanismos envolvidos: há um amplo leque de definições e muitas tentativas de sistematizá-las e organizá-las (Hoppitt & Laland, 2013; Want & Harris, 2002; Whiten & Ham, 1992; Zentall, 1996). Grosso modo, a imitação é separada de outras formas de aprendizagem social, sendo também subdividida em formas que exigiriam mais ou menos complexidade cognitiva.

Dentre as formas de aprendizagem social não imitativas, entrariam, por exemplo, as situações em que o aprendiz não copia exatamente a ação do outro, mas tem sua atenção atraída para um dado estímulo, ou um dado local, em virtude da ação de outro alguém. Esses mecanismos são conhecidos como "realce" (em inglês, *enhancement*) de estímulo ou de local. Neste caso, o cão teria, por exemplo, sua atenção atraída a um estímulo ou a um local — por exemplo, uma caixa-problema que foi aberta por outro cão — e passaria a explorá-lo, podendo aprender a solucionar uma tarefa, simplesmente por ter sua ação dirigida àquele local/estímulo.

A "emulação", conforme definida por Tomasello (1990), é um mecanismo de aprendizagem que ocorre quando um indivíduo, após observar alguém interagindo com objetos do ambiente, tende a desempenhar ações sobre esse objeto de forma a obter resultado similar. Ou seja, o aprendiz percebe o estado final do objeto, e tenta replicar esse resultado. Para isso, em virtude das características do objeto e da atuação de seu próprio corpo no ambiente, acaba replicando as ações do demonstrador, o que seria diferente da imitação, pois esta implica na cópia direta da própria ação.

As definições referentes aos mecanismos de aprendizagem são pensadas de forma a instrumentalizar os estudos sobre aprendizagem social, especialmente em laboratório. Os pesquisadores, a partir disso, tentam elaborar desenhos experimentais que tornem possível compreender por quais mecanismos os seus sujeitos aprendem. Muitas vezes, o resultado é um artefato criado pelo enrijecimento experimental, o que pode estar bastante distante das questões mais relevantes do cotidiano do cão, por exemplo. Outras vezes, as situações experimentais apresentam contextos que refletem melhor situações naturalísticas e, que, portanto, geram respostas que ajudam na convivência cão-humano. Discutiremos com mais detalhes esse ponto na próxima seção.

## Estudos Sobre Influência Social nas Respostas Apresentadas por Cães

Nas duas últimas décadas, houve um considerável aumento nas pesquisas envolvendo comportamento de cães, incluindo trabalhos que investigam se o ambiente social influenciam a apresentação das respostas dos cães. Em outras palavras, esses animais levam em conta o comportamento de outros indivíduos para tomar decisões? Eles aprendem o que devem fazer para solucionar uma tarefa a partir do comportamento do outro? Nessas pesquisas, os outros indivíduos são frequentemente os humanos, mas há também trabalhos em que são outros cães. Grande parte desses trabalhos utiliza ideias provenientes da psicologia comparada para embasar seus experimentos sobre as habilidades caninas. As origens dessas ideias remontam a Romanes (1882), discípulo de Darwin, que realizou, no final do século XIX, um inventário anedótico sobre imitação nos animais (Galef, 1996). E as origens mais próximas encontram-se em textos de Galef (1996) e de Zental (1996), por exemplo, que tentam organizar os achados sobre aprendizagem social, sugerindo nomenclaturas que possam ajudar na compreensão dos fenômenos.

Galef (1996) apontava que os estudiosos trabalhando com aprendizagem social podiam ser divididos em dois grupos: aqueles mais interessados em saber se animais não humanos poderiam realizar imitação; e aqueles cujo interesse maior seria entender o comportamento do animal em seu contexto ecológico e que, portanto, não se preocupavam em definir o mecanismo de aprendizagem social, mas em ver ser ela acontecia e em quais condições. As pesquisas mais proeminentes envolvendo cães encaixam-se no primeiro grupo. Nesse grupo, estão tanto os autores que enfatizam os aspectos inatos do comportamento (como os grupos de Ádam Miklósi e de Brian Hare, por exemplo), quanto os que enfatizam o que é adquirido ao longo da ontogênese (como os grupos de Clive D. L. Wynne e Monique A. R. Udell, por exemplo).

Em 2013, Bensky, Gosling e Sinn (2013) publicaram uma revisão sobre os trabalhos envolvendo cognição canina, organizando os tipos de pesquisa existentes. Eles separaram trabalhos envolvendo cognição associal ou física (quando o cão interagia com elementos inanimados de seu ambiente) e social. Apresentaremos os trabalhos sobre cognição social segundo a sistematização de Bensky *et al.* (2013), descrevendo brevemente os resultados encontrados.

Bensky *et al.* (2013) definiram quatro tipos de pesquisas sobre "cognição social" de cães: 1) pesquisas em que humanos dão dicas para que o cão encontre algo; 2) pesquisas que testam se o cão é capaz de tomar a perspectiva do humano; 3) pesquisas envolvendo troca de olhares e comunicação humano-cão; 4) pesquisas em que o cão pode interagir/observar um outro indivíduo que demonstra a solução de uma tarefa (o que chamaram de aprendizagem social).

As pesquisas em que humanos dão dicas para que o cão encontre uma recompensa, geralmente um alimento, foram inspiradas nos experimentos de Povinelli e associados que, na década de 90, realizaram uma série de estudos com o objetivo de verificar de que forma grandes macacos respondiam às dicas dadas por humanos sobre alimentos escondidos em baixo de copinhos opacos (Povinelli, Eddy, Hobson, & Tomasello, 1996). Os experimentos com cães envolvem adultos, filhotes, e comparação entre diferentes raças. O paradigma experimental consiste em apresentar recipientes opacos virados para baixo, podendo ou não haver alimento sob eles. Os experimentadores humanos, podendo ou não ser ingênuos para a presença do alimento, indicam um dos recipientes (apontam, ou viram a cabeça, ou movem os olhos naquela direção). Os pesquisadores testam se o cão é capaz de usar a dica humana, e de reconhecer quando o humano tem condições de dar uma informação verdadeira (ver também Capítulo 2 para detalhes desses estudos). Os resultados têm indicado que os cães são capazes de seguir essas dicas. Há uma discussão sobre o papel da ontogenia e da domesticação na emergência dessa habilidade. Por exemplo, Hare *et al.* (2010) propõem que, durante a domesticação, os cães desenvolveram habilidades refinadas de detecção das ações humanas que seriam específicas da espécie e decorrentes das pressões seletivas impostas pelo humano. Porém, Udell, Lord, Feuerbacher, e Wynne (2014) relatam várias pesquisas com lobos que parecem indicar que, quando adequadamente socializados e com chances de interagir com humanos de forma semelhante ao cão doméstico, mostram desempenhos similares aos cães nas tarefas que dependem de dicas fornecidas por humanos. Os autores propõem que o desempenho de canídeos no geral depende da sua história de socialização com humanos durante o período de desenvolvimento social, e da possibilidade de aprender a associar partes do corpo humano com certas consequências — seria a interação entre fatores evolutivos e de desenvolvimento que forneceria a rica diversidade de comportamentos sociais observada em canídeos

Seguindo a mesma lógica experimental dos estudos sobre seguimento de dicas humanas, e tendo também sua origem vinculada aos experimentos de Povinelli com grandes macacos (Povinelli *et al.*, 1996), os pesquisadores têm investigado se os cães são capazes de "adotar a perspectiva do outro". Para avaliar isso, os pesquisadores submetem o cão a procedimento experimental no qual observam experimentadores impossibilitados de ver (olhos vendados, ou virados para trás, ou de olhos fechados, por exemplo) e experimentadores que podem ver onde uma recompensa é colocada, e registram se o cão solicitará alimento diferencialmente a esses experimentadores, ou seja, se discriminam quem viu onde está o alimento e, portanto, dará a recompensa (Gácsi, Miklósi, Varga, Topál, & Csányi, 2004; Udell, Dorey, & Wynne, 2011; Virányi, Topál, Gácsi, Miklósi, & Csányi, 2004). Os pesquisadores também utilizam delineamento experimental que consiste em colocar barreiras entre um humano e o cão para verificar se há "tomada de perspectiva". Altura, formato, orientação e opacidade das barreiras, bem como a iluminação sobre o humano e o que ele está fazendo, são alterados para avaliar se os cães identificam se o humano pode ou não pode ver o que estão fazendo, e se são sensíveis a isso (Kaminski, Bräuer, Call, & Tomasello, 2009; Savalli, Resende, & Ades, 2013; Savalli, Resende, & Gaunet, 2016, ver também Capítulo 2). Pesquisadores discutem se a resposta do cão pode ser atribuída a uma história de aprendizagem (Udell *et al.*, 2011), ou se o cão é capaz de se colocar no lugar do outro (Virányi *et al.*, 2008).

As pesquisas envolvendo trocas de olhares e comunicação entre cão e humano também são uma extensão do paradigma experimental criado por Povinelli para estudar a compreensão do mundo social em grandes macacos. Os pesquisadores têm utilizado a alternância de olhares, os latidos, e o posicionamento do corpo para investigar a comunicação humano-cão (Gaunet & Deputte, 2011, Savalli, Resende, & Gaunet, 2016, ver também Capítulo 2). Pesquisadores também têm estudado se cães se comunicam diferencialmente com humanos que sabem onde um objeto de interesse está e com humanos ingênuos para isso, verificando que os cães sinalizam a localização do objeto desejado ao humano (Virányi *et al.*, 2006).

As pesquisas em que o cão pode interagir/observar um outro indivíduo que demonstra a solução de uma tarefa, chamadas por Bensky et al. (2013) de pesquisas sobre "aprendizagem social", foram separadas em quatro tipos:

1) aprendizagem por interação com coespecífico; 2) aprendizagem por facilitação social (observação espacial); 3) aprendizagem por manipulação de objetos; 4) aprendizagem por testes de correspondência de ação. Segundo Bensky *et al.* (2013), a primeira categoria inclui experimentos em que o mecanismo de aprendizagem seria facilitação social. As três outras categorias se diferenciariam pela precisão da cópia do comportamento. Esta separação é fruto da tradição da psicologia comparada de classificar os processos de aprendizagem social em ordem crescente de complexidade, partindo da facilitação social e chegando na aprendizagem por imitação ou emulação (Want & Harris, 2002). Assim, os experimentos foram elaborados a partir dessa abordagem e aqui são dessa forma apresentados, mas retomaremos essa ideia mais adiante, a fim de questionar o seu valor heurístico e sua relevância para a compreensão dos fenômenos.

Com relação às pesquisas envolvendo aprendizagem social a partir de coespecíficos, Bensky *et al.* (2013) relatam os estudos feitos em 1997 por Slabbert e Rasa com cães farejadores de narcóticos. Nesses experimentos, filhotes de mães farejadoras demonstraram maior rapidez no aprendizado do farejamento. Heberlein e Turner (2009), por sua vez, demonstraram a existência de mecanismo de transmissão de informação realizado pelo faro.

Os experimentos envolvendo aprendizagem por observação do espaço envolvem uma série de experimentos realizados inicialmente por Pongrácz e associados (Pongrácz, Miklósi, Vida, & Csányi, 2005). Nestes experimentos, utiliza-se uma cerca em forma de "V". O cão inicia a sessão experimental de um lado da cerca, e há uma recompensa do lado oposto. O experimentador, que inicia o experimento ao lado do cão, parte daí, e demonstra como chegar até o lado da recompensa, podendo contornar a cerca pelo seu lado direito, ou esquerdo. Em experimentos sem a demonstração humana, os autores mostraram que há cães que aprendem a solução da tarefa sozinhos. Mas outros, não. Há experimentos com este paradigma que manipulam variáveis de idade, raça, espécie, além da manipulação de detalhes do delineamento experimental (Bensky *et al.*, 2013, Pongrácz *et al.*, 2005). Apesar de cada estudo apresentar conclusões pontuais, parece ainda inadequado o estabelecimento de generalizações acerca dos resultados encontrados.

As pesquisas envolvendo manipulação e objetos são baseadas nos estudos de Thorndike (1911), envolvendo caixas-problemas. Nesses experimentos, há uma demonstração da tarefa, e avalia-se se a observação influencia na solução da tarefa pelo cão. Por exemplo, Kubinyi, Topál, Miklósi e Csányi (2003) realizaram um experimento em que os cães foram separados em três grupos: um controle sem demonstração, um em que o demonstrador só tocava em uma alavanca, e outro em que o demonstrador humano movia a alavanca. Todos os cães resolveram a tarefa. Pongrácz, Bánhegyi e Miklósi (2012), por sua vez, realizaram um experimento no qual o cão poderia puxar uma corda que passava por dentro de um tubo de acrílico, causando sua inclinação e obtenção de recompensa. Quando os cães observavam um demonstrador humano puxando a corda, eles tendiam a usá-la para inclinar o tubo. Já Marshall-Pescini, Valsecchi, Petak, Accorsi e Prato-Previde (2008) elaboraram um experimento no qual os cães poderiam assistir a humanos abrirem uma caixa de alimentação de duas maneiras diferentes e não encontraram diferenças na forma com que os cães abriam o aparato. Com relação à aprendizagem social envolvendo objetos, parece que a presença dos humanos pode influenciar o comportamento do cão, mas não necessariamente no sentido de replicar a ação observada.

Por fim, Bensky *et al.* (2013) apresentam os experimentos envolvendo correspondência de ação na execução de tarefas, realizados no intuito de estudar as habilidades imitativas dos cães. Topál *et al.* (2006, apud Bensky *et al.*, 2013), utilizando o cão treinado Phillip, tentaram replicar o experimento de Hayes e Hayes (1952) com a chimpanzé Sarah, no qual demonstravam uma ação e pediam que ela imitasse com o comando "Faça como eu". Phillip foi capaz de realizar ações correspondentes aos comandos e de generalizar comandos. Huber, Range, Voelkl, Szucsich, Virányi e Miklósi (2009) realizaram experimento semelhante com a cachorra Joy, que também foi capaz de fazer a correspondência entre comando e ação. Esses estudos são especialmente importantes porque revelam as possibilidades de treino em cães de trabalho, por exemplo.

Verificamos, então, que os experimentos que vêm sendo realizados com o objetivo de compreender as influências sociais na aprendizagem do cão são, em sua grande maioria, experimentos realizados em situação experimental, ainda que em diferentes tipos de recintos. Também em sua maioria, são inspirados em experimentos da psicologia comparada que foram inicialmente pensados para testar o que os chimpanzés "sabiam" sobre o que viam. Os chimpanzés que participaram desses experimentos estavam no cativeiro, ou seja, uma situação muito distante da sua realidade natural (Bard & Leavens, 2014; Savalli et al., 2016). Isso não ocorre com os cães, acostumados aos seres humanos. Entretanto, como apontado por Udell et al. (2014), a maior parte das pesquisas sobre cognição de cães tem sido realizada com animais que moram na casa dos humanos, e muito pouco tem se pesquisado com cães trabalhadores, cães morando em canis e cães errantes ou catadores que vivem entre humanos mas não sob sua supervisão, sendo que estes últimos representam 80% da população mundial de cães (Majumder, Sau, & Bhadra, 2016). Assim, poderíamos nos perguntar acerca das revelações que poderíamos encontrar se elaborássemos estudos mais naturalísticos, uma vez que os cães aprendem sobre o significado dos sinais humanos em ambientes naturais e, na maioria das vezes, sem os humanos delinearem programas de treino específico para isso (Udell & Wynne, 2008). Ainda, seria interessante maior número de pesquisas que considerassem a vasta população de cães, como os catadores, que têm uma história de desenvolvimento com o homem diferente da tipicamente vivenciada por cães de estimação (Ortolani, Vernooji, & Coppinger, 2009).

Por último, Horowitz e Hecht (2014) questionam o uso de dicas visuais com cães em tarefas que avaliam suas capacidades cognitivas. De acordo com as autoras, essas pesquisas não consideram que o sentido mais desenvolvido do cão é o olfato, e que dicas olfatórias poderiam ser socialmente mais relevantes para os cães que as dicas visuais. De qualquer forma, ao que parece, na presença de humanos relevantes para o cão, dicas visuais fornecidas por humanos parecem controlar mais o comportamento do cão do que dicas olfativas concorrentes, mesmo quando a dica olfativa é melhor indicador do local da comida (Szetei, Miklósi, Topál, & Csányi, 2003).

## Sobre a "moral" social do cão

A percepção humana dos atos dos cães, ou sua interpretação do seu significado, é permeada pela tendência humana de antropomorfizar o comportamento social desses animais, isto é, pela atribuição de sentimentos e motivações sociais humanas a animais não humanos (Horowiz & Hecht, 2014; Serpell, 2002). De acordo com Serpell (2002), essa capacidade ou tendência deu origem a um conjunto de relações interespécie que não tem precedentes no resto das relações estabelecidas entre animais humanos e não humanos. Para os humanos, a interpretação dos sinais sociais do cão como se fossem humanos expandiu o leque de relações sociais possíveis: pessoas começaram a obter suporte social, emocional e físico do cão, que era equivalente ao obtido em suas relações com outros humanos. Por outro lado, o antropomorfismo ocasionou a inclusão do cão no ambiente social humano como animais de estimação, criando um nicho ecológico único e pressões evolutivas que selecionaram determinadas características físicas (e.g., neotenia, braquicefalia[5]) e, possivelmente, comportamentais (e.g., fidelidade, docilidade), muitas delas desnecessárias para as interações sociais do cão com seus coespecíficos (Ho-

---

[5] A neotenia se refere à retenção de características juvenis em indivíduos adultos. A braquicefalia é o achatamento do focinho, de forma que o cão apresente crânio pouco alongado.

rowitz & Hecht, 2014), porém com efeitos sociais relevantes para os cães, como o contato humano como fonte de conforto em situações estressantes (Odendaal & Meintjes, 2003).

Serpell (2002) discute que é apenas por acharmos que cães sentem como nós que nossa relação com eles tem algum sentido. Porém, Donaldson (2013) parece não concordar com essa posição e argumenta que, a despeito do antropomorfismo ter tido papel fundamental na seleção dos cães e da nossa relação com eles, uma compreensão mais realista do seu comportamento é necessária para que a interação humano-cão seja mais justa e ética para o cão. Por exemplo, ao interpretar certos comportamentos como motivados por "vingança" (e.g., xixi em uma cama, destruir objetos humanos) ou "culpa" (e.g., sinais de medo como resposta à pergunta "quem fez isso?"), muitos humanos punem fisicamente ou causam altos níveis de estresse ao cão, chegando às vezes a comprometer o bem-estar do animal.

De acordo com o dicionário Aurelio, uma definição de culpa é o "sentimento que resulta da consciência da violação de uma regra moral". Portanto, quando dizemos que o cão sentiu culpa por se comportar de forma incorreta, assumimos que ele entende as regras estabelecidas por nós humanos, que sabe distinguir o certo do errado e que voluntariamente quebrou a regra (Horowitz & Hecht, 2014). Da mesma forma, quando dizemos que o cão se vingou, damos por fato que ele se sentiu lesado pelo ato de um terceiro e que agiu voluntariamente para lesar o outro (também é implícito certo planejamento da ação de vingança por parte do cão). Portanto, atribuir culpa, vingança e até outros sentimentos como ciúme[6], parte do pressuposto de que o cão tem princípios morais e que alguns deles são semelhantes aos dos humanos.

---

[6] De acordo com Horowitz e Hecht (2014), o ciúme seria decorrente do cão perceber que está sendo dada mais atenção a outro do que a ele; portanto, a atribuição de ciúme supõe que o cão avalia que há uma distribuição desigual e injusta de atenção, e, portanto, também pode ser incluída como um comportamento que diz respeito à "moral" canina. Uma pesquisa recente, Harris & Provoust (2014) traz mais discussões sobre o tema.

Algumas pesquisas têm revelado resultados que indicam que os comportamentos que o humano interpreta como reação moral do cão podem ser respostas condicionadas ao comportamento do humano (Horowitz, 2009; Ostojić, Tkalčić, & Clayton, 2015). Por exemplo, Horowitz (2009) mostrou que os sinais de culpa emitidos pelos cães (i.e., esquivar o olhar, mostrar a barriga, se afastar da pessoa, colocar as orelhas para trás e/ou manter o rabo entre as pernas) estavam condicionados aos comportamentos de repreensão das pessoas e eram independentes do cão ter se comportado de forma errada. De forma semelhante, Rooney e Bradshaw (2014) discutem que a maioria dos comportamentos do cão interpretados como "vingança" são na verdade decorrentes de outros problemas, como a separação do cão do humano[7] (uma discussão sobre problemas relacionados à separação pode ser encontrada no Capítulo 9).

Do ponto de vista científico, o antropomorfismo é um problema empírico, não filosófico. Entretanto, as implicações éticas dos resultados empíricos nos estudos sobre a moral do cão são óbvias. Sem atribuir culpas, vendetas e ciúmes, podemos olhar para o comportamento do cão pela perspectiva do cão e tentar entender melhor como ele percebe e o que aprende do nosso comportamento. Podemos delinear experimentos centrados no cão e interpretar seu comportamento de acordo com suas habilidades sociais e cognitivas (Horowitz & Hecht, 2014). Enfim, validando e tolerando as diferenças entre cães e humanos, na ciência e em casa, estamos integrando os cães à nossa sociedade de forma justa e "ainda poderemos nos apegar a eles, compartilhar nossa vida com eles e adotá-los como filhos substitutos sem ter que nos desculpar por isso" (Donaldson, 2013, p. 3).

---

[7] Cães, especialmente quando jovens, são curiosos, mastigam objetos, experimentam novos locais para fazer coisas e interagem ativamente com o ambiente de formas que às vezes para os humanos não são aceitáveis (Donaldson, 2013). Quando deixados sozinhos, as fontes de interação social diminuem, aumentando a interação com os objetos do meio em que estão. Ansiedade de separação, dentição, "tédio" (falta de objetos de interesse para interagir, como brinquedos), exploração, predação, dentre outros, parecem ser as causas da chamada "vingança" do cão.

## Considerações Finais

O conhecimento sobre o comportamento do cão, sobre como aprende, como o contexto social é importante para isso e como o cão pode ser treinado tem implicações na melhora da qualidade de vida, via melhora na interação humano-cão.

Como as características e competências dos cães, como de qualquer ser vivo, emergem das interações dos elementos que compõem cada organismo e seu ambiente, não faz sentido a disputa entre o que o cão já faz porque é herdado ou faz porque aprende. Nenhum comportamento vem pronto e nem surge do nada.

Para respeitar e compreender o cão, não é necessário extrapolar o que sabemos sobre ele, transformando-o em um humano. Não é necessário falar que o cão se coloca no lugar dos outros, ou que imita. Tarefas complexas podem ser explicadas por mecanismos de aprendizagem simples, sem prejuízo da magnitude do efeito. Foi assim que Hachiko e Bobby adquiriram seus impressionantes hábitos. É assim que nossos cães convivem conosco.

## Referências

Bard, K., & Leavens, D. (2014). The importance of development for comparative primatology. *Annual Review of Anthropology, 43*, 183-200. doi: 10.1146/annurev-anthro-102313-030223

Baum, W. M. (2006). *Compreender o behaviorismo: ciência, comportamento e cultura*. Porto Alegre, RS: Artmed.

Bensky, M. K., Golsling, S. D., & Sinn, D. L. (2013). The world from a dog's point of view: A review and synthesis of dog cognition research miles. *Advances in the Study of Behavior, 45*, 209-406. doi: 10.1016/B978-0-12-407186-5.00005-7

Dahás, L. J. S., Neves Filho, H., Cunha, T. R. L., & Resende, B. D. (2014). Aprendizagem social em cães domésticos: uma revisão dos estudos tendo humanos como liberadores de dicas. *Acta Comportamentalia, 21*(4), 509-522.

Domjan, M. (2015). *The principles of learning and behavior* (7th ed.). Stamford, CT: Cengage Learning.

Donaldson, J. (2013). *The culture clash* (3th ed.). Washington, DC: The Academy for Dog Trainers.

Fragaszy, D., & Perry, S. (2003). Towards a biology of traditions. In D. Fragaszy & S. Perry (Eds.), *The biology of traditions: Models and evidence* (pp. 1-32). Cambridge, UK: Cambridge University Press.

Fragaszy, D., & Visalberghi, E. (2001). Recognizing a swan: Socially-biased learning. *Psychologia, 44*(1), 82-98.

Gácsi, M., Miklósi, Á., Varga, O., Topál, J., & Csányi, V. (2004). Are readers of our face readers of our minds? Dogs (*Canis familiaris*) show situation-dependent recognition of human's attention. *Animal Cognition, 7*(3), 144-153. doi: 10.1007/s10071-003-0205-8

Galef, B. (1996). Introduction. In C. M. Heyes & B. G. Galef Jr. (Eds.), *Social learning in animals* (pp. 3-15). San Diego, CA: Academic Press.

Garcia, J., & Koelling, R. A. (1966). Relation of cue to consequence in avoidance learning. *Psychonomic Science, 4*(3), 123-124.

Gaunet, F., & Deputte, B. L. (2011). Functionally referential and intentional communication in the domestic dog: Effects of spatial and social contexts. *Animal Cognition, 14*(6), 849-860. doi: 10.1007/s10071-011-0418-1

Gottlieb, G. (2001). A developmental psychobiological systems view: Early formulation and current status. In S. Oyama, P. Griffiths, & R. Gray (Eds.), *Cycles of contingency: Developmental systems and evolution* (pp. 41-54). Cambridge, MA: The MIT Press.

Hare, B., Brown, M., Williamson, C., & Tomasello, M. (2002). The domestication of social cognition in dog. *Science, 298*(5598), 1634-1636. doi: 10.1126/science.1072702

Hare, B., Rosati, A., Kaminski, J., Bräuer, J., Call, J., & Tomasello, M. (2010). The domestication hypothesis for dogs' skills with human communication: A response to Udell et al. (2008) and Wynne et al. (2008). *Animal Behaviour, 79*(2), e1–e6. doi: 10.1016/j.anbehav.2009.06.031

Harris, C.R., & Prouvost, C. (2014). Jealousy in Dogs. *PLoS ONE* 9(7): e94597. doi:10.1371/journal.pone.0094597

Hayes, K. J., & Hayes, C. (1952). Imitation in a home-raised chimpanzee. *Journal of Comparative Physiological Psychology, 45*(6), 450-459. doi: 10.1037/h0053609

Heberlein, M., & Turner, D. C. (2009). Dogs, *Canis familiaris*, find hidden food by observing and interacting with a conspecific. *Animal Behaviour, 78*(2), 385-391. doi: 10.1016/j.anbehav.2009.05.012

Heyes, C. M. (1994). Social learning in animals: Categories and mechanisms. *Biological Reviews, 69*(2), 207-231. doi: 10.1111/j.1469-185X.1994.tb01506.x

Hinde, R. A. (1973). Constraints on learning: An introduction to the problems. In R. A. Hinde & J. Stevenson-Hinde (Eds.), *Constraints on learning: Limitations and predispositions* (pp. 1-16). London: Academic Press.

Hoppit, W., & Laland, K. (2013). *Social learning: An introduction to mechanisms, methods, and models.* Princeton, NJ: Princeton University Press.

Horowitz, A. (2009). Disambiguating the "guilty look": Salient prompts to a familiar dog behaviour. *Behavioural Processes, 81*(3), 447-452. doi: 10.1016/j.beproc.2009.03.014

Horowitz, A., & Hecht, J. (2014). Looking at dogs: Moving from anthropocentrism to canid. In A. Horowitz (Ed.), *Domestic dog cognition and behavior: The scientific study of Canis familiaris* (pp. 201-219). Heidelberg, Germany: Springer-Verlag.

Huber, L., Range, F., Voelkl, B., Szucsich, A., Virányi, Z., & Miklósi, Á. (2009). The evolution of imitation: What do the capacities of non-human animals tell us about the mechanisms of imitation? *Philosophical Transactions of the Royal Society of London. Series B, Biological Sciences, 364*(1528), 2299-2309. doi: 10.1098/rstb.2009.0060

Ingold, T. (2001). Evolving skills. In H. Rose & S. Rose, *Alas, poor Darwin: Arguments against evolutionary psychology* (pp. 201-215). London: Random House Book.

Jablonka, E., & Lamb, M. J. (2001). *Evolution in four dimensions: Genetic, epigenetic, behavioral and symbolic variation in the history of life.* Cambridge, MA: MIT Press.

Kaminski, J., Bräuer, J., Call, J., & Tomasello, M. (2009). Domestic dogs are sensitive to a human's perspective. *Behaviour, 146*, 979-998. doi: 10.1163/156853908X395530

Kaminski, J., Riedel, J., Call, J., & Tomasello, M. (2005). Domestic goats, *Capra hircus*, follow gaze direction and use social cues in an object choice task. *Animal Behaviour, 69*, 11-18. doi:10.1016/j.anbehav.2004.05.008

Kandel, E. R., Schwartz, J. H., Jessell, T. M., Siegelbaum, S. A., & Hudspeth, A. J. (2013). *Principles of neural science* (5th ed.). New York, NY: McGraw-Hill.

Kubinyi, E., Topál, J., Miklósi, Á., & Csányi, V. (2003). Dogs (*Canis familiaris*) learn from their owners via observation in a manipulation task. *Journal of Comparative Psychology, 117*(2), 156-165. doi: 10.1037/0735-7036.117.2.156

Lakatos, G. (2011). Evolutionary approach to communication between humans and dogs. *Annali dell'Istituto Superiore di Sanità, 47*(4), 373-377. doi: 10.4415/ANN_11_04_08

Mackintosh, N. J. (1973). Stimulus selection: Learning to ignore stimuli that predict no change in reinforcement. In R. Hinde & J. Stevenson-Hinde (Eds.), *Constraints on learning: Limitations and predispositions* (pp. 75-96). London: Academic Press.

Majumder, S. S., Paul, M., Sau, S., & Bhadra, A. (2016). Denning habits of free-ranging dogs reveal preference for human proximity. *Scientific Reports, 6*(32014), 1-8. doi:10.1038/srep32014

Marshall-Pescini, S., Valsecchi, P., Petak, I., Accorsi, P. A., & Prato-Previde, E. (2008). Does training make you smarter? The effects of training on dogs' performance (*Canis familiaris*) in a problem solving task. *Behavioural Processes, 78*(3), 449-454. doi: 10.1016/j.beproc.2008.02.022

Miklósi, Á. (2015). *Dog behaviour, evolution, and cognition* (2nd ed.). New York, NY: Oxfod University Press.

Miklósi, Á., Kubinyi, E., Topál, J., Gácsi, M., Virányi, Z., & Csányi, V. (2003). A simple reason for a big difference: Wolves do not look back at humans, but dogs do. *Current Biology, 13*(9), 763-766. doi: 10.1016/S0960-9822(03)00263-X

Odendaal, J. S. J., & Meintjes, R. A. (2003). Neurophysiological correlates of affiliative behavior between humans and dogs. *Veterinary Journal, 165*(3), 296-301. doi: 10.1016/S1090-0233(02)00237-X

Ortolani, A., Vernooij, H., & Coppinger, R. (2009). Ethiopian village dogs: Behavioural responses to a stranger's approach. *Applied Animal Behaviour Science, 119*(3-4), 210-218. doi: 10.1016/j.applanim.2009.03.011

Ostojić, L., Tkalčić, M., & Clayton, N. S. (2015). Are owners' reports of their dogs' 'guilty look' influenced by the dogs' action and evidence of the misdeed? *Behavioural Processes, 111*, 97-100. doi: 10.1016/j.beproc.2014.12.010

Pongrácz, P., Bánhegyi, P., & Miklósi, Á. (2012). When rank counts - dominant dogs learn better from a human demonstrator in a two-action test. *Behaviour, 149*(1), 111-132. doi: 10.2307/4144526

Pongrácz, P., Miklósi, Á., Vida, V., & Csányi, V. (2005). The pet dogs ability for learning from a human demonstrator in a detour task is independent from the breed and age. *Applied Animal Behaviour Science, 90*(3-4), 309-323. doi: 10.1016/j.applanim.2004.08.004

Povinelli, D. J., Eddy, T, Hobson, P., & Tomasello, M. (1996). What young chimpanzees know about seeing. *Monographs of the Society for Research in Child Development, 61*(3), v-vi, 1-152. doi: 10.2307/1166159

Proops, L., Walton, M., & McComb, K. (2010). The use of human-given cues by domestic horses, *Equus caballus*, during an object choice task. *Animal Behaviour, 79*(6), 1205-1209. doi: 10.1016/j.anbehav.2010.02.015

Romanes, G. J. (1882). *Animal intelligence*. London: Kegan Paul, Trench & Co.

Rooney, N., & Bradshaw, J. (2014). Canine welfare science: An antidote to sentiment and myth. In A. Horowitz (Ed.), *Domestic dog cognition and behavior: The scientific study of Canis familiaris* (pp. 241-274). Heidelberg, Germany: Springer-Verlag.

Savalli, C., Resende, B. D., & Ades, C. (2013). Are dogs sensitive to the human's visual perspective and signs of attention when using a keyboard with arbitrary symbols to communicate? *Revista de Etologia, 12*(1-2), 29-38.

Savalli, C., Resende, B., & Gaunet F. (2016). Eye contact is crucial for referential communication in pet dogs. *PLoS ONE, 11*(9). doi:10.1371/ journal.pone.0162161

Scheumann, M., & Call, J. (2004). The use of experimenter-given cues by South African fur seals (*Arctocephalus pusillus*). *Animal Cognition, 7*(4), 224-230. doi: 10.1007/s10071-004-0216-0

Serpell, J. A. (2002). Anthropomorphism and anthropomorphic selection - Beyond the "cute response". *Society and Animals, 10*(4), 437-454. doi: 10.1163/156853002320936926

Stevenson-Hinde, J. (1973). Constraints on reinforcement. In R. A. Hinde & J. Stevenson-Hinde (Eds.), *Constraints on learning: Limitations and predispositions* (pp. 283-291). London: Academic Press.

Szetei, V., Miklósi, Á., Topál, J., & Csányi, V. (2003). When dogs seem to lose their nose: An investigation on the use of visual and olfactory cues in communicative context between dog and owner. *Applied Animal Behaviour Science, 83*(2), 141-152. doi: 10.1016/S0168-1591(03)00114-X

Thorndike, E. L. (1911). *Animal intelligence: Experimental studies*. New York, NY: The MacMillan Company.

Todorov, J. C. (2012). Sobre uma definição de comportamento. *Perspectivas em Análise do Comportamento, 3*(1), 32-37.

Tomasello, M (1990). Cultural transmission in the tool use and communicatory signaling of chimpanzees? In S. T. Parker & K. R. Gibson (Eds.), *"Language" and intelligence in monkeys and apes: Comparative developmental perspectives* (pp. 274-311). Cambridge, UK: Cambridge University Press.

Udell, M. A. R., Dorey, N. R., & Wynne, C. D. L. (2008). Wolves outperform dogs in following human social cues. *Animal Behaviour, 76*(6), 1767-1773. doi: 10.1016/j.anbehav.2008.07.028

Udell, M. A. R., Dorey, N. R., & Wynne, C. D. L. (2010). The performance of stray dogs (*Canis familiaris*) living in a shelter on human-guided object-choice tasks. *Animal Behaviour, 79*(3), 717-725. doi: 10.1016/j.anbehav.2009.12.027

Udell, M. A. R., Dorey, N. R., & Wynne, C. D. L. (2011). Can your dog read your mind? Understanding the causes of canine perspective taking. *Learning & Behavior, 39*(4), 289-302. doi: 10.3758/s13420-011-0034-6

Udell, M. A. R., Lord, K., Feuerbacher, E. N., & Wynne, C. D. L. (2014). A dog's-eye view of canine cognition. In A. Horowitz (Ed.), *Domestic dog cognition and behavior: The scientific study of Canis familiaris* (pp. 221-240). Heidelberg, Germany: Springer-Verlag.

Udell, M. A. R., & Wynne, C. D. L. (2008). A review of domestic dogs' (*Canis familiaris*) human-like behaviors: Or why behavior analysts should stop worrying and love their dogs. *Journal of the Experimental Analysis of Behavior, 89*(2), 247-261. doi: 10.1901/jeab.2008.89-247

Virányi, Z., Gácsi, M., Kubinyi, E., Topál, J., Belényi, B., Ujfalussy, D., & Miklósi, Á. (2008). Comprehension of human pointing gestures in young human-reared wolves (*Canis lupus*) and dogs (*Canis familiaris*). *Animal Cognition, 11*(3), 373-387. doi: 10.1007/s10071-007-0127-y

Virányi, Z., Topál, J., Gácsi, M., Miklósi, Á., & Csányi, V. (2004). Dogs respond appropriately to cues of humans' attentional focus. *Behavioural Processes, 66*(2), 161-172. doi; 10.1016/j.beproc.2004.01.012

Virányi, Z., Topál, J., Miklósi, Á., & Csányi, V. (2006). A nonverbal test of knowl- edge attribution: A comparative study on dogs and children. *Animal Cognition, 9*(1), 13-26. doi: 10.1007/s10071-005-0257-z

Want, S. C., & Harris, P. L. (2002). How do children ape? Applying concepts from the study of non-human primates to the developmental study of 'imitation' in children. *Developmental Science, 5*(1), 1-13. doi: 10.1111/1467-7687.00194

Whiten, A., & Ham, R. (1992). On the nature and evolution of imitation in the animal kingdom: Reappraisal of a century of research. In P. J. B. Slater, J. S. Rosenblatt, C. Beer, & M. Milinski (Eds.), *Advances in the study of behaviour, 21* (pp. 239-283). San Diego, CA: Academic Press.

Zental, T. R. (1996). An analysis of imitative learning in animals. In C. M. Heyes & B. G. Galef Jr. (Eds.), *Social learning in animals* (pp. 221-243). San Diego, CA: Academic Press.

# 5
## Memória em cães

*Alice de Carvalho Frank*
*Maria Mascarenhas Brandão*

Todo mundo que tem um cão sempre conta uma ou mais histórias sobre como ele tem uma boa memória. Seja para encontrar a bolinha com a qual brincava ontem, seja no caminho para aquela chácara onde ele pode correr com outros cães, seja para evitar aquele vizinho que um dia jogou uma pedra para ele parar de cheirar o jardim, seja quando fica tão excitado ao ver um amigo que não o visitava há anos, chegando até a fazer xixi, os cães se comportam de maneira a indicar que lembram de objetos, locais, situações e pessoas, tanto boas quanto ruins. Mas terão essas anedotas fundamentação científica? Afinal, do que o cão é realmente capaz de lembrar?

Memória é o processo pelo qual experiências anteriores alteram o comportamento de um organismo (Helene & Xavier, 2003). Existem várias classificações dos tipos de processos de memória. A memória de longa duração é subdividida em memória explícita (ou declarativa), que é composta por memória episódica (relacionada a conteúdos de fatos ou eventos do passado) e semântica (aquisição de novos conhecimentos), e memória implícita (ou de procedimento), em que experiências prévias auxiliam no contexto atual de forma inconsciente (Tulving, 2002). A memória operacional é de curta duração e se refere à retenção temporária de informações, independentemente de reforço, para o desempenho de determinada tarefa em outro momento (Helene & Xavier, 2003; Lind, Enquist, & Ghirlanda, 2015). É uma memória útil enquanto dura sua necessidade dentro de uma tarefa. Embora seja temporária, não é equivalente à memória de curto prazo, nem deve ser entendida como autônoma ou isolada em relação ao funcionamento da memória de longo prazo (Baddeley, 2009).

As pesquisas acerca da memória em cães abordam principalmente a memória operacional (Head *et al.*, 1995; Fiset, Beaulieu, & Landry, 2003; Miller, Gipson, Vaughan, Rayburn-Reeves, & Zentall, 2009a; Miller, Rayburn-Reeves, & Zentall, 2009b; Pattison, Miller, Rayburn-Reeves, & Zentall, 2010; Craig *et al.*, 2012), mas também a memória de longa duração (Demant, Ladewig, Balsby, & Dabelsteen, 2011; Fugazza, Pogány, & Miklósi, 2016a) e a episódica (Kaminski, Fischer, & Call, 2008; Fujita, Morisaki, Takaoka, Maeda, & Hori, 2012).

## Memória de longa duração

Memória de longa duração é definida como um vasto conglomerado de conhecimentos e registros de evento anteriores. Ela é diferente da memória de curta duração tanto em capacidade quanto em duração da retenção das informações (Cowan, 2008).

O experimento de Fugazza *et al.* (2016a) avaliou a memória de longa duração de cães em uma tarefa de imitação do comportamento de seus tutores. Os cães foram treinados a imitar um estímulo (ação dos tutores) e foram testados em intervalos de 1 a 24 horas. As ações dos tutores eram duas possíveis para quatro objetos diferentes: uma caixa, uma tampa, um tubo e um capacete. Na caixa, o tutor poderia subir ou colocar as mãos; as ações correspondentes do cão eram subir ou colocar as patas da frente sobre a caixa, respectivamente. Para a tampa, o tutor poderia balançar a tampa com a mão ou com o nariz; as ações do cão eram balançar a tampa com a pata ou com o nariz, respectivamente. Com o tubo, o tutor poderia tocá-lo com uma mão ou passar por cima dele, sendo que o cão deveria imitar o tutor, ou tocando o tubo com a pata da frente ou passando por cima do tubo completamente. Para o capacete, o tutor poderia dar uma volta ao redor do objeto ou tocá-lo com a mão, e o cão deveria fazer o mesmo, ou dar uma volta ao redor ou tocar o capacete com a pata, respectivamente. A taxa de sucesso na imitação foi de 77,8%, e ela não foi diferente entre as situações de imitação imediata e tardia. Esses resultados indicam, para os autores, que cães possuem memória declarativa de longa duração de ações de humanos.

Em outro tipo de procedimento, Demant *et al.* (2011) avaliaram a influência da frequência e da quantidade de treinos de uma dada tarefa na aquisição de um comportamento (entrar em uma cesta e se manter nela) e na memória de longa duração. Os cães realizaram a tarefa, tenha sido ela ensinada em treinos esporádicos ou em treinos diários (curtos ou longos), depois de quatro semanas sem mais treinos. Os autores concluíram que, uma vez que o cão aprende uma tarefa, ele é capaz de reproduzi-la mesmo após quatro semanas sem mais treinos, indicando os efeitos da memória de longa duração.

## MEMÓRIA EPISÓDICA

Memória episódica é um sistema de memória orientado para o passado e de rápida deterioração. Permite que se possa reexperienciar uma situação pessoal, sendo por isso, segundo Tulving (2002), possivelmente exclusiva ao ser humano, pois envolve viajar no tempo subjetivo mentalmente. No entanto, o autor cita o exemplo de Clayton e Dickinson (1998), os quais demonstraram que aves *Aphelocoma coerulescens* (chamados *scrub jays*, sem equivalente em português) são capazes de buscar diferentes comidas escondidas por eles mesmos em locais diferentes. Neste estudo, eles optavam, por exemplo, por um alimento de deterioração mais rápida ao retornarem ao local de esconderijo, em vez de um alimento menos sensível à ação do tempo, demonstrando agir como se soubessem o que buscar, onde e quando deveriam buscar, fatores necessários pra assegurar a utilização de memória episódica — "o que", "onde" e "quando" um evento ocorreu (Bensky, Gosling, & Sinn, 2013).

Já nas pesquisas com cães, Kaminski *et al.* (2008) testaram dois sujeitos na busca por objetos em duas salas diferentes, depois de inicialmente poderem ver a localização dos objetos. Os dois cães foram capazes de buscar o objeto correto ("o que"), mas apenas um deles demonstrou no padrão de busca a habilidade de lembrar a localização de cada objeto ("onde"). O outro cão buscava o objeto de forma estereotipada, sempre se dirigindo primeiro para determinada sala e, quando sem sucesso, partia para buscar na outra.

Em outro trabalho, Fujita *et al.* (2012) buscaram identificar se um evento anterior poderia influenciar o comportamento de cães no futuro, mesmo o cão não sendo instruído a relembrar o primeiro evento. Os cães foram levados por seus tutores a quatro locais com alimentos, sendo que os cães poderiam comer em dois deles. Depois de 10 minutos, foram levados novamente aos locais e permitidos buscar livremente. A maioria dos animais (11 de 12) foi primeiro em um dos compartimentos em que não foram permitidos comer anteriormente, indicando que eles lembravam, sem treino específico, onde estavam os alimentos não consumidos do primeiro passeio. A partir desses resultados, Fujita e colaboradores (2012) concluíram que cães foram capazes de usar memória episódica para aumentar suas chances de encontrar alimento, pois lembraram "o que" e "onde" de buscas anteriores.

Ambos os trabalhos, no entanto, deixam a questão de "quando" sem resposta. Duas pesquisas abordaram o tema, uma avaliando a diferença de comportamento de cães ao se reencontrarem com tutores (Rehn & Keeling, 2011) e outra acerca da espera em receber mais alimento em vez de uma oferta imediata de menos alimento (Leonardi, Vick, & Dufour, 2012). A primeira mostrou que cães se comportavam diferentemente nas reuniões após longas separações em comparação com curtas separações, e a segunda mostrou que cães optavam por mais comida quando o tempo entre as ofertas não era tão longo. Porém, pesquisas para investigar representação temporal e a viagem subjetiva no tempo em cães ainda são necessárias para avaliar se o "quando" é levando em consideração na hora de resolver problemas e realizar escolhas.

Fugazza, Pogány e Miklósi (2016b), em versão modificada de seu experimento de imitação (Fugazza, Pogány, & Miklósi, 2016a), encontraram, pela primeira vez, evidências de que cães têm uma função similar à memória episódica. Para avaliar os animais, cães já treinados na tarefa de imitação de seus tutores foram solicitados a imitá-los quando não havia expectativa para tal, sendo que a memória decaiu para intervalos mais longos. Esta é a primeira evidência para memória episódica em animais não humanos. Os autores concluem que os cães podem ser bons modelos para o estudo de codificação incidental (armazenamento de informações sem a previsão de que serão utilizadas no futuro) de tarefas complexas, dado seu desenvolvimento dentro de grupos sociais humanos.

## Memória operacional

A memória operacional, como já dito, lida com o armazenamento temporário de informações úteis para a realização de uma tarefa. As pesquisas nesse tema têm seguido predominantemente a linha de investigação da questão piagetiana de permanência do objeto. Na situação em que um objeto é colocado diante do cão, em um recipiente dentre vários, em que medida ele é capaz de reencontrá-lo, escolhendo o recipiente certo e demonstrando, assim — e contrariamente a crianças pequenas, para quem objetos escondidos parecem não existir mais — a sua capacidade de atribuir permanência ao objeto, independentemente do contato sensorial? Pode o cão rastrear a posição espacial de um objeto colocado dentro de uma caixa que, por sua vez, seja movida e colocada em outra localização? Para lidar com esses desafios, o cão precisa fazer uso de uma informação armazenada recentemente na memória a respeito das localizações e deslocamentos dos objetos, armazenamento este que serve especificamente para a tarefa presente e que difere de conhecimentos mais duradouros eventualmente existentes.

Parece claro que, fora do uso de informações mais permanentes — inclusive os que decorrem de prontidões comportamentais estabelecidas pela domesticação, como a tendência de seguir gestos indicativos humanos (ver Capítulo 2 para mais informações sobre esse tema), existem, na tarefa de localizar objetos escondidos a partir de gestos humanos, aspectos que requerem, para a sua compreensão, análise da memória operacional envolvida. O cão lida com minissituações de escolha espacial em que o gesto do tutor ou do experimentador serve como baliza, como marco espacial, só que internalizados e mantidos na memória.

A memória canina no contexto de permanência de objeto foi, como mencionado, focalizada dentro de uma tradição de pesquisa existente até o presente (Miller *et al.*, 2009a; Miller *et al.*, 2009b; Pattison *et al.*, 2010). Nas crianças, essa habilidade aparece por volta dos dois anos de idade e é testada comumente em tarefas de deslocamento visível (quando um objeto é movido visivelmente para o sujeito, mas em algum momento desaparece) ou de deslocamento invisível (quando o objeto é colocado em um recipiente e este então é movido e desaparece). As tarefas de deslocamento visível e invisível também são utilizadas com cães e outras espécies de animais.

O grupo de Sylvain Fiset é o que mais tem investigado em cães a memória operacional em contextos espaciais (Fiset, Gagnon, & Beaulieu, 2000; Fiset et al., 2003; Fiset, Landry, & Ouellette, 2006; Fiset, 2007; Fiset, 2009; Fiset & Malenfant, 2013; Fiset & Plourde, 2013; Plourde & Fiset, 2013; Fiset, Nadeau-Marchand & Hall, 2014). Eles demonstraram que o comportamento de busca do cão por um objeto desaparecido parece guiado por uma orientação egocêntrica (que leva em conta a posição do próprio corpo) em detrimento do papel da orientação alocêntrica (que se refere à relação entre pontos referenciais do ambiente). Seus dados revelam, contudo, ser flexível a codificação das informações espaciais, podendo os cães alternar entre as estratégias egocêntrica e alocêntrica, dependendo das demandas de tarefas específicas, a despeito do viés em favor da centração egocêntrica (Fiset et al., 2000).

No trabalho de 2003 de Fiset e seu grupo, foram investigados os limites da memória operacional de cães em dois experimentos, com intervalos de retenção de até um minuto no primeiro experimento e de até quatro minutos no segundo, em um contexto de permanência de objeto. Cães foram testados em uma tarefa de deslocamento visível, na qual um objeto (brinquedo de borracha) era apresentado, movido pelo experimentador por meio de um fio de *nylon* invisível até uma de quatro caixas, na frente e às vistas do cão. Um anteparo opaco era introduzido imediatamente após o desaparecimento do objeto, escondendo as caixas, e decorria um intervalo de duração variável, após o qual o cão era solto e podia proceder à busca do objeto. Os cães responderam acima do acaso em todos os intervalos testados (0; 10; 30 e 60 segundos no Experimento I e 0; 30; 60; 120 e 240 segundos no Experimento II), tendo, contudo, o seu nível de desempenho decrescido nos intervalos superiores a 30 segundos. Os autores acreditam que seus dados indicam que cães têm uma representação mental do local onde o objeto foi escondido, sendo pouco plausível a explicação alternativa em termos não-mnemônicos (uso de dicas de posição do corpo, da cabeça ou dos olhos, etc., durante os intervalos de retenção).

Outro procedimento frequentemente utilizado para avaliar a memória em animais são as tarefas de *delayed match-to-sample*. Nas tarefas de escolha pelo modelo (*match-to-sample*), o animal é apresentado a um estímulo modelo e, posteriormente, a alguns estímulos de comparação, sendo que apenas um corresponde ao modelo (idêntico ou com características similares) e é a escolha correta. Na tarefa de escolha pelo modelo com atraso (*delayed match-to-sample*), há um intervalo entre a apresentação do estímulo modelo e dos estímulos comparação. Pela extensão desse intervalo, é possível avaliar a retenção da informação na memória operacional do animal. Esse procedimento é bastante usado em estudos com primatas e roedores (Mishkin & Delacour, 1975; Steele & Morris, 1999; Lind *et al.*, 2015), mas há também registro de estudos realizados em cães para investigação de aprendizado e memória de estímulos auditivos (Kuśmierek & Kowalska, 1998; 2002) e acerca de declínio cognitivo (Cummings, Head, Ruehl, Milgram, & Cotman, 1996; Adams *et al.*, 2000a). As pesquisas mostraram que cães são capazes de aprender por meio de estímulos sonoros, mas cães idosos demonstram *déficit* em tarefas de aprendizagem.

## A NATUREZA INTERATIVA E RELACIONAL DA TAREFA DE APONTAR

Processos mnemônicos estão em jogo (e merecem ser estudados) em episódios nos quais cães seguem a indicação de um gesto de apontar de seres humanos, pressupondo que esses processos estão relacionados com o funcionamento da memória operacional. Além disso, a analogia entre as tarefas experimentais de permanência do objeto e de responder ao sinal de apontar reforça a relevância da abordagem em termos de memória: assim como na tarefa de permanência, na tarefa de apontar um objeto é escondido (a sua presença só é indicada através do gesto humano) e o desempenho final depende de uma competência mnemônica espacial.

A presença do ser humano na tarefa de apontar não é, no entanto, apenas uma questão de procedimento experimental: ela é intrínseca à tarefa, implicam a existência de um relacionamento cooperativo entre cão e ser humano, promulgado por milhares de anos de domesticação e reforçado pela experiência diária dos cães em interação com os seus tutores. O papel do ser humano que indica com o dedo remete à dependência do cão em relação aos seus cuidadores, à sua prontidão para observar, seguir e obedecer ao ser humano. Cães têm desempenho nitidamente inferior, na tarefa de apontar, quando o recipiente correto é indicado, não por um gesto humano, mas por um marcador, como um objeto colocado próximo a ele (Udell, Giglio, & Wynne, 2008) ou um sinal sonoro (Kowalska, 1997). Além da questão da memória envolvida na tarefa de apontar, é importante pensar no caráter referencial e de comunicação interespecífica da tarefa em que uma pessoa indica e o cão aproveita essa indicação (o Capítulo 2 trata de forma detalhada a comunicação referencial).

Para responder a um gesto do experimentador com o dedo, o cão precisa associar este gesto a um objeto externo e usar as características espaciais do sinal para localizar o objeto a que esse sinal se refere. A pesquisa de Scheider, Grassmann, Kaminski e Tomasello (2011) reforça essa característica referencial da tarefa de responder a gestos: a busca é mais intensa em um contexto em que o animal foi exposto anteriormente à presença de alimento do que em um ambiente sem essa pré-exposição. Mas e se a presença e localização do objeto fossem percebidas diretamente pelo cão, sem a mediação humana? Em que medida são equivalentes, na busca de um objeto escondido, a recepção pelo cão de um sinal humano (apontar) e uma percepção direta da localização?

## A MEMÓRIA DE SINAIS COMUNICATIVOS

A quase totalidade dos estudos sobre a compreensão, pelo cão, do gesto de apontar como referência espacial, se utiliza de um procedimento de teste imediato, ou seja, verifica-se, logo depois de emitido o sinal, a capacidade de o animal utilizar a informação para localizar um objeto escondido. Os estudos se preocupam principalmente com a compreensão, pelo cão, das características estruturais e referenciais do sinal e com os aspectos do contexto que influenciam essa compreensão.

É relevante, contudo, mesmo que a observação seja feita no pressuposto de uma resposta imediata, levar em conta que a compreensão e o uso de um sinal de apontar possuem uma dimensão temporal. Entre a percepção, pelo cão, do gesto e o seu comportamento de procurar pelo recipiente certo, existe um lapso de tempo em que a informação relevante precisa ser mantida. Em outros termos, o desempenho apropriado na tarefa de decodificar um sinal humano depende de processos de memória essenciais a serem investigados.

Em que medida um intervalo de tempo entre a recepção do sinal e o comportamento de busca pode afetar o nível de acerto do animal? E, sempre dentro do mesmo domínio de ideias, em que medida uma atividade interveniente, ocorrida durante esse intervalo, pode atuar como distração e influenciar negativamente a retenção do sinal? São perguntas clássicas da área de investigação da memória que poderiam levar a uma compreensão mais ampla da comunicação entre cão e ser humano e indicar possíveis analogias com a comunicação entre seres humanos.

A pesquisa de Brandão (2012) investigou essas questões. Foram comparadas a retenção de informações para duas condições: comunicativa (quando o animal recebia um sinal comunicativo humano indicando um objeto-alvo — "indicação gestual") e não comunicativa (quando o cão tinha contato visual direto com o objeto — "observação direta"). Em dois experimentos, a pesquisa buscou responder como a retenção das informações era afetada em função do intervalo de tempo, para as condições comunicativa e não comunicativa, bem como a retenção da informação, em um mesmo intervalo de tempo, era afetada em função de diferentes tipos de distração. Para tanto, 10 cães foram testados por meio de uma tarefa de busca pelo objeto escondido, na qual o cão recebia a informação sobre a localização de um alimento em uma de duas caixas, esperava durante um intervalo atrás de uma barreira visual e depois era liberado para buscar o objeto (Figura 1). Na condição comunicativa, a informação era dada pelo experimentador em um gesto de apontar proximal momentâneo. Na condição observação, o cão podia ver o alimento disponível em uma de duas caixas — após a colocação do anteparo, as caixas eram giradas e o cão perdia a visão do objeto. No Experimento I, os sujeitos recebiam a informação e eram liberados para responder após intervalos de 5, 60 ou 240 segundos. Os resultados indicaram uma tendência à significância nas respostas dos sujeitos no intervalo de 60 segundos, favorecendo a condição de indicação gestual. No Experimento II, os sujeitos eram testados no mesmo intervalo de retenção (60 segundos), mas variavam as situações de distração entre as tentativas: distração por comando (comunicativa) ou por deslocamento (não comunicativa), além de uma tentativa controle (sem distração). Os resultados indicaram que as distrações não tiveram efeitos significativos para nenhuma das condições.

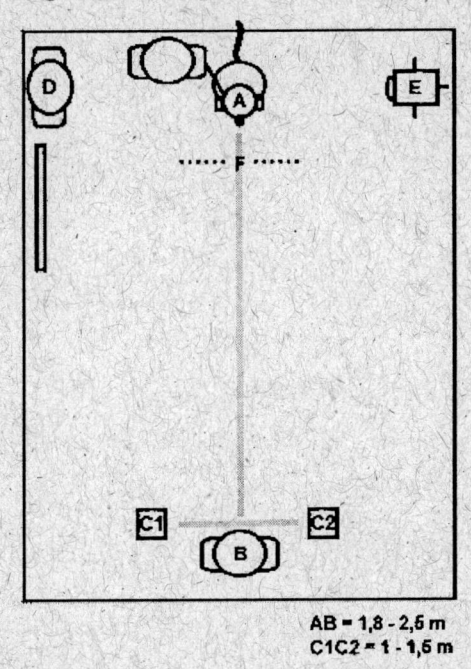

AB = 1,8 - 2,5 m
C1C2 = 1 - 1,5 m

*Figura 1.* O ambiente experimental com as posições iniciais (A) do cão; (B) do experimentador; (C1, C2) das caixas; (D, E) do experimentador auxiliar e da câmera; (F) do anteparo, durante os intervalos de retenção (Brandão, 2012).

A resposta competente dos cães aos cinco segundos replica um número grande de resultados da literatura sobre a capacidade de cães em seguir uma indicação gestual (Soproni, Miklósi, Tópal, & Csányi, 2001; Soproni, Miklósi, Csányi, & Topál, 2002; Braüer, Kaminski, Riedel, Call, & Tomasello, 2006; Riedel, Schumann, Kaminski, Call, & Tomasello, 2008; Udell *et al.*, 2008; Gácsi *et al.*, 2009a; Gácsi, Kara, Belényi, Topál, & Miklósi, 2009b; Dorey, Udell, & Wynne, 2010), todos obtidos em uma condição de uso imediato da sinalização. Esta concordância com resultados prévios garante a validade do procedimento, suficiente para gerar em cães o desempenho esperado diante do gesto de apontar.

Os acertos significativos em 60 segundos indicam, além disso, que há retenção da informação transmitida por um sinal gestual, um resultado novo na área da comunicação cão-humano. A queda do desempenho em 240 segundos complementa o quadro, estabelecendo um possível limite de retenção, dentro do contexto experimental pesquisado.

Como interpretar a retenção da indicação gestual? É pouco provável que decorra de dicas acidentais, resultantes da postura do animal em relação ao alvo, ditas dicas não mnemônicas (Fiset *et al.*, 2000). Animais podem transpor intervalos de retenção conservando algo da postura inicial diante do estímulo apropriado no meio de outros — direção do corpo, da cabeça, dos olhos, etc., (Hunter, 1913) — ou, então, mantendo sua atenção sobre esse estímulo, não o perdendo de vista e dispondo, assim, de um lembrete capaz de gerar escolha sem grande recurso à memória (Gagnon & Doré, 1993; Vallortigara, Regolin, Rigoni, & Zanforlin, 1998). A colocação de um anteparo, logo depois da sinalização (Gagnon & Doré, 1993; Fiset *et al.*, 2003) interrompe a dica do contato visual e também torna menos provável o uso da dica postural. Os cães, mesmo presos pela guia, mudavam de postura durante o intervalo e a manutenção do nível de acertos após 60 segundos de intervalo, no Experimento II, depois da aplicação de eventos de distração como atender a comandos ou até deslocar-se para fora do contexto experimental imediato, reforça a conclusão de que o desempenho observado não decorre de manutenção postural, mas, sim, da memória.

Fiset *et al.* (2003), usando uma situação de permanência de objeto em que um objeto (um brinquedo) era colocado, na frente dos cães, atrás de uma entre quatro caixas idênticas, encontraram uma queda de desempenho com o aumento do intervalo de retenção que ia, no primeiro experimento, até 60 e, no segundo, até 240 segundos. Mesmo assim, os cães mantinham um desempenho superior ao acaso mesmo no intervalo máximo de 240 segundos. Os próprios autores dizem ainda não haver explicação para a manutenção de uma representação na memória operacional por esse intervalo amplo e levantam a hipótese de que os cães talvez tenham um processo semelhante à repetição interna (Fiset *et al.*, 2003).

Qual a representação mnemônica que os cães conservam do evento em que é feita uma indicação gestual? Trata-se certamente de uma representação complexa em que entram a disposição das caixas e a sua situação no contexto e em que também é retido o gesto do experimentador designando uma das caixas, associando-a, assim, à presença de um petisco por enquanto invisível. Um estudo prévio realizado por Ramos e Ades evidencia a possibilidade de cães formarem representações complexas em sua memória operacional em um contexto de aprendizado de palavras (Ramos & Ades, 2012). A cadela Sofia, treinada a reconhecer itens verbais indicando ações e objetos, foi capaz de responder de forma apropriada a comandos verbais em que dois itens (uma ação e um objeto) eram combinados (ver detalhes deste estudo no Capítulo 3). Os autores supõem que esse uso integrado de informações independentes está ligado à capacidade de armazenar e processar os itens na memória operacional.

Parece possível afirmar que a habilidade de cães em receber e usar sinais de apontar, muitas vezes atribuída à domesticação (Hare, Brown, Williamson,

& Tomasello, 2002; Virányi *et al.*, 2008; Topál, Gergely, Erdohegyi, Csibra, & Miklósi, 2009), corresponde à capacidade de reter esses sinais, pelo menos durante tarefas de curta duração — uma capacidade que possivelmente tenha ampliado a margem de cooperação entre cão e ser humano.

No trabalho de Brandão (2012), na ausência desse gesto de apontar, quando os cães entravam em contato perceptual direto com o petisco, ou seja, podiam ver diretamente a caixa na qual estava a comida, o desempenho de escolha da caixa correta foi consistentemente menor. Poder-se-ia esperar que os cães tivessem melhor retenção espacial se defrontados com o objeto desejado em si do que com um sinal que o designasse. Como explicar esse resultado paradoxal? Uma primeira interpretação seria a de que o petisco possui baixo valor enquanto estímulo captador de atenção, dentro do contexto experimental proposto. O procedimento da condição de "observação direta" do alimento envolvia sempre uma verificação de que os cães tinham contato perceptual com o petisco como premissa para a possível formação de um traço de memória. Verificou-se não ser imediata e nem sempre fácil a localização do petisco: os cães muito frequentemente permaneciam olhando para o experimentador, alternando olhares ou até vocalizando, e somente depois de um tempo sem respostas por parte do experimentador é que começavam a explorar, encontrando eventualmente o local do petisco. Em um esquema em que tentativas de "indicação gestual" se mesclavam com tentativas de "observação direta", é possível que o animal estivesse sob o controle do estímulo humano, mesmo em ocasiões em que não adiantava interagir. Segundo Udell e colaboradores (2008), "cães são altamente sensíveis às consequências da ação humana e que não reagem (na situação de objeto escondido) à topografia ou à simples presença de uma dica. Esta é uma distinção importante do ponto de vista da hipótese segundo a qual os cães desenvolveram uma cognição social semelhante à dos seres humanos através da domesticação e do tempo gasto em um ambiente compartilhado" (Brandão, 2012, p. 91).

## Modelo de declínio cognitivo

Em outra linha de pesquisa sobre memória, cães têm servido de modelo para o estudo de declínio cognitivo em humanos. Isso se dá por diversos motivos: seu genoma é mapeado, facilitando os estudos de genes; dividem o mesmo ambiente que o homem; os genótipos e fenótipos ocupam um lugar intermediário entre o homem e outros modelos biológicos; há grande variabilidade cognitiva entre cães e humanos em envelhecimento; e há semelhanças entre a neuropatologia e comportamentos do envelhecimento canino e do envelhecimento humano (Cummings *et al.*, 1996; Gilmore & Greer, 2015).

Cães demonstram que, com o tempo e com a idade, é mais difícil alcançar o critério em testes de memória (Tapp, Siwak, Estrada, Holowachuk, & Milgram, 2003). Por meio de diferentes lapsos temporais em uma dada tarefa, pesquisadores têm sido capazes de diferenciar, em relação ao funcionamento cognitivo, cães jovens de cães idosos (Head *et al.*, 1995) e cães com capacidades cognitivas debilitadas de cães não debilitados (Adams *et al.*, 2000a). As pesquisas têm indicado que a disfunção cognitiva canina é análoga à doença de Alzheimer (Cummings *et al.*, 1996; Adams, Chan, Callahan, & Milgram, 2000b; Bensky *et al.*, 2013). Essa é uma contribuição direta dos estudos de memória em cães para a ciência humana.

## Considerações Finais

Afinal, o que o cão é capaz de lembrar? Parece que os relatos anedóticos, por mais que sejam muitas vezes romantizados, guardam em si uma percepção razoável: o número crescente de pesquisas e os resultados consistentes indicam que, sim, é possível considerar a presença de um trajeto mnemônico nos cães. Os cães tendem a responder com níveis acima do acaso em diferentes situações experimentais que avaliam o armazenamento e posterior uso de informações, em algum momento já apresentadas a eles.

O campo de pesquisa mais vasto em memória ainda parece ser o da memória operacional, com respostas mnemônicas específicas em paradigmas experimentais bem estabelecidos, altamente replicáveis e com dados de diversas espécies. Os procedimentos mais utilizados são o de *delayed match-to-sample* e o de busca pelo objeto escondido, tarefas nas quais os cães têm apresentado um desempenho acima do acaso com intervalos de até vários minutos entre a exposição ao estímulo e a execução da tarefa. Em geral, no entanto, a performance da memória de trabalho em tarefas com intervalos vai declinando com a idade e, de modo geral, os cães se saem pior em maiores intervalos quando a tarefa é mais complexa (Miller *et al.*, 2009b).

Ainda são necessários avanços em pesquisa nas áreas de memória de longa duração e de memória episódica. Paradigmas experimentais utilizados em trabalhos com outras espécies podem servir de base para criação de novas linhas de pesquisa na área com cães. Em revisão sobre memória animal com trabalhos de *delayed match-to-sample*, Lind *et al.* (2015) não avaliam trabalhos com cães, mas chegam a conclusões interessantes. Os autores afirmam que quando animais exibem memórias longas, de dias e meses, sua memória especializada para lidar com alguma informação biologicamente relevante foi acionada. Quando eventos não acionam essa memória especializada, podem ser lembrados apenas por um curto período de tempo. Será que o mesmo pode ser dito para cães? É um campo de investigação promissor que ainda deve ser percorrido futuramente.

São muitas as questões que ainda podem e devem ser melhor exploradas, mas não resta dúvida de que o cão pode ser considerado um bom modelo em pesquisas de memória, pelo seu comprovado desempenho em realizar as tarefas, pela sua facilidade e disponibilidade como sujeito experimental, que é motivado pelo próprio relacionamento com o experimentador humano. A nossa relação, construída em uma longa trajetória de domesticação, fornece também uma excelente base para estudos interespécies. E mais: será que similaridade entre o envelhecimento canino e humano indicam outras similaridades em termos de memória? Estamos começando e ainda há muito o que se descobrir.

# Referências

Adams, B., Chan, A., Callahan, H., Siwak, C., Tapp, D., Ikeda-Douglas, C., ... Milgram, N. W. (2000a). Use of a delayed non-matching to position task to model age-dependent cognitive decline in the dog. *Behavioural Brain Research, 108*(1), 47-56.

Adams, B., Chan, A., Callahan, H., & Milgram, N. W. (2000b). The canine as a model of human cognitive aging: Recent developments. *Progress in Neuro-Psychopharmacology and Biological Psychiatry, 24*(5), 675-692.

Baddeley, A. (2009). Working memory. In A. Baddeley, M. W. Eysenck, & M. C. Anderson, *Memory* (pp. 41-68). Hove, England: Psychology Press.

Bensky, M. K., Gosling, S. D., & Sinn, D. L. (2013). The world from a dog's point of view: A review and synthesis of dog cognition research. *Advances in the Study of Behavior, 45*, 209-406.

Brandão, M. (2012). *A memória de um gesto comunicativo humano no cão doméstico (Canis familiaris)*. Dissertação de Mestrado, Instituto de Psicologia, Universidade de São Paulo, São Paulo.

Bräuer, J., Kaminski, J., Riedel, J., Call, J., & Tomasello, M. (2006). Making inferences about the location of hidden food: Social dog, causal ape. *Journal of Comparative Psychology, 120*(1), 38-47.

Clayton, N. S., & Dickinson, A. (1998). Scrub jays (*Aphelocoma coerulescens*) remember the relative time of caching as well as the location and content of their caches. *Journal of Comparative Psychology, 113*(4), 403-416.

Cowan, N. (2008). What are the differences between long-term, short-term, and working memory? *Progress in Brain Research, 169*, 323-338.

Craig, M., Rand, J., Mesch, R., Shyan-Norwalt, M., Morton, J., & Flickinger, E. (2012). Domestic dogs (*Canis familiaris*) and the radial arm maze: Spatial memory and serial position effects. *Journal of Comparative Psychology, 126*(3), 233-242.

Cummings, B., Head, E., Ruehl, W., Milgram, N., & Cotman, C. (1996). The canine as an animal model of human aging and dementia. *Neurobiology of Aging, 17*(2), 259-268.

Demant, H., Ladewig, J., Balsby, T. J. S., & Dabelsteen, T. (2011). The effect of frequency and duration of training sessions on acquisition and long-term memory in dogs. *Applied Animal Behaviour Science, 133*(3-4), 228-234.

Dorey, N. R., Udell, M. A. R., & Wynne, C. D. L. (2010). When do domestic dogs, *Canis familiaris*, start to understand human pointing? The role of ontogeny in the development of interspecies communication. *Animal Behaviour, 79*(1), 37-41.

Fiset, S. (2007). Landmark-based search memory in the domestic dog (*Canis familiaris*). *Journal of Comparative Psychology, 121*(4), 345-353.

Fiset, S. (2009). Evidence of averaging of distance from landmarks in the domestic dog. *Behavioural Processes, 81*(3), 429-438.

Fiset, S., Beaulieu, C., & Landry, F. (2003). Duration of dogs' (*Canis familiaris*) working memory in search for disappearing objects. *Animal Cognition, 6*(1), 1-10.

Fiset, S., Gagnon, S., & Beaulieu, C. (2000). Spatial encoding of hidden objects in dogs (*Canis familiaris*). *Journal of Comparative Psychology, 114*(4), 315-324.

Fiset, S., Landry, F., & Ouellette, M. (2006). Egocentric search for disappearing objects in domestic dogs: Evidence for a geometric hypothesis of direction. *Animal Cognition, 9*(1), 1-12.

Fiset, S., & Malenfant, N. (2013). Encoding of local and global cues in domestic dogs' spatial working memory. *Open Journal of Animal Sciences, 3*(3A), 1-11.

Fiset, S., Nadeau-Marchand, P., & Hall, N. (2014). Cognitive development in gray wolves: Development of object permanence and sensorimotor intelligence with respect to domestic dogs. In A. Horowitz (Ed.), *Domestic dog cognition and behavior* (pp. 155-174). Heidelberg, Germany: Springer.

Fiset, S., & Plourde, V. (2013). Object permanence in domestic dogs (*Canis lupus familiaris*) and gray wolves (*Canis lupus*). *Journal of Comparative Psychology*, *127*(2), 115-127.

Fugazza, C., Pogány, Á., & Miklósi, Á. (2016a). Do as I … Did! Long-term memory of imitative actions in dogs (*Canis familiaris*). *Animal Cognition*, *19*(2), 263-269.

Fugazza, C., Pogány, Á., & Miklósi, Á. (2016b). Recall of others' actions after incidental encoding reveals episodic-like memory in dogs. *Current Biology*, *26*(23), 3209-3213.

Fujita, K., Morisaki, A., Takaoka, A., Maeda, T., & Hori, Y. (2012). Incidental memory in dogs (*Canis familiaris*): Adaptive behavioral solution at an unexpected memory test. *Animal Cognition*, *15*(6), 1055-1063.

Gácsi, M., Györi, B., Virányi, Z., Kubinyi, E., Range, F., Belényi, B., & Miklósi, Á. (2009a). Explaining dog wolf differences in utilizing human pointing gestures: Selection for synergistic shifts in the development of some social skills. *PLoS ONE*, *4*(8). doi: 10.1371/journal.pone.0006584

Gácsi, M., Kara, E., Belényi, B., Topál, J., & Miklósi, Á. (2009b). The effect of development and individual differences in pointing comprehension of dogs. *Animal Cognition*, *12*(3), 471-479.

Gagnon, S., & Doré, F. (1993) Search behavior of dogs (*Canis familiaris*) in invisible displacement problems. *Animal Learning & Behavior*, *21*(3), 246-254.

Gilmore, K. M., & Greer, K. A. (2015). Why is the dog an ideal model for aging research? *Experimental Gerontology*, *71*, 14-20.

Hare, B., Brown, M., Williamson, C., & Tomasello, M. (2002). The domestication of social cognition in dogs. *Science*, *298*(5598), 1634-1636.

Head, E., Mehta, R., Hartley, J., Kameka, M., Cummings, B. J., Cotman, C. W., … Milgram, N. W. (1995). Spatial learning and memory as a function of age in the dog. *Behavioral Neuroscience*, *109*(5), 851-858.

Helene, A. F., & Xavier, G. F. (2003). A construção da atenção a partir da memória. *Revista Brasileira de Psiquiatria*, *25*(Supl. 2), 12-20.

Hunter, W. S. (1913). The delayed reaction in animals and children. *Animal Behavior Monographs*, *2*(6). Cópia fac-símile consultada na Internet a 20 de fevereiro de 2012. http://www.archive.org/stream/delayedreactioni00byuhunt#page/n0/mode/2up

Kaminski, J., Fischer, J., & Call, J. (2008). Prospective object search in dogs: Mixed evidence for knowledge of What and Where. *Animal Cognition*, *11*(2), 367-371.

Kowalska, D. M. (1997). The method of training dogs in auditory recognition memory tasks with trial-unique stimuli. *Acta Neurobiologiae Experimentalis*, *57*(4), 345-352.

Kuśmierek, P., & Kowalska, D. M. (1998). Effect of experimental setting on learning and performance of auditory delayed matching-to-sample task in dogs. *Acta Neurobiologiae Experimentalis*, *58*(4), 291-307.

Kuśmierek, P., & Kowalska, D. M. (2002). Effect of sound source position on learning and performance of auditory delayed matching-to-sample task in dogs. *Acta Neurobiologiae Experimentalis*, *62*(4), 251-262.

Leonardi, R. J., Vick, S. J., & Dufour, V. (2012). Waiting for more: The performance of domestic dogs (*Canis familiaris*) on exchange tasks. *Animal Cognition*, *15*(1), 107-120.

Lind, J., Enquist, M., & Ghirlanda, S. (2015). Animal memory: A review of delayed matching-to-sample data. *Behavioural Processes*, *117*, 52-58.

Miller, H. C., Gipson, C. D., Vaughan, A., Rayburn-Reeves, & R., Zentall, T. R. (2009a). Object permanence in dogs: Invisible displacement in a rotation task. *Psychonomic Bulletin & Review, 16*(1), 150-155.

Miller, H. C., Rayburn-Reeves, R., & Zentall, T. R. (2009b). What do dogs know about hidden objects? *Behavioural Processes, 81*(3), 439-446.

Mishkin, M., & Delacour, J. (1975). An analysis of short-term visual memory in the monkey. *Journal of Experimental Psychology: Animal Behavior Processes, 1*(4), 326-334.

Pattison, K. F., Miller, H. C., Rayburn-Reeves, R., & Zentall, T. R. (2010). The case of the disappearing bone: Dogs' understanding of the physical properties of objects. *Behavioural Processes, 85*(3), 278-282.

Plourde, V., & Fiset, S. (2013). Pointing gestures modulate domestic dog' search behavior for hidden objects in a spatial rotation problem. *Learning and Motivation, 44*(4), 282-293.

Ramos, D., & Ades, C. (2012). Two-item sentence comprehension by a dog (*Canis familiaris*). *PLoS ONE, 7*(2). doi: 10.1371/journal.pone.0029689

Rehn, T., & Keeling, L. (2011). The effect of time left alone at home on dog welfare. *Applied Animal Behaviour Science, 129*(2-4), 129-135.

Riedel, J., Schumann, K., Kaminski, J., Call, J., & Tomasello, M. (2008). The early ontogeny of human-dog communication. *Animal Behaviour, 75*, 1003-1014.

Scheider, L., Grassmann, S., Kaminski, J., & Tomasello, M. (2011). Domestic dogs Use contextual information and tone of voice when follow a human point gesture. *PLoS ONE, 6*(7). doi: 10.1371/journal.pone.0021676

Soproni, K., Miklósi, Á., Csányi, V., & Topál, J. (2002). Dogs' (*Canis familiaris*) responsiveness to human pointing gestures. *Journal of Comparative Psychology, 116*(1), 27-34.

Soproni, K., Miklósi, Á., Topál, J., & Csányi, V. (2001). Comprehension of human communicative signs in pet dogs (*Canis familiaris*). *Journal of Comparative Psychology, 115*(2), 122-126.

Steele, R. J., & Morris, R. G. M. (1999). Delay-dependent impairment of a matching-to-place task with chronic and intrahippocampal infusion of the NMDA-antagonist D-AP5. *Hippocampus, 9*(2), 118-136.

Tapp, P. D., Siwak, C. T., Estrada, J., Holowachuk, D., & Milgram, N. W. (2003). Effects of age on measures of complex working memory span in the beagle dog (*Canis familiaris*) using two versions of a spatial list learning paradigm. *Learning and Memory, 10*(2), 148-160.

Topál, J., Gergely, G., Erdohegyi, A., Csibra, G., & Miklósi, Á. (2009). Differential sensitivity to human communication in dogs, wolves and human infants. *Science, 325*(5945), 1269-1272.

Tulving, E. (2002). Episodic memory: From mind to brain. *Annual Review of Psychology, 53*(1), 1-25.

Udell, M., Giglio, R., & Wynne, C. (2008). Domestic dogs (*Canis familiaris*) use human gestures but not nonhuman tokens to find hidden food. *Journal of Comparative Psychology, 122*(1), 84-93.

Vallortigara, G., Regolin, L., Rigoni, M., & Zanforlin, M. (1998). Delayed search for a concealed imprinted object in the domestic chick. *Animal Cognition, 1*(1), 17-24.

Virányi, Z., Gácsi, M., Kubinyi, E., Topál, J., Belényi, B., Ujfalussy, D., & Miklósi, Á. (2008). Comprehension of human pointing gestures in young human-reared wolves (*Canis lupus*) and dogs (*Canis familiaris*). *Animal Cognition, 11*(3), 373-387.

# 6
# Percepção visual de informação facial entre humanos e cães

*Cátia Correia Caeiro*
*Kun Guo*

## Percepção de faces

Faces são provavelmente o estímulo visual mais importante nas interações sociais entre indivíduos. Em humanos, a face tem sido intensivamente estudada, não somente porque fornece informação visual sobre gênero, idade, familiaridade e atratividade de um indivíduo, mas também porque pode comunicar sinais significativos de estado afetivo (e.g., felicidade), intenção (e.g., direção do olhar), atividade cognitiva (e.g., concentração) e temperamento (e.g., hostilidade). O processamento desses sinais complexos faciais envolve mecanismos cognitivos e neuronais específicos (Bruce & Young, 2012) e parece ser distinto de como a informação corporal é processada (Slaughter, Stone & Reed, 2004). Quando uma face é percebida, um conjunto de processos pré-cognitivos (i.e., acontecem antes de, por exemplo, identificação, discriminação ou compreensão facial) é ativado e vários níveis de informação são extraídos da face (Glisky, 2007). Simultaneamente, a percepção facial é modulada por outros processos psicológicos, tais como atenção (Pessoa, 2005). Mas, em primeiro lugar, as faces são categorizadas como um único objeto *gestalt*, ou seja, como um todo, no qual a face é um estímulo por si só. Como, por exemplo, uma árvore que é vista como um objeto único e não como um conjunto composto por tronco, ramos, folhas, etc. A face possui, então, uma categoria especial e ativa uma resposta cerebral única, resposta esta, diferente de qualquer outro objeto do ambiente social. Após a categorização de um estímulo "face" como um objeto da categoria "faces", o cérebro sequencialmente descodifica outros fragmentos de informação valiosa da face, apresentando uma ordem definida temporal e funcional (e.g., emoção *vs.* identidade; Sergent, Ohta, Macdonald & Zuck, 1994; Liu, Harris & Kanwisher, 2002; Deruelle & Fagot, 2005).

O uso de sinais visuais estáticos (e.g., coloração de pelo) ou dinâmicos (e.g., expressões faciais) para reconhecimento dos indivíduos e dos seus estados emocionais, tem claras vantagens sobre sinais olfativos. Por exemplo, o movimento de outro indivíduo a uma longa distância pode ser facilmente detectado, enquanto o seu odor apenas chega ao receptor a curtas distâncias ou em condições favoráveis (e.g., direção do vento). Também apresenta vantagens sobre sinais auditivos, em que, por exemplo, o reconhecimento por sinal auditivo acontece somente se houver a emissão de uma vocalização, enquanto um sinal visual poderá ser menos transiente (Wilson, 1991). Levando isso em consideração, não é surpreendente que a capacidade de ler um estímulo visual como a face, não seja restrita a humanos e possa ser encontrada extensivamente em outras espécies sociais. Em primatas não humanos, a face tem também um papel central: os primatas localizam a face imediatamente quando olham para fotografias de coespecíficos e humanos. Eles olham mais para a região da cabeça do que do corpo (Shepherd, Deaner & Platt, 2006; Kano & Tomonaga, 2009) e, em particular, o sistema visual dos primatas foca na área dos olhos de uma face neutra (Kano & Tomonaga, 2010; Hirata, Fuwa, Sugama, Kusunoki & Fujita, 2010). Esses resultados demonstram que existe uma importante sobreposição nos mecanismos de processamento facial dos humanos e de espécies proximamente relacionadas, o que pode indicar um sistema ancestral comum de percepção facial.

Recentemente, o cão doméstico tornou-se o foco de estudos de percepção facial, com especial ênfase em como cães e humanos se percebem, no que diz respeito a sinais comunicativos e emocionais. Os cães domésticos são um modelo muito interessante para o estudo da percepção facial de um ponto de vista evolutivo e comparativo, porque não só são uma espécie altamente social, que descende de outra espécie altamente social (o lobo), mas também porque têm partilhado o seu ambiente social com os humanos durante milhares de anos (ver o Capítulo 1 sobre a origem dos cães e de suas habilidades sociocognitivas). Durante esse longo e bem-sucedido período da história de vida entre os humanos, pensa-se que os ancestrais dos cães passaram por um processo extensivo de seleção que influenciou e modificou as capacidades sociocognitivas da espécie do cão doméstico como a conhecemos hoje em dia. De fato, os cães parecem ter uma habilidade notável para ler a comunicação dos humanos, e até ultrapassam a capacidade de qualquer outra espécie investigada até agora, incluindo outros animais domésticos, como o parente mais próximo do cão, o lobo, e a espécie viva mais próxima dos humanos, o chimpanzé (e.g., Kaminski & Nitzschner, 2013). Alguns autores sugerem que a capacidade superior dos cães em ler os sinais sociocomunicativos dos humanos pode representar um caso de convergência cognitiva evolutiva (i.e., duas espécies não proximamente relacionadas desenvolvem, independentemente, capacidades cognitivas semelhantes como resultado da sua adaptação em um mesmo ambiente). Isto porque, por um lado, os humanos e cães pertencem a grupos filogenéticos diferentes, mas partilham o mesmo ambiente e, por outro, os cães sofreram pressões evolutivas durante a domesticação que podem ter tornado as suas habilidades comunicativas ideais para viver em um ambiente social humano (Hare & Tomasello, 2005).

Outro motivo que faz com que os cães sejam interessantes para investigar percepção facial é o fato de apresentarem expressões faciais complexas e variadas quando interagem com outros indivíduos. A sua musculatura facial básica é bem desenvolvida, apesar de não tão complexa como a dos humanos e a dos outros primatas (Diogo *et al.*, 2012; Evans & De Lahunta, 2013, Waller *et al.*, 2013), e eles fazem frequente uso desta durante interações sociais com coespecíficos (Fox, 1970) e humanos (e.g., Horowitz, 2009, Waller *et al.*, 2013).

Em relação à compreensão da percepção visual de outra espécie, é importante considerar a anatomia do olho e as características que resultam do sistema de visão, uma vez que este poderá influenciar o modo como o mundo exterior é percebido e compreendido. Em um dos primeiros estudos com controles apropriados que investigou a discriminação visual em cães, os investigadores usaram um procedimento de dupla-escolha forçada com uma tela sensível ao toque para investigar se os cães poderiam usar exclusivamente a sua visão para discriminar entre representações 2D (fotografias coloridas) de cães e paisagens. Os cães aprenderam com sucesso a discriminar fotografias com cães e sem cães, até mesmo quando as fotos eram muito heterogêneas em termos de estímulos (e.g., apenas a face do cão, o corpo todo e a face do cão, dois cães). Isso demonstra dois aspectos muito importantes. Primeiro, o sistema visual do cão aparenta funcionar bem quando se usam fotografias a cores em uma tela, mesmo em duas dimensões apenas. Segundo, depois de aprenderem a tarefa, os cães foram capazes de generalizar essa regra para novos objetos das mesmas categorias combinadas entre si (Range, Aust, Steurer & Huber, 2008).

No entanto, aconselha-se alguma cautela quando se generalizam os resultados dos estudos mencionados acima para a espécie inteira do cão doméstico, uma vez que apenas quatro cães de duas raças foram usados e todos eles tinham uma morfologia facial muito semelhante (Border Collies e Pastores Australianos). É crucial considerar que a morfologia da cabeça e da face dos cães varia muito entre raças — e até mesmo dentro das raças — e, dependendo disto, os cães poderão apresentar ligeiras diferenças nas suas capacidades de percepção visual. Os crânios de cães podem variar entre 7 e 28 cm em comprimento, o que está correlacionado com o tamanho dos olhos (entre 9,6 e 11,6 mm). O tamanho dos olhos, por sua vez, se correlaciona com o número de células ganglionares da retina, que são células neuronais que recolhem informação visual na retina do olho e a transmitem ao cérebro. De acordo com McGreevy, Grassi e Harman (2004), os cães com crânios mais curtos e faces mais planas tendem a ter os olhos colocados mais frontalmente (e.g., Pug). Neste estudo, foi então sugerido que esse tipo de face poderia atribuir aos cães uma morfologia mais semelhante à face humana. Cães com faces mais planas possuem uma "área centralis" (chamada fóvea em humanos e outros primatas devido a uma maior especialização neste grupo) mais pronunciada. A "área centralis" é uma pequena porção central da retina com uma alta concentração de células ganglionares, que permite uma grande resolução e visão binocular central do campo de visão. Uma vez que a "área centralis" é o ponto mais focado da visão de um indivíduo, os movimentos dos olhos tendem a trazer objetos de interesse para essa área (Rapaport & Stone, 1984). No entanto, com o aumento do comprimento do crânio do cão, a "área centralis" se dispersa gradualmente dando lugar a uma "faixa visual" de células ganglionares, na qual se acredita que a resolução e a visão binocular diminuem (e.g., Greyhound). Cães com faces mais planas possuem, portanto, uma "área centralis" com maior densidade de células ganglionares, o que pode contribuir para uma maior habilidade de focar o olhar em objetos com detalhes, como, por exemplo, em faces humanas (McGreevy *et al.*, 2004).

  É importante notar que os estudos mencionados anteriormente focaram nos aspectos fisiológicos e anatômicos da visão, o que, apesar de estabelecer um conhecimento base de como a visão canina funciona, não revela diretamente como essas diferenças podem afetar o comportamento do cão. Outros estudos (e.g., Wobber, Hare, Koler-Matznick, Wrangham & Tomasello, 2009; Jakovcevic, Elgier, Mustaca & Bentosela, 2010) testaram a capacidade de diferentes raças de cães em tarefas perceptuais visuais como, por exemplo, para seguir sinais de humanos. Aqui, os indivíduos de raças com um focinho longo, não mostraram maiores dificuldades em executar a tarefa em relação a raças de focinho mais curto. No entanto, foi sugerido que o desempenho varia com a função da raça, como no caso de raças de trabalho *vs.* raças de companhia (Wobber *et al.*, 2009; Jakovcevic *et al.*, 2010), em vez de estar relacionado com o comprimento do crânio, focinho ou tipo de área centralis.

Outro estudo (Helton & Helton, 2010) sugeriu que um corpo de dimensões maiores resulta em maior distância entre os olhos, uma vez que um corpo maior está relacionado com um crânio também maior e de formato diferente, o que, por sua vez, modifica a posição relativa dos olhos. Os investigadores testaram cães de diferentes dimensões e descobriram que possuir um corpo maior resulta em um melhor desempenho em tarefas visuais. A explicação para este resultado centrou-se no fato de que maior distância intra-ocular aumenta a percepção de profundidade. São claros os efeitos de diferentes morfologias caninas na percepção visual, mas mais estudos são necessários para determinar que aspectos específicos das diferentes morfologias (e.g., raça, tamanho corporal, forma do crânio, etc.) são relevantes na percepção visual, particularmente de faces. Adicionalmente, é importante levar em consideração que a variação do sistema de visão por si só poderá não implicar necessariamente diferenças perceptivas porque outros mecanismos de adaptação podem ser ativados para compensar as potenciais deficiências físicas e/ou fisiológicas. Outros fatores, como a personalidade, também devem ser explorados, uma vez que poderão ter um papel importante na percepção do mundo social dos cães. Jakovcevic, Mustaca e Bentosela (2012) demonstraram que cães mais sociais olham mais para a face dos humanos. Esta tendência comportamental poderia potencialmente permitir que cães mais sociáveis lessem melhor os sinais faciais comunicativos e emocionais dos humanos.

Segundo Miller e Murphy (1995), independentemente da raça ou personalidade, quando comparados com os humanos, geralmente, cães têm menos acuidade visual (para ver os detalhes ou nitidez de imagem), menor sobreposição binocular (para percepção de profundidade), intervalo de acomodação (tempo para focar em objetos a diferentes distâncias) mais curto e percepção de cor limitada com visão dicromática (i.e., eles veem apenas tonalidades de amarelo e azul, diferentes dos humanos que são tricromáticos, vendo um espectro maior de cores). No entanto, em relação a outros aspectos, os cães parecem ter um sistema de visão melhor do que os humanos. Nomeadamente, os cães são mais proficientes em detectar movimento e intermitência de luz, são melhores em condições de pouca luz e têm um campo visual mais alargado. Portanto, os cães possuem um poderoso sistema visual adaptado para comportamento de predação. Em um estudo recente com cães de trabalho, os cientistas mostraram que pedidos feitos usando gestos visuais eram preferidos a pedidos vocais (D'Aniello, Scandurra, Alterisio, Valsecchi & Prato-Previde, 2016), apoiando o argumento de que, dependendo do contexto, a visão dos cães é tão ou mais importante quanto os outros sentidos.

## Percepção de identidades

Seres humanos são altamente eficientes em diferenciar e identificar faces humanas familiares em qualquer condição, mas seu desempenho diminui substancialmente quando confrontados com faces de desconhecidos (Hancock, Bruce & Burton, 2000). Como estímulo visual, as faces humanas são muito semelhantes entre si: todas as faces têm os mesmos componentes individuais (olhos, nariz, boca, etc.) colocados em posições relativas semelhantes (e.g., olhos acima do nariz) e cada componente individual tem uma forma regular básica que é bastante constante (e.g., o nariz é uma estrutura longa com duas narinas). Consequentemente, para ser possível distinguir duas faces, os indivíduos têm de ser muito sensíveis a pequenas variações na configuração básica de uma face. A identificação de uma face é executada possivelmente por meio de processos configurais nos quais as relações espaciais entre características faciais individuais — como a distância entre os olhos, nariz e boca — são percebidas e, em seguida, todas as características são integradas em uma única representação da face completa, vendo a face como um objeto único. Assim, por exemplo, quando características de diferentes faces que são muito familiares são manipuladas para formar novas faces (e.g., uma foto de uma face composta pelos olhos do Brad Pitt, o nariz do Leonardo Di Caprio e a boca do Tom Cruise), as características das faces familiares são muito mais difíceis de serem reconhecidas e a face é percebida como uma pessoa desconhecida, porque o padrão configural mudou e isso interfere com a identificação. Nesse sentido, a percepção global é mais importante que a percepção facial local.

Esse processo configural é também demonstrado pelo efeito de inversão-facial, em que a habilidade de reconhecer faces diminui quando elas são apresentadas invertidas. Este efeito não se verifica com a inversão de outros objetos de direção única (e.g., cadeira). No entanto, quando as faces invertidas são manipuladas (e.g., partes da face embaralhadas), tornam-se mais fáceis de identificar do que quando invertidas mas não manipuladas. Provavelmente, a inversão facial causa uma interrupção do processamento configural da face, que é sensível à orientação (Bruce & Young 2012; Young, Hellawell & Hay, 2013). Em outras palavras, quando uma face está invertida ela é processada elemento por elemento, semelhante ao processo usado para objetos não faciais. Portanto, faces invertidas não são processadas como uma "face", mas sim como um conjunto de dois olhos, uma boca, etc., o que dificulta o processamento do estímulo completo e, consequentemente, a sua identificação. Essa informação também indica que as faces são um estímulo único processado pelo cérebro humano, o que será explicado com mais detalhe mais à frente neste capítulo (ver seção "Mecanismos cognitivos e neuronais no processamento de faces").

É interessante mencionar que a dificuldade em identificar rostos desconhecidos varia largamente entre indivíduos, não melhora com treinamento ou experiência baseada em tarefas específicas e é fracamente correlacionada com a capacidade de identificar faces familiares. Apesar de ainda não ser totalmente conhecido por que razão isso acontece, os investigadores sugeriram que essa habilidade poderia ter uma base genética (White, Kemp, Jenkins, Matheson & Burton, 2014; Robertson, Noyes, Dowsett, Jenkins & Burton, 2016).

Enquanto a percepção da identidade facial humana tem sido intensivamente explorada, a percepção de identificação facial no cão começou a ser investigada apenas na última década. Os cães conseguem discriminar identidade facial usando apenas sinais visuais de fotografias apresentadas em preto e branco (Racca *et al.*, 2010), o que possibilita o uso deste tipo de estímulo para investigar como a percepção da identidade facial funciona nessa espécie. Em um procedimento de comparação visual pareada (olhar preferencial), no qual duas imagens diferentes são mostradas simultaneamente e o tempo em que o indivíduo olha para cada imagem é medido, os cães mostraram uma clara preferência: eles olharam por mais tempo para imagens de uma face humana desconhecida quando apresentada simultaneamente com uma face humana familiar previamente apresentada aos cães. Para um par de faces de cães, no entanto, eles tenderam a olhar por mais tempo para a face do cão familiar quando apresentado ao lado de uma face de cão desconhecida, sugerindo que os cães podem usar apenas sinais faciais específicos da espécie para diferenciar faces tanto de cães quanto de humanos. É de notar que não foi encontrada nenhuma preferência de olhar significativa para imagens de faces humanas ou caninas invertidas, implicando que os cães poderão também fazer uso de uma estratégia configural na percepção de identidade facial, tal como se verifica para o ser humano (Racca et al., 2010). Um estudo mais recente (Somppi, Törnqvist, Hänninen, Krause & Vainio, 2014) usou um *eye-tracker* (câmera com tecnologia de luz infravermelha que registra os movimentos dos olhos) para investigar como os cães escaneiam faces. Neste estudo, além de avaliar a duração do olhar e o número de fixações (i.e., o número de pontos da imagem onde o olhar estabilizou durante um determinado tempo), foram também analisadas quais as áreas específicas da face que atraem mais atenção. Os investigadores mostraram fotos de coespecíficos e de humanos familiares (tutores, tratadores, companheiros de brincadeira, etc.) a cães, assim como também fotos de faces de coespecíficos e humanos desconhecidos. O padrão de escaneamento dos cães variou entre faces familiares e desconhecidas: faces humanas familiares e faces de cães (familiares e não familiares) foram preferidas, com maior número de fixações totais na face e, também especialmente fixações na área dos olhos. Assim, nesse estudo, sugeriu-se que para os cães, bem como para os primatas, a região dos olhos é muito importante para identificar indivíduos. Uma das explicações encontradas para este fato foi que as faces familiares atraem mais fixações devido à sua memória emocional de interações passadas que deixaram uma associação positiva na relação entre os indivíduos. Outra explicação foi que esse número de fixações elevado seria devido a um efeito de especialista, em que a familiaridade com a face leva a um maior conhecimento das características particulares dessa face, atraindo mais fixações. No entanto, enquanto a atração para a região dos olhos é um resultado semelhante ao que foi descoberto nos estudos sobre o padrão do olhar humano (e outros primatas), os cães e humanos diferem na sua preferência de olhar quando se trata de faces desconhecidas. Para explicar a razão dessa diferença, mais estudos sobre a percepção visual do cão são necessários no futuro.

Embora esses estudos nos forneçam um conhecimento de como os cães e os humanos diferem na sua percepção de identidade facial, eles não permitem distinguir se os cães simplesmente reconhecem um indivíduo como familiar ou se conseguem, de fato, reconhecer a identidade de um indivíduo em específico, uma vez que foram mostradas aos cães pares de fotos de faces familiares e desconhecidas. Assim, outro estudo (Huber, Racca, Scaf, Virányi & Range, 2013) usou um procedimento de discriminação condicionada de duas vias, em que mostraram aos cães não só fotografias, mas também a cabeça dos tutores (saindo de uma caixa) emparelhada com a de uma outra pessoa familiar. Os investigadores concluíram que os cães eram capazes de discriminar tutores de outro humano familiar em ambas as condições (pessoa real dentro da caixa e imagem da pessoa em uma fotografia). No entanto, esta proficiência em distinguir tutores de outras pessoas diminui drasticamente com a aplicação de uma máscara para cobrir a face, deixando visíveis apenas os olhos, nariz e boca. Os investigadores concluíram, então, que os cães podiam discriminar dois indivíduos familiares em diferentes condições, mas que provavelmente eles estariam a usar sinais globais (a face inteira, incluindo, por exemplo, o seu contorno) e outros sinais salientes da cabeça (por exemplo, o cabelo). Para clarificar essa questão da habilidade dos cães para processar e discriminar as faces pelos seus elementos, Pitteri, Mongillo, Carnier, Marinelli e Huber (2014) usaram um procedimento de dupla-escolha forçada em uma tela sensível ao toque para verificar se os cães poderiam discriminar faces baseadas apenas em características isoladas da face humana (i.e., apenas os olhos, apenas o nariz, etc.) e se a estratégia usada seria baseada nessas regiões isoladas da face ou configural. Curiosamente, os cães foram capazes de discriminar faces usando apenas os olhos, apenas o nariz ou apenas a boca, com vantagem maior para o uso da região dos olhos. Essa vantagem centrada na região dos olhos encontrada nos cães é semelhante ao que foi encontrado antes em humanos e em outras espécies (e.g., Gothard, Erickson & Amaral, 2004; Birmingham & Kingstone, 2009; Dahl, Wallraven, Bülthoff & Logothetis, 2009; Levy, Foulsham & Kingstone, 2012). Os olhos são elementos extremamente importantes em interações sociais e possuem diversas funções como, por exemplo, indicar o estado de atenção, comunicar informação direcional e, ainda, funcionar como sinal agonístico ou afiliativo (Birmingham & Kingstone, 2009). No entanto, quando Pitteri e colaboradores (2014) apresentaram a face humana com a configuração interna perturbada (invertida ou embaralhada), os cães falharam na tarefa de discriminação. Isto significa que, apesar dos cães conseguirem discriminar características faciais isoladas, isto não é suficiente para permitir a discriminação de uma face como um estímulo completo. Portanto, esse estudo veio confirmar que os cães usam um processamento configural de faces, semelhante a outras espécies testadas, incluindo humanos.

Outro grupo de investigadores também explorou a capacidade dos cães de diferenciar entre cães e outras espécies (e.g., gatos, roedores, ovelhas), particularmente usando faces como fonte de informação (Autier-Dérian, Deputte, Chalvet-Monfray, Coulon & Mounier, 2013). Devido a uma longa e intensa história de domesticação, o cão apresenta a maior diversidade fenotípica encontrada em uma única espécie, que se reflete na enorme quantidade de raças, tamanhos e tipos de cães. Atualmente, existem cerca de 400 raças oficialmente reconhecidas pelo Clube Canino Americano (*American Kennel Club*, AKC) e pela Federação Internacional Cinológica (*International Cynologic Federation*, FCI). No entanto, esses números ainda podem estar subestimados, dependendo de qual fonte de informação é utilizada ou se considerarmos raças bem estabelecidas que não são reconhecidas por nenhuma dessas organizações (e.g., Kangal); ou, ainda, as raças híbridas relativamente recentes como o *Cockapoo*, que é um cruzamento entre Cocker Spaniel e Poodle. Dada esta variação de morfologias em uma única espécie, os mesmos investigadores questionaram também se um cão é capaz de reconhecer um qualquer coespecífico como outro cão, olhando apenas para a sua face. Apesar de uma amostra relativamente pequena de cães ter sido testada (N=9), todos os cães foram bem-sucedidos em categorizar qualquer morfotipo de cão como um cão e foram capazes de distinguir entre estes e mamíferos de outras espécies, baseados apenas em representação visual 2D das cabeças dos indivíduos (fotos). Adicionalmente, esse estudo também demonstrou que a habilidade dos cães para categorizar coespecíficos e heteroespecíficos não é afetada pelas diferentes posições da cabeça (frontal, lateral, etc.). Os autores desse estudo (Autier-Dérian *et al.*, 2013) sugeriram que cães podem formar uma espécie de categoria cognitiva de "cão padrão" baseada em algumas invariantes dos morfotipos de cão. No entanto, não são conhecidos ainda quais os mecanismos ou características os cães utilizam para alcançar essa impressionante capacidade de categorização. Apesar de não ter sido explorado empiricamente quais as invariantes que identificam uma face humana como exclusivamente humana, existem várias características faciais que poderão hipoteticamente defini-las como tal. Por exemplo, a área acima do olho coberta de pelos na parte superior da face nua (sobrancelhas) ou o queixo ósseo saliente. Do mesmo modo, no cão poderão existir invariantes únicas ao cão como espécie, mas comuns a todos os morfotipos de cão. Investigações futuras nessa área poderiam, então, explorar como os cães conseguem visualizar as faces de diferentes indivíduos coespecíficos ou heterospecíficos, se eles mostram alguma tendência em relação à experiência no reconhecimento de faces (e.g., predisposição ao reconhecimento da mesma raça, como em humanos), se eles formam uma representação interna de uma "face comum" para discriminação e reconhecimento de faces e qual a contribuição de características internas e externas da face para o reconhecimento de identidade.

## Percepção de expressões faciais

Além da identidade facial, seres humanos demonstram uma grande sensibilidade perceptual às expressões faciais, especialmente as que representam os nossos estados típicos emocionais, como felicidade, tristeza, medo, raiva, nojo e surpresa. Os humanos conseguem discriminar categoricamente essas expressões mesmo quando são apresentadas muito brevemente (<100ms) ou quando a atenção focal não está totalmente disponível (Bruce & Young, 2012). As expressões faciais são indiscutivelmente uma das mais importantes informações que os humanos exibem e leem nas suas faces. Perceber expressões faciais de parceiros sociais tem um importante valor adaptativo, uma vez que esses sinais transmitem o estado emocional interno dos outros, por meio de comportamento observável (Parr, Waller & Fugate, 2005). Por exemplo, compreender que alguém está zangado pode induzir o indivíduo que leu esta emoção a fugir ou modificar o seu comportamento. Essa ação evitaria ameaças à sua sobrevivência ou seu bem-estar. Ou, ainda, ver uma face feliz em um indivíduo pode sinalizar uma motivação geral para participar em ações que levam ao ganho de recursos ou recompensas e que fortalecem laços relacionais entre indivíduos (van Hooff, 1972; Boissy *et al.*, 2007). Então, emoções positivas e negativas habilitam indivíduos a usar estratégias de comportamento flexíveis para que possam aumentar o seu *fitness*, em vez de operarem simplesmente em estímulo-resposta ou como padrões fixos de ação. Ao mesmo tempo, as emoções são fontes necessárias de informação envolvidas na aprendizagem por reforço, em que guiam o comportamento dos indivíduos para que possam repetir ou evitar certos comportamentos (Dawkins, 2000; Tate, Fischer, Leigh & Kendrick, 2006).

Durante os últimos anos, tem havido um aumento de evidências que sugerem que o cão doméstico é sensível às expressões faciais de emoção dos humanos e que é capaz de usar esses sinais visuais faciais para guiar as suas ações (ver Capítulo 7 para mais informações sobre percepção de emoções em cães). Eles podem discriminar, acima do nível de acaso, faces humanas sorridentes de faces neutras (Nagasawa, Murai, Mogi & Kikusui, 2011) e faces felizes de faces com nojo (Buttelmann & Tomasello, 2013). Müller, Schmitt, Barber e Huber (2015) examinaram não só como os cães fazem a discriminação de expressões faciais humanas, mas foram mais além e examinaram os mecanismos específicos que os cães usam para fazer essa discriminação. Usando uma tela sensível ao toque, mostraram que os cães podem responder seletivamente a expressões faciais humanas felizes ou zangadas usando sinais faciais configurais. Por exemplo, quando treinados com apenas metade de uma face desconhecida (e.g., só a região da boca em uma face feliz ou só a região dos olhos em uma face zangada), os cães conseguiram generalizar a discriminação aprendida para a outra área da face que possuía a mesma expressão, indicando que eles podem usar a memória de emoções reais das faces humanas para realizar esta tarefa discriminatória. Os autores desse estudo sugeriram que essa capacidade dos cães é dependente da experiência e que os cães formam associações entre diferentes regiões da face e as suas expressões emocionais (Müller *et al.*, 2015).

No entanto, nota-se uma importante distinção: apresentar estas respostas comportamentais moduladas pelas expressões humanas pode ser explicado unicamente pela aprendizagem de características visuais contínuas. Ainda que esses estudos forneçam uma forte evidência da habilidade dos cães para discriminar e reconhecer diferentes expressões faciais, essa discriminação pode acontecer sem que os cães "compreendam" a informação emocional que está sendo transmitida. Para investigar se os cães realmente percebem o que o outro indivíduo sente ou que comportamento tipicamente resulta de, por exemplo, uma face zangada, futuros estudos são necessários. Uma vez que a percepção e a discriminação de sinais faciais precedem a compreensão de significado emocional e que neste capítulo, analisa-se exclusivamente a percepção visual do laço humano-cão, o tópico de compreensão emocional será discutido no próximo capítulo.

As expressões faciais estão certamente ligadas às emoções, mas serão todas as expressões faciais puras exibições de emoção? Ou poderiam estas também transmitir outros sinais comunicativos? Em humanos, desde o início dos estudos de expressões faciais, tem sido debatido o fato de que nem sempre uma expressão facial transmite um estado interno. O exemplo clássico que ilustra essa sutil, mas importante, diferença é o caso do sorriso Duchenne e não Duchenne, ambos frequentemente exibidos pelos humanos em variadas situações. O sorriso Duchenne (é sentido, com verdadeiro prazer) difere do não Duchenne (não reflete um estado interno, geralmente produzido em cumprimentos sociais) por apenas um músculo facial. Ainda que os humanos não sejam capazes de distinguir entre esses sorrisos acima do acaso (Ekman, Friesen & Hager, 2002), classificar uma face meramente como feliz pode ser demasiado simplista, particularmente se estamos interessados na percepção da emoção e não apenas de um sinal social.

Como alternativa a uma abordagem puramente holística e descritiva, o Sistema de Codificação de Ação Facial (em inglês *Facial Action Coding System* — FACS) tem sido considerado o padrão mais elevado que permite medir os movimentos faciais (i.e., as Unidades de Ação, ou em inglês *Action Units* — AUs) em humanos, objetiva e anatomicamente há várias décadas (Ekman & Friesen, 1978, Ekman *et al.*, 2002). Uma das vantagens imediatas deste sistema é que se baseia em componentes individuais da anatomia facial (i.e., contrações individuais dos músculos) e não no significado de uma expressão facial composta. Isso é particularmente relevante quando se usa uma abordagem comparativa em diferentes espécies. Além disso, as classificações holísticas das expressões faciais são sujeitas a influências inconscientes, podem resultar em antropomorfismo ou limitar a comparação entre espécies e têm também limitações no que diz respeito à validade ecológica dos estímulos usados. Por exemplo, foi demonstrado que a mesma configuração morfológica facial em diferentes espécies apresenta diferentes significados, isto é, tem diferentes consequências comportamentais, dependendo da espécie de primata analisada (Preuschoft & van Hooff, 1995, Waller & Dunbar, 2005). Adicionalmente, tem sido demonstrado que os humanos (especialmente crianças) confundem a face de dentes expostos dos cães com uma expressão facial amigável porque, morfologicamente, se parece ao sorriso humano (Meints & de Keuster, 2009). Um outro exemplo de interpretação problemática das expressões faciais dos cães pelos humanos é o interessante estudo feito por Horowitz (2009) sobre o olhar de "culpa" do cão. Nesse estudo, Horowitz testou a afirmação repetida por tutores de cães, treinadores e até especialistas de comportamento animal, que quando os cães desobedecem a uma ordem ou quebram uma regra social, eles se sentem culpados ou entendem a situação e reagem com um característico "olhar culpado" — encolhendo-se, com orelhas baixas e cauda entre as pernas, por exemplo. Esta afirmação tem profundas implicações, não só em termos de cognição social canina (e.g., culpa é uma emoção secundária, não encontrada até hoje em nenhum animal não humano), mas também no que diz respeito a bem-estar animal (e.g., se um cão se sente culpado, ele "sabe" que fez algo "errado", criando expectativas irreais dos tutores para com os seus cães). A conclusão desse estudo foi inequívoca: os cães não mostram um "olhar de culpa" quando desobedecem a uma ordem direta, pelo contrário, eles mostram um "olhar de repreensão", ou seja, eles estariam reagindo aos sinais comportamentais dos seus tutores quando estes estão prestes a repreendê-los. Um estudo mais recente (Ostojić, Tkalčić, & Clayton, 2015) analisou novamente esse problema e discutiu estudos anteriores (e.g., Hecht, Miklósi & Gásci, 2012) no mesmo tópico. Aqui, os investigadores foram mais detalhistas e tentaram perceber quais aspectos que desencadeavam o "olhar culpado" nos cães. A sua conclusão apoia a do estudo anterior, que indicou a repreensão como causa para o comportamento do cão e excluiu a hipótese do "olhar culpado" ser provocado pelas ações do cão ou pela evidência da quebra da regra social. Outra explicação que foi sugerida para o "olhar culpado" é que este possa ser na verdade um "olhar apaziguador", em que o cão reage ao comportamento do tutor e tenta evitar ser reprimido (Hecht *et al.*, 2012).

Para tentar resolver esse problema de diferenciar significado e morfologia, emoção e sinais sem conteúdo afetivo nas expressões faciais, o FACS tem sido adaptado para várias espécies não humanas (e.g., orangotangos, Caeiro, Waller, Zimmermann, Burrows & Davila-Ross, 2013), incluindo a adaptação para o cão doméstico, o DogFACS (Waller *et al.*, 2013). Ao analisar comportamentos espontâneos e naturais de cães em vídeo, os autores do DogFACS documentaram e descreveram cada movimento facial individual que a face do cão produz como resultado da contração dos músculos faciais, que foram examinados com dissecções anatômicas. A extensão de movimentos observados na face do cão foi então compilada em um manual, seguindo os mesmos procedimentos usados no FACS humano. Portanto, foram identificados 11 AUs, cinco *Ear Action Descriptors* ou EADs (Descritores de Ação das Orelhas; movimentos que são produzidos pela complexa musculatura das orelhas) e cinco *Action Descriptors* ou ADs (Descritores de Ação; produzidos pela musculatura facial não-mimética, isto é, por músculos que não estão diretamente relacionados com a expressão facial, mas podem influenciar o modo como os AUs são exibidos). Depois do seu desenvolvimento, o DogFACS foi aplicado em um estudo usando uma situação naturalística e demonstrou ser uma ferramenta de sucesso para investigar objetivamente expressões faciais em outras espécies (Waller *et al.*, 2013). Neste estudo, o DogFACS foi usado para investigar movimentos faciais de cães de canis que esperavam ser adotados, para verificar se os movimentos faciais teriam alguma influência na escolha feita pelo potencial adotante. Foi concluído que os cães que produzem com mais frequência o AU101 — *Inner brow raiser* (movimento que levanta a região medial da zona da "sobrancelha", acima do olho), foram adotados mais rapidamente. O AU101 resulta da contração de um único músculo, o músculo *levator anguli oculi medialis*, que puxa a região saliente acima do olho em direção às orelhas (Figura 1). Sugeriu-se que este movimento em particular aumenta a percepção de caraterísticas pedomórficas (caraterísticas infantis presentes no indivíduo adulto, como por exemplo, olhos grandes, testa alta, face redonda, etc.) na face do cão, uma vez que a ativação do AU101 aumenta o tamanho do olho percebido pelo observador. Esse aumento de pedomorfia por meio de um movimento facial, poderá conferir uma vantagem aos indivíduos que produzem o AU101 mais frequentemente. Esse estudo demonstrou claramente a importância de executar uma análise mais detalhada e profunda dos componentes presentes nas expressões faciais. Para se tentar compreender como os processos de percepção global funcionam, não só da perspectiva humana como descrito no estudo mencionado anteriormente, mas também da perspectiva canina, tanto o FACS humano como o DogFACS poderão ser ferramentas muito úteis em estudos futuros.

No futuro, a investigação deverá combinar novas ferramentas e tecnologias (e.g., DogFACS, *eye-tracking*, etc.) com protocolos cuidadosamente planejados e controlados, de modo a poder investigar quão detalhadas são essas representações de categorias de emoção nas mentes dos cães, e como os cães respondem quando confrontados com diferentes categorias de estímulos emotivos. Finalmente, questões igualmente importantes que praticamente quase não foram ainda exploradas, mas tendo em conta a perspectiva do cão, poderiam abranger, por exemplo, quais emoções os cães exibem e como os humanos as percebem.

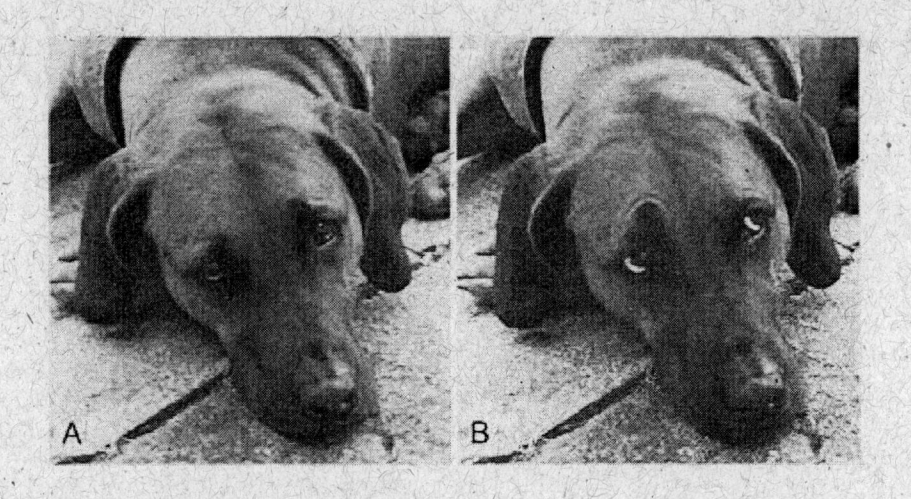

*Figura 1.* Exemplo de um AU101 (*inner brow raiser*) em um cão doméstico da raça *Rhodesian Ridgeback*: A) região acima do olho neutra, B) AU101 presente (de Waller *et al.*, 2013).

# Mecanismos cognitivos e neuronais
## no processamento de faces

Muitas das funções cognitivas (e.g. linguagem, emoções) parecem estar sujeitas à lateralização cerebral, isto é, são majoritariamente (ou totalmente) processadas em um dos hemisférios cerebrais. Quando os humanos visualizam uma face, mostram uma maior ativação nas áreas corticais sensíveis à face (e.g. área fusiforme da face, uma região do cérebro dedicada ao processamento de faces), que estão localizadas no hemisfério direito (Kanwisher, McDermott & Chun, 1997). Provavelmente devido a essa vantagem do hemisfério direito em processar faces e ao cruzamento parcial das fibras nervosas do olho esquerdo, os humanos tendem a usar sinais faciais localizados no lado direito da face de outro humano (lado esquerdo da perspectiva de quem visualiza) para facilitar o julgamento perceptual de informação facial, como gênero, identidade, expressão e atração (ver Capítulo 7 para maior discussão sobre esse tema).

Esse enviesamento perceptual para o lado esquerdo na percepção de uma face é, geralmente, acompanhado por um enviesamento do olhar para a esquerda (*Left Gaze Bias*, LGB), em que a hemiface esquerda é normalmente inspecionada primeiro e/ou por períodos de tempo mais longos (Guo, Smith, Powell & Nicholls, 2012). Crianças de 6 meses de idade mostram um enviesamento para a esquerda, tanto para imagens de faces quanto de objetos e é apenas mais tarde que se transforma no LGB para imagens de faces exclusivamente. Isso foi demonstrado em crianças de quatro anos de idade e em adultos (Guo, Meints, Hall, Hall & Mills, 2009; Racca, Guo, Meints & Mills, 2012), o que significa que o LGB relacionado com a visualização de faces em humanos é um comportamento adquirido, possivelmente por meio de um processo dependente de especialização cognitiva gradual e dependente de experiência durante o desenvolvimento.

Usando um protocolo de preferência visual e apresentando imagens de faces neutras de humanos, macacos e de cães, foi demonstrado que cães de companhia possuem LGB inicial (i.e., o primeiro movimento do olhar quando o estímulo aparece) e geral (i.e., a soma de todos os movimentos do olhar durante a visualização do estímulo) apenas para faces humanas, mas não para faces de macacos ou cães, nem para objetos inanimados (Guo *et al.*, 2009). Esta especificidade do enviesamento do olhar de face dependente da espécie poderia traduzir-se em valor adaptativo significativo e estar ligado à história evolucionária e ontogenética única do cão doméstico. Para os cães de companhia, a habilidade de extrair informação de faces humanas e de responder apropriadamente poderia ter tido uma vantagem seletiva durante o processo de domesticação, especialmente porque o conteúdo emocional dessas faces pode ter um significado adaptativo comportamental imediato. A ausência de LGB na visualização de faces de macacos e cães poderia refletir uma necessidade ou sensibilidade reduzida em avaliar essas faces com expressões neutras. No entanto, os critérios por trás dessa diferenciação ainda não foram estabelecidos. Curiosamente, apesar de em menor grau, um grupo de lobos criados por humanos também apresentaram LGB em faces humanas, mas não em faces de lobos ou de objetos. Por outro lado, cães de caça não demonstram nenhum enviesamento direcional da sua cabeça quando exploram as imagens de faces humanas, faces de cães ou objetos (Racca, 2011). Aparentemente, a enculturação (exposição ontogenética), em vez da domesticação (exposição filogenética), pode ter um papel mais importante para que os indivíduos do gênero *Canis* estabeleçam o LGB quando processam faces. Esta hipótese, chamada de adaptação por viés de exposição (em inglês *Exposure-bias adaptation hypothesis*) poderia ser examinada com mais detalhe em projetos futuros com uma metodologia comparativa e uma amostra maior.

Em comparação com primatas humanos e não humanos, parece provável que a assimetria do olhar em cães de companhia seja um reflexo da lateralização cerebral, não só na percepção facial, mas também em processos emocionais. Os cães apresentam movimentos dos olhos diferencialmente lateralizados dependendo da espécie e da valência emocional da face visualizada: LGB em faces humanas e de cães com valência emocional negativa, RGB (*Right Gaze Bias*) em faces de cães com valência emocional positiva (Racca *et al.*, 2012), e ausência de enviesamento em faces de macacos (Guo, Tunnicliffe & Roebuck, 2010; Guo *et al.*, 2012). Apesar de poder argumentar que o enviesamento de olhar em cães poderia ser simplesmente uma resposta a uma potencial recompensa/punição ou a um comportamento de aproximação/evitação, e não estaria necessariamente correlacionado com a percepção ou experiência de emoção humana, tais observações implicam em um valor geral adaptativo dessa assimetria natural de olhar no cão doméstico.

Como discutido anteriormente neste capítulo, quando exploram uma face, os humanos tendem a adotar uma estratégia de visualização holística para seletivamente integrar informação facial local de caraterísticas internas chave (isto é, olhos, nariz e boca) em uma única representação da face como um todo (Guo, 2012). Independentemente da exigência da tarefa perceptual (e.g., visualização livre, aprendizagem de faces, julgamento de identidade, categorização de expressão facial) e espécie da face (e.g. humanos, macacos, gatos, etc.), seres humanos concentram a maioria das fixações na região dos olhos, seguidas pelo nariz e boca (Guo *et al.*, 2010, 2012; Gavin, Houghton & Guo, 2017), sugerindo um papel crucial dos olhos em transmitir vários elementos de informação facial e possivelmente uma estratégia de varredura genérica construída nos cérebros humanos para processamento geral de faces (Guo, 2012).

Em cognição canina, as técnicas comuns de investigação, como a visualização preferencial (comparação da duração do olhar entre duas imagens quando apresentadas em simultâneo), muitas vezes não possuem precisão espacial, permitindo apenas julgamentos grosseiros da localização do olhar dos cães e estão limitadas a um cenário de laboratório. Recentemente, pesquisadores começaram a adaptar sistemas de *eye-tracking* baseados em vídeo, colocados na cabeça ou remotos, para estudar o comportamento de visualização dos cães, de forma naturalística e com uma grande precisão espacial (Williams, Mills & Guo, 2011). Ao aplicar esses sistemas de *eye-tracking* para examinar a distribuição do olhar dos cães no que diz respeito à percepção de faces, os investigadores notaram que, semelhante aos humanos, os cães preferem fixar mais as caraterísticas faciais internas (especialmente nos olhos) quando visualizam faces humanas e caninas (e.g., Somppi *et al.*, 2014). Estudos futuros poderão fazer comparações mais completas entre espécies para examinar como os cães extraem características faciais locais diagnósticas e as usam para guiar ou facilitar diferentes tarefas comportamentais, como por exemplo reconhecimento de emoção.

Em relação ao mecanismo neural subjacente à percepção facial, estudos de imagiologia cerebral revelaram um processamento cortical específico da face em humanos como, por exemplo, uma rede distribuída de estruturas cerebrais, incluindo o *gyrus fusiforme*, associado com o processamento facial (Bruce & Young 2012). Tornqvist e colaboradores (2013) investigaram os processos neuronais ligados ao processamento das habilidades cognitivas visuais, usando, pela primeira vez, metodologias completamente não invasivas com equipamento de eletroencefalograma no escalpe. Os cães foram treinados para permanecer imóveis e sem restrições físicas ou sedação, enquanto visualizavam livremente imagens de faces humanas e caninas em uma tela. Uma distinção mensurável foi detectada nos cérebros dos cães durante a visualização das faces dos humanos e dos cães, sugerindo uma assinatura neuronal única para processamento de faces nos cães. Dois outros estudos investigaram a neurocognição do processamento facial em cães, mas, dessa vez, usando um *scanner* cerebral de ressonância magnética funcional (*fMRI*). Semelhante ao estudo anterior, os cientistas treinaram os cães para permanecerem acordados, imóveis e sem restrições físicas dentro do *scanner fMRI*, de modo a comparar a sua atividade cerebral causada pela visualização de faces humanas em comparação com objetos do dia a dia. Os investigadores encontraram uma maior atividade com estímulos de faces em várias regiões do córtex temporal bilateral (Cuaya, Hernández-Pérez & Concha, 2016). Dilks *et al.* (2015) escanearam os cérebros de cães quando estes visualizavam vídeos de faces humanas e de cães, assim como também de objetos. Como no estudo acima mencionado, também aqui encontraram que o córtex temporal dos cães respondia seletivamente a faces. Essa área localizada de sensibilidade à face no lobo temporal (a área fusiforme da face nos humanos, *fusiforme face area*, FFA, Kanwisher, 1997) tem sido consistentemente reportada em espécies diferentes, incluindo ovelhas (Kendrick & Baldwin, 1987), macacos (Tsao, Freiwald, Knutsen, Mandeville & Tootell, 2003) e até em espécies não mamíferas, como nos corvos (Marzluff, Miyaoka, Minoshima & Cross, 2012). Estes estudos, quando considerados conjuntamente sugerem que a habilidade dos cães e de outros animais para processar faces não é simplesmente o resultado de associações aprendidas, mas implica também um alto grau de conservação evolutiva dessa região do cérebro para o processamento facial no reino animal. O passo óbvio seguinte nessa linha de investigação será examinar se as regiões cerebrais faciais dos cães processam conteúdo emocional e que outros fatores poderão influenciar a extraordinária habilidade dos cães de ler faces.

## Considerações finais

Apesar de os cães não serem uma espécie estritamente diurna ou noturna e serem considerados "generalistas visuais" (Miller & Murphy, 1995), eles podem se basear exclusivamente em sinais visuais (e.g. fotografias em preto e branco de duas dimensões) para perceber e discriminar identidade facial e informação emocional. Apesar de os cães serem relativamente distantes filogeneticamente dos humanos, o sistema visual dessas duas espécies está ajustado para os mesmos sinais visuais para processamento de, pelo menos, cenários sociais; isto é, os cães têm demonstrado claramente preferências visuais semelhantes aos humanos, assim como vieses cognitivos em percepção facial. As muitas caraterísticas do processamento de faces compartilhadas entre essas duas espécies sugerem que a percepção de faces poderia ter evoluído para atender às necessidades de um sistema de comunicação e interação social complexo. Adicionalmente, ao estudar a presença ou ausência de um comportamento de processamento facial semelhante aos humanos nos cães, levando em consideração o conhecimento das suas limitações socio-ecológicas, torna-se possível obter informações relativas à ligação evolutiva e às pressões seletivas que deram origem ao sistema de processamento facial.

A investigação atual majoritariamente depende da observação e medição do comportamento. Sabe-se muito pouco sobre a estrutura do sistema visual e das ligações funcionais entre diferentes regiões corticais dentro do cérebro dos cães. Com a crescente disponibilidade de muitas medidas não invasivas, como *eye-tracking*, eletroencefalografia, eletromiografia e *fMRI*, agora é possível que os investigadores adotem uma abordagem combinada para avaliar as habilidades cognitivas dos cães e, sistematicamente, estudar o papel da comunicação facial na interação humano-cão e os seus mecanismos corticais.

Enquanto este capítulo se debruçou exclusivamente sobre a percepção visual, é importante pontuar que no ambiente social do cão doméstico unimodalidade é raramente uma realidade. Assim, enquanto estudar a cognição visual isoladamente dos outros sentidos tem enormes benefícios (e.g. complexidade reduzida dos experimentos e interpretação dos dados obtidos), deve-se também estudar e integrar a visão com informação de outros sentidos (e.g. audição, olfato, etc.), em cenários experimentais multimodais. Isso é especialmente importante devido à tendência dos humanos de espontaneamente se comunicarem multimodalmente com os cães, combinando pedidos vocais com gestos, posturas corporais e expressões faciais (D'Aniello *et al.*, 2016).

## Referências

Autier-Dérian, D., Deputte, B. L., Chalvet-Monfray, K., Coulon, M., & Mounier, L. (2013). Visual discrimination of species in dogs (*Canis familiaris*). *Animal Cognition, 16*(4), 637-651.

Birmingham, E., & Kingstone, A. (2009). Human social attention. *Annals of the New York Academy of Sciences, 1156*(1), 118-140.

Boissy, A., Manteuffel, G., Jensen, M. B., Moe, R. O., Spruijt, B., Keeling, L. J., ... Aubert, A. (2007). Assessment of positive emotions in animals to improve their welfare. *Physiology & Behavior, 92*(3), 375-397.

Bruce, V., & Young, A. W. (2012). *Face perception*. New York, NY: Psychology Press.

Buttelmann, D., & Tomasello, M. (2013). Can domestic dogs (*Canis familiaris*) use referential emotional expressions to locate hidden food? *Animal Cognition, 16*(1), 137-145.

Caeiro, C. C., Waller, B. M., Zimmermann, E., Burrows, A. M., & Davila-Ross, M. (2013). OrangFACS: A muscle-based facial movement coding system for orangutans (*Pongo spp.*). *International Journal of Primatology, 34*(1), 115-129.

Cuaya, L. V., Hernández-Pérez, R., & Concha, L. (2016). Our faces in the dog's brain: Functional imaging reveals temporal cortex activation during perception of human faces. *PLoS ONE*, *11*(3). doi: http://dx.doi.org/10.1371/journal.pone.0149431

D'Aniello, B., Scandurra, A., Alterisio, A., Valsecchi, P., & Prato-Previde, E. (2016). The importance of gestural communication: A study of human–dog communication using incongruent information. *Animal Cognition*, *19*(6), 1231-1235.

Dahl, C. D., Wallraven, C., Bülthoff, H. H., & Logothetis, N. K. (2009). Humans and macaques employ similar face-processing strategies. *Current Biology*, *19*(6), 509-513.

Dawkins, M. S. (2000). Animal minds and animal emotions. *American Zoologist*, *40*(6), 883-888.

Deputte, B. L., & Doll, A. (2011). Do dogs understand human facial expressions? *Journal of Veterinary Behavior: Clinical Applications and Research*, *6*(1), 78-79.

Deruelle, C., & Fagot, J. (2005). Categorizing facial identities, emotions, and genders: Attention to high-and low-spatial frequencies by children and adults. *Journal of Experimental Child Psychology*, *90*(2), 172-184.

Dilks, D. D., Cook, P., Weiller, S. K., Berns, H. P., Spivak, M., & Berns, G. S. (2015). Awake fMRI reveals a specialized region in dog temporal cortex for face processing. *PeerJ*, *3*, e1115.

Diogo, R., Pastor, F., De Paz, F., Potau, J. M., Bello-Hellegouarch, G., Ferrero, E. M., & Fisher, R. E. (2012). The head and neck muscles of the serval and tiger: Homologies, evolution, and proposal of a mammalian and a veterinary muscle ontology. *Anatomical Record: Advances in Integrative Anatomy and Evolutionary Biology*, *295*(12), 2157-2178.

Ekman, P. (1992). Facial expressions of emotion: New findings, new questions. *Psychological Science*, *3*(1), 34-38.

Ekman, P., & Friesen (1978). *The Facial Action Coding System (FACS)*. Palo Alto, CA: Consulting Psychologists.

Ekman, P., Friesen, W. V., & Hager, J. C. (2002). *The Facial Action Coding System (FACS)*. Salt Lake City, UT: Research Nexus.

Evans, H. E., & De Lahunta, A. (2013). *Miller's anatomy of the dog*. Philadelphia, PA: Elsevier Saunders.

Fox, M. W. (1970). A comparative study of the development of facial expressions in canids: Wolf, coyote and foxes. *Behaviour*, *36*(1-2), 49-73.

Hancock, P. J., Bruce, V., & Burton, A. M. (2000). Recognition of unfamiliar faces. *Trends in Cognitive Sciences*, *4*(9), 330-337.

Gavin, C. J., Houghton, S., & Guo, K. (2017). Dog owners show experience-based viewing behaviour in judging dog face approachability. *Psychological Research*, *81*(1), 75-82.

Glisky, E. L. (2007). Changes in cognitive function in human aging. In D. R. Riddle (Ed.), *Brain aging: Models, methods, and mechanisms* (pp. 3-20.). Boca Raton, FL: CRC Press.

Gothard, K. M., Erickson, C. A., & Amaral, D. G. (2004). How do rhesus monkeys (*Macaca mulatta*) scan faces in a visual paired comparison task? *Animal Cognition*, *7*(1), 25-36.

Guo, K. (2012). Holistic gaze strategy to categorize facial expression of varying intensities. *PLoS ONE*, *7*(8). doi: 10.1371/journal.pone.0042585

Guo, K., Meints, K., Hall, C., Hall, S., & Mills, D. (2009). Left gaze bias in humans, rhesus monkeys and domestic dogs. *Animal Cognition*, *12*(3), 409-418.

Guo, K., Smith, C., Powell, K., & Nicholls, K. (2012). Consistent left gaze bias in processing different facial cues. *Psychological Research*, *76*(3), 263-269.

Guo, K., Tunnicliffe, D., & Roebuck, H. (2010). Human spontaneous gaze patterns in viewing of faces of different species. *Perception, 39*(4), 533-542.

Hancock, P. J., Bruce, V., & Burton, A. M. (2000). Recognition of unfamiliar faces. *Trends in Cognitive Sciences, 4*(9), 330-337.

Hare, B., & Tomasello, M. (2005). Human-like social skills in dogs?. *Trends in Cognitive Sciences, 9*(9), 439-444.

Hecht, J., Miklósi, Á., & Gásci, M. (2012). Behavioral assessment and owner perceptions of behaviors associated with guilt in dogs. *Applied Animal Behaviour Science, 139*(1-2), 134-142.

Helton, W. S., & Helton, N. D. (2010). Physical size matters in the domestic dog's (*Canis lupus familiaris*) ability to use human pointing cues. *Behavioural Processes, 85*(1), 77-79.

Hirata, S., Fuwa, K., Sugama, K., Kusunoki, K., & Fujita, S. (2010). Facial perception of conspecifics: Chimpanzees (*Pan troglodytes*) preferentially attend to proper orientation and open eyes. *Animal Cognition, 13*(5), 679-688.

Horowitz, A. (2009). Disambiguating the "guilty look": Salient prompts to a familiar dog behaviour. *Behavioural Processes, 81*(3), 447-452.

Huber, L., Racca, A., Scaf, B., Virányi, Z., & Range, F. (2013). Discrimination of familiar human faces in dogs (*Canis familiaris*). *Learning and Motivation, 44*(4), 258-269.

Jakovcevic, A., Elgier, A. M., Mustaca, A. E., & Bentosela, M. (2010). Breed differences in dogs' (*Canis familiaris*) gaze to the human face. *Behavioural Processes, 84*(2), 602-607.

Jakovcevic, A., Mustaca, A., & Bentosela, M. (2012). Do more sociable dogs gaze longer to the human face than less sociable ones? *Behavioural Processes, 90*(2), 217-222.

Kaminski, J., & Nitzschner, M. (2013). Do dogs get the point? A review of dog-human communication ability. *Learning and Motivation, 44*(4), 294-302.

Kano, F., & Tomonaga, M. (2009). How chimpanzees look at pictures: A comparative eye-tracking study. *Proceedings of the Royal Society of London B: Biological Sciences, 276*(1664), 1949-1955.

Kano, F., & Tomonaga, M. (2010). Face scanning in chimpanzees and humans: Continuity and discontinuity. *Animal Behaviour, 79*(1), 227-235.

Kanwisher, N., McDermott, J., & Chun, M. M. (1997). The fusiform face area: A module in human extrastriate cortex specialized for face perception. *The Journal of Neuroscience, 17*(11), 4302-4311.

Kendrick, K. M., & Baldwin, B. A. (1987). Cells in temporal cortex of conscious sheep can respond preferentially to the sight of faces. *Science, 236*(4800), 448-450.

Levy, J., Foulsham, T., & Kingstone, A. (2013). Monsters are people too. *Biology Letters, 9*(1), 20120850.

Liu, J., Harris, A., & Kanwisher, N. (2002). Stages of processing in face perception: An MEG study. *Nature Neuroscience, 5*(9), 910-916.

Marzluff, J. M., Miyaoka, R., Minoshima, S., & Cross, D. J. (2012). Brain imaging reveals neuronal circuitry underlying the crow's perception of human faces. *Proceedings of the National Academy of Sciences, 109*(39), 15912-15917.

McGreevy, P., Grassi, T. D., & Harman, A. M. (2004). A strong correlation exists between the distribution of retinal ganglion cells and nose length in the dog. *Brain, Behavior and Evolution, 63*(1), 13-22.

Meints, K., & De Keuster, T. (2009). Brief report: don't kiss a sleeping dog: The first assessment of "the blue dog" bite prevention program. *Journal of Pediatric Psychology, 34*(10), 1084-1090.

Miller, P. E., & Murphy, C. J. (1995). Vision in dogs. *Journal-American Veterinary Medical Association, 207*(12), 1623-1634.

Müller, C. A., Schmitt, K., Barber, A. L. A., & Huber, L. (2015). Dogs can discriminate emotional expressions of human faces. *Current Biology, 25*(5), 601-605.

Nagasawa, M., Murai, K., Mogi, K., & Kikusui, T. (2011). Dogs can discriminate human smiling faces from blank expressions. *Animal Cognition, 14*(4), 525-533.

Ostojić, L., Tkalčić, M., & Clayton, N. S. (2015). Are owners' reports of their dogs "guilty look" influenced by the dogs' action and evidence of the misdeed?. *Behavioural Processes, 111*, 97-100.

Parr, L. A., Waller, B. M., & Fugate, J. (2005). Emotional communication in primates: Implications for neurobiology. *Current Opinion in Neurobiology, 15*(6), 716-720.

Pessoa, L. (2005). To what extent are emotional visual stimuli processed without attention and awareness?. *Current Opinion in Neurobiology, 15*(2), 188-196.

Pitteri E, Mongillo P, Carnier P, Marinelli L, & Huber L. (2014). Part-based and configural processing of owner's face in dogs. *PLoS ONE, 9*(9). doi: 10.1371/journal.pone.0108176

Preuschoft, S., & van Hooff, J. A. R. A. M. (1995). Homologizing primate facial displays: A critical review of methods. *Folia Primatologica, 65*(3), 121-137.

Racca, A. (2011). *Comparative studies of face processing in domestic dogs (Canis familiaris)*. PhD Thesis, University of Lincoln, Lincoln, UK.

Racca, A., Amadei, E., Ligout, S., Guo, K., Meints, K., & Mills, D. (2010). Discrimination of human and dog faces and inversion responses in domestic dogs (Canis familiaris). *Animal Cognition, 13*(3), 525-533.

Racca, A., Guo, K., Meints, K., & Mills, D. S. (2012). Reading faces: Differential lateral gaze bias in processing canine and human facial expressions in dogs and 4-year-old children. *PLoS ONE, 7*(4). doi: 10.1371/journal.pone.0036076

Range, F., Aust, U., Steurer, M., & Huber, L. (2008). Visual categorization of natural stimuli by domestic dogs. *Animal Cognition, 11*(2), 339-347.

Rapaport, D. H., & Stone, J. (1984). The area centralis of the retina in the cat and other mammals: Focal point for function and development of the visual system. *Neuroscience, 11*(2), 289-301.

Robertson, D. J., Noyes, E., Dowsett, A. J., Jenkins, R., & Burton, A. M. (2016). Face recognition by Metropolitan Police super-recognisers. *PLoS ONE, 11*(2). doi: 10.1371/journal.pone.0150036

Sergent, J., Ohta, S., Macdonald, B., & Zuck, E. (1994). Segregated processing of facial identity and emotion in the human brain: A PET study. *Visual Cognition, 1*(2-3), 349-369.

Shepherd, S. V., Deaner, R. O., & Platt, M. L. (2006). Social status gates social attention in monkeys. *Current Biology, 16*(4), R119-R120.

Slaughter, V., Stone, V. E., & Reed, C. (2004). Perception of faces and bodies similar or different?. *Current Directions in Psychological Science, 13*(6), 219-223.

Somppi, S., Törnqvist, H., Hänninen, L., Krause, C. M., & Vainio, O. (2014). How dogs scan familiar and inverted faces: An eye movement study. *Animal Cognition, 17*(3), 793-803.

Tate, A. J., Fischer, H., Leigh, A. E., & Kendrick, K. M. (2006). Behavioural and neurophysiological evidence for face identity and face emotion processing in animals. *Philosophical Transactions of the Royal Society B: Biological Sciences, 361*(1476), 2155-2172.

Törnqvist, H., Kujala, M.V., Somppi, S., Hänninen, L., Pastell, M., Krause, C.M.,... Vainio, O. (2013). Visual event-related potentials of dogs: A non-invasive electroencephalography study. *Animal Cognition, 16*(6), 973-982.

Tsao, D. Y., Freiwald, W. A., Knutsen, T. A., Mandeville, J. B., & Tootell, R. B. (2003). Faces and objects in macaque cerebral cortex. *Nature Neuroscience, 6*(9), 989-995.

van Hooff, J. A. R. A. M. (1972). A comparative approach to the phylogeny of laughter and smiling. In R. A. Hinde, *Non-verbal communication* (pp. 209-241). Oxford: Cambridge University Press.

Waller, B. M., & Dunbar, R. I. M. (2005). Differential behavioural effects of silent bared teeth display and relaxed open mouth display in chimpanzees (*Pan troglodytes*). *Ethology, 111*(2), 129-142.

Waller, B. M., Peirce, K., Caeiro, C. C., Scheider, L., Burrows, A. M., McCune, S., & Kaminski, J. (2013). Paedomorphic facial expressions give dogs a selective advantage. *PLoS ONE, 8*(12). doi: 10.1371/journal.pone.0082686

White, D., Kemp, R. I., Jenkins, R., Matheson, M., & Burton, A. M. (2014). Passport officers' errors in face matching. *PLoS ONE, 9*(8). doi: 10.1371/journal.pone.0103510

Williams, F. J., Mills, D. S., & Guo, K. (2011). Development of a head-mounted, eye-tracking system for dogs. *Journal of Neuroscience Methods, 194*(2), 259-265.

Wilson, P. J. (1991). *The domestication of the human species*. New Haven, CT: Yale University Press.

Wobber, V., Hare, B., Koler-Matznick, J., Wrangham, R., & Tomasello, M. (2009). Breed differences in domestic dogs' (*Canis familiaris*) comprehension of human communicative signals. *Interaction Studies, 10*(2), 206-224.

Young, A. W., Hellawell, D., & Hay, D. C. (2013). Configurational information in face perception. *Perception, 42*(11), 1166-1178.

# 7
# Emoções e cães: percepção, reconhecimento e empatia

*Natalia de Souza Albuquerque*

*Minha cachorra entende o que eu sinto
e me conforta quando estou triste*

## O QUE SÃO EMOÇÕES?

Charles Darwin estabeleceu as bases do estudo sobre a expressão e a percepção das emoções nos animais não humanos com a publicação de sua obra seminal "A expressão das emoções no homem e nos animais", em 1872. Ao longo dos anos, mas especialmente nas últimas décadas, o interesse por esse tema de pesquisa tem aumentado e muitos pesquisadores têm colaborado com o desenvolvimento e aplicação de metodologias eficazes para a investigação tanto da experiência emocional em animais quanto de suas capacidades de percepção e interpretação de informações emocionais.

O assunto "emoções" é complexo e multidisciplinar (envolve pesquisadores da Biologia, Psicologia, Filosofia, Sociologia, Antropologia, entre muitas outras áreas do conhecimento) e existe uma grande discussão em torno de suas definições. No entanto, é consenso que emoções estão diretamente ligadas a como um indivíduo percebe o mundo à sua volta e como ele reage a diversos estímulos. Neste sentido, podemos dizer que emoções consistem em meios de avaliar a experiência (Cole, Martin, & Dennis, 2004).

Percebemos e avaliamos — mesmo que inconscientemente — o mundo a todo instante e a forma de interagir e de reagir a ele pode garantir, inclusive, nossa sobrevivência. Por esse motivo, a Etologia (área da Ciência que estuda o comportamento animal — incluindo de seres humanos — sob uma perspectiva evolucionista) procura entender os fenômenos emocionais quanto à sua função e evolução, além da forma como eles se desenvolvem ao longo da vida dos indivíduos e dos processos e mecanismos envolvidos.

Mudanças morfológicas (e.g. alteração da configuração facial, Figura 1), fisiológicas (e.g. mudanças na frequência cardíaca, temperatura corporal, liberação de hormônios) e comportamentais (e.g. evitar ou se aproximar de algo ou de alguém), além de diversos mecanismos psicológicos (e.g. vieses cognitivos), estão envolvidos tanto na geração quanto na expressão das emoções (de Veld, Riksen-Walraven, de Weerth, 2012). Emoções são particulares a cada indivíduo, ou seja, o que sentimos quando interagimos com o meio físico e social é específico para cada sujeito e essa avaliação afetiva pode variar imensamente até entre animais de características muito similares e que vivem no mesmo contexto. Por exemplo, uma manhã chuvosa pode eliciar respostas emocionais positivas em uma pessoa, porque a faz se lembrar da infância ou, simplesmente, porque ela gosta do barulho da chuva. Por outro lado, essa mesma manhã chuvosa pode eliciar reações emocionais negativas em alguém cujo foco são os transtornos causados pela chuva quando é necessário andar até o trabalho. No entanto, apesar de ser uma experiência subjetiva e individual, a experiência emocional se manifesta por meio de diversos canais e mecanismos e, portanto, possui componentes observáveis e identificáveis que podem ser medidos e estudados (Ekman, 1992). Atualmente, já existe um corpo de evidências que aponta para a relação íntima entre, por exemplo, expressões faciais específicas e emoções específicas, que compõem um repertório de sinais próprios de uma espécie, como é no caso dos seres humanos (Schmidt & Cohn, 2001). Segundo Parr, Winslow, Hopkins e de Waal (2000), no estudo das emoções a ênfase está exatamente nessa relação entre a expressão emocional e o estado emocional subjacente.

*Figura 1. Spook* durante uma interação de brincadeira: expressão de emoção positiva

Emoções têm tanto um papel individual quanto social (Gross, 1998). Elas são extremamente importantes para inúmeras espécies animais, especialmente em sistemas sociais complexos (Parr *et al.*, 2000), uma vez que permitem que um indivíduo obtenha informação sobre as sensações, motivações e intenções dos outros (Schmidt & Cohn, 2001). Essas informações vão possibilitar que os animais não apenas consigam prever os comportamentos dos outros indivíduos, mas também como planejar seus próprios comportamentos futuros. Ao mesmo tempo, ser capaz de ter uma experiência emocional apropriada permite a regulação dos sistemas comportamentais do próprio indivíduo (Bruce & Young, 1986). Portanto, a comunicação emocional confere vantagens biológicas tanto para aquele que vivencia e expressa a emoção quanto para quem recebe a informação transmitida.

## Por que perceber emoções?

Um sistema de comunicação emocional é fruto da evolução de uma rede intrincada de mecanismos de interação social (Schmidt & Cohn, 2001). Emoções, apesar de serem subjetivas, são expressas por meio de diversas modalidades perceptivas, incluindo a visual — com modificações na postura corporal e na expressão facial — e a acústica — com os diferentes tons e tonalidades das vocalizações. Nesse sentido, segundo Campanella e Belin (2007), a percepção de estados emocionais acontece de forma multidimensional, uma vez que emoções podem ser expressas por meio de vários canais sensoriais e em formas variadas dentro de um mesmo canal.

A percepção de emoções desempenha um papel importante na vida social de diversas espécies animais, podendo afetar os laços e os relacionamentos criados e mantidos entre indivíduos (Parr *et al.*, 2000) e pode ser entendida como uma característica adaptativa (Schmidt & Cohn, 2001), uma vez que pode contribuir para o sucesso reprodutivo dos indivíduos. De acordo com Gothard, Erickson, e Amaral (2003), uma avaliação rápida das expressões emocionais associadas à probabilidade de interações afiliativas ou agonísticas pode ser um imperativo para a sobrevivência.

Dentro de todo esse contexto, a capacidade de ler emoções de coespecíficos (i.e., membros da mesma espécie) parece bastante clara. No entanto, em se tratando de cães, ser capaz de reconhecer e responder às expressões e estados emocionais de uma espécie diferente, especialmente seres humanos, pode ser fundamental para interações sociais funcionais. Portanto, entender de que forma esses animais discriminam, processam, reconhecem e respondem a informações emocionais de outros cães assim como de pessoas é de especial importância, principalmente pelo seu contato próximo e constante com seres humanos e pelas evidências do desenvolvimento de mecanismos específicos para facilitar essas interações ao longo dos milhares de anos de domesticação (e.g. Nagasawa *et al.*, 2015).

A relação interespecífica entre cães e seres humanos parece ser única no reino animal e isso pode explicar alguns dos benefícios relacionados à saúde associados à relação cão-humano, que é de grande importância social e econômica (Mills & Hall, 2014; Savalli & Ades, 2016). É possível que isso aconteça porque, além de utilizarem informações sociais provindas de gestos comunicativos para ajustar seu comportamento, cães são especialmente sensíveis às pistas emocionais das pessoas. Partindo de uma perspectiva evolucionista, é possível que os ancestrais caninos capazes de ler faces, posturas corporais e vocalizações e de reagir apropriadamente tenham garantido sua sobrevivência no ambiente humano e tido sucesso reprodutivo. Dessa maneira, esses comportamentos devem ter sido selecionados, resultando na manutenção e no desenvolvimento dessas características ao longo das gerações, uma vez que fornecem vantagens biológicas substanciais.

A capacidade de ler emoções pode ser uma ferramenta social muito importante, uma vez que pode trazer consequências positivas mútuas tanto para o sinalizador quanto para o receptor. Sendo as expressões emocionais sinais visíveis das intenções e motivações de um indivíduo, elas se tornam uma variável crítica nas interações sociais. Expressões faciais, por exemplo, são sociais porque são produzidas com grande frequência e intensidade em situações sociais e podem ser diretamente relacionadas a consequências interativas (Fridlund, 1997). Existem evidências que sugerem que algumas expressões faciais funcionam para aumentar a cooperação e a afiliação durante as interações. Por outro lado, as expressões faciais também ocorrem em um grande número de contextos sociais negativos e a complexa relação entre contexto social e interesses compartilhados ou conflitantes sugere que expressões emocionais podem ter funções múltiplas (Schmidt & Cohn, 2001).

A exibição de uma única expressão facial pode não trazer grandes benefícios ou custos diretos. É, no entanto, a sinalização repetida das emoções que provavelmente contribui de forma importante para o sucesso das interações e, consequentemente, dos sujeitos nelas envolvidos (Schmidt & Cohn, 2001). Nesse sentido, o reconhecimento das expressões emocionais tem um papel importante, já que permite a avaliação do estado emocional de diferentes animais em diferentes situações, podendo afetar as relações estabelecidas entres eles e, potencialmente, se tornando essencial para o estabelecimento e manutenção de laços sociais e relacionamentos (e.g. competição, manutenção de posições hierárquicas, cooperação).

A capacidade de perceber as emoções do outro pode conferir uma série de vantagens biológicas, como evitar conflitos e danos, acessar fontes de alimento e administrar relações sociais. De acordo com Racca, Guo, Meints e Mills (2012), apesar dos mecanismos de obtenção de informação emocional terem sido desenvolvidos em uma esfera intraespecífica, um processamento acurado das expressões faciais de um indivíduo pode ser muito vantajoso também em relacionamentos interespecíficos, como é o caso do cão doméstico e do ser humano.

## CÃES SÃO SENSÍVEIS À INFORMAÇÃO EMOCIONAL

Apesar de termos um já robusto e crescente corpo de evidências da sensibilidade dos cães às expressões emocionais, essa área de estudo é bastante recente. Na verdade, o primeiro estudo a olhar mais de perto a habilidade de cães de perceberem dicas humanas mais sutis com conteúdo afetivo foi realizado em 2005, quando Vás, Tópal, Gácsi, Miklósi e Csányi, utilizando uma metodologia naturalística, analisaram o comportamento de cães em resposta a dois tipos de aproximação de uma pessoa desconhecida: amigável (experimentadora se aproximava do sujeito normalmente, com velocidade constante, sempre falando e, ao final, procurava contato físico com o animal) e ameaçadora (experimentadora se aproximava com a postura curvada, velocidade inconstante e maneira hesitante) — nas duas condições, o experimentador mantinha a face neutra e olhava para o cão. Apesar das diferenças serem muito sutis, as respostas dos sujeitos foram apropriadas às diferentes condições, mostrando que eles são sensíveis a esse tipo de pistas de pessoas.

Alguns outros estudos também utilizaram situações mais naturalísticas para avaliar a responsividade dos cães a diferentes expressões emocionais. Por exemplo, em situações em que cães observam uma pessoa olhando para duas caixas de conteúdo desconhecido e reagindo de maneira emocional (felicidade ou nojo) ou de forma neutra para cada uma, os cães tendem a escolher mais a caixa que gera felicidade do que a caixa que gera nojo (Buttelmann & Tomasello, 2013). Ou na tarefa da escolha entre dois potes (ver Capítulo 2 para mais detalhes sobre esse paradigma experimental), em que a demonstração do gesto de apontar para o pote com comida é pareada com uma demonstração emocional (facial e vocal) positiva ou negativa (Flom & Gartman, 2016). Apesar da expressão emocional positiva não melhorar o resultado dos cães na tarefa, o pareamento do gesto de apontar com a expressão negativa faz com que os sujeitos demorem mais tempo para explorar e se aproximar do pote que contém o alimento, o que indica que esses animais são sensíveis aos *displays* emocionais de outros indivíduos.

## COMO OS CÃES PROCESSAM A INFORMAÇÃO EMOCIONAL?

Cães são capazes de perceber informação emocional. Inclusive, há evidências muito recentes de regiões específicas no cérebro dos cães que, similarmente ao que acontece em humanos, são ativadas para o processamento de informação emocional, como a contida na nossa fala (Andics, Gácsi, Faragó, Kis, & Miklósi, 2014; Andics *et al.*, 2016). No entanto, a maioria dos estudos que investigou o envolvimento do cérebro no processamento emocional focou em uma questão de alta relevância ecológica tanto em vertebrados quanto em invertebrados (Siniscalchi, Sasso, Pepe, Vallortigara, & Quaranta, 2010): a lateralização funcional do cérebro; ou o engajamento diferencial do hemisfério direito e esquerdo em diversas atividades.

A lateralidade cerebral pode ser observada no processamento de estímulos de diferentes níveis de complexidade e sutileza. Por exemplo, o processamento visual de expressões emocionais em humanos envolve lateralização cerebral. Espécies com dois olhos na frente da cabeça usam a visão binocular contínua, em que cada campo visual é controlado pelo hemisfério cerebral contralateral, ou seja, o campo visual esquerdo é controlado pelo hemisfério cerebral direito e vice-versa. A preferência por um campo visual pode ser observada por meio do comportamento de olhar e está associada com o engajamento do hemisfério oposto (e.g. Racca *et al.*, 2012). Atualmente, existem dois modelos que tentam explicar esse engajamento cerebral assimétrico no processamento da informação afetiva: (i) o modelo do hemisfério direito (Borod, Koff, & Caron, 1983), que postula que o campo visual esquerdo é favorecido por ser controlado pelo hemisfério cerebral direito, que estaria responsável pelo processamento de todas as informações emocionais, independentemente da valência e (ii) o modelo de valência (Ehrlichman, 1987), que sugere que a preferência por um campo visual ou outro depende da valência da emoção, sendo o hemisfério esquerdo responsável pelo processamento de emoções de valência positiva e o hemisfério direito responsável pelo processamento de emoções de valência negativa.

Com a intenção de investigar essas questões em cães domésticos, Siniscalchi, Quaranta e Rogers (2008), por exemplo, trouxeram evidências de uso diferencial dos hemisférios cerebrais para o processamento de sons que eliciam diferentes respostas emocionais (e.g. trovões e vocalizações), utilizando um aparato em que no meio havia um pote de comida e os sons saiam das laterais. Os autores observaram um uso mais frequente do hemisfério esquerdo para as vocalizações (i.e., cães viravam a cabeça em direção ao alto-falante posicionado à sua direita) e do hemisfério direito para o som de trovões. No entanto, quando as vocalizações de coespecíficos eram de caráter negativo, como de medo, o hemisfério direito passava a ser o mais utilizado para o processamento.

Em 2010, esse grupo de pesquisadores utilizou três grupos de estímulos agora visuais (silhuetas de cão, gato e cobra) para avaliar o engajamento dos hemisférios cerebrais nos cães. Com o mesmo aparato, testaram os cães com a apresentação simultânea de duas silhuetas do mesmo animal por vez (uma do lado esquerdo do cão e outra do lado direito). Os sujeitos viraram a cabeça preferencialmente para o lado esquerdo em resposta à imagem da silhueta do gato e da cobra, enquanto para a silhueta do cão não houve viés de movimento de cabeça. Isso indica uma especialização do hemisfério direito do cérebro em relação a emoções intensas, como agressão, comportamento de fuga e medo, como já visto em outras espécies. Além disso, quando os estímulos foram apresentados um de cada vez (de um lado ou do outro) houve uma diferença entre as respostas para os estímulos: os cães reagiram mais rapidamente e demoraram mais a voltar a comer quando as imagens eram de gato e cobra, o que sugere que, de forma geral, o conteúdo dos estímulos foi percebido de maneira diferente (gato/cobra *vs.* cão) e demonstra uma responsividade diferencial dependente da imagem a que estavam sendo expostos.

Guo, Meints, Hall, Hall e Mills (2009), da Universidade de Lincoln (Reino Unido), defendem a ideia de que uma lateralização funcional do cérebro na percepção não é um atributo unicamente humano, mas existe em outras espécies de animais não humanos, e que pode ter sido moldada pela pressão seletiva de viver em ambientes sociais complexos e em que há intensa comunicação social, tendo assim um significado adaptativo. Guo *et al.* (2009) mostraram que cães apresentam um viés de olhar para esquerda para inspecionar uma face humana neutra, ou seja, olham primeiro para o lado direito da face da pessoa. Esse mesmo viés, que é observado comumente em pessoas (Guo, Tunnicliffe, & Roebuck, 2010; Guo, Smith, Powell, & Nicholls, 2012), é conhecido como a tendência de olhar para a esquerda, definida pela alta probabilidade da primeira olhada ser para o lado esquerdo — em direção à hemi-face (i.e., metade do rosto, a partir de um corte anatômico mediano) direita do observado — e alta proporção do tempo de observação direcionado para esta hemi-face quando ativamente explorando faces (Butler *et al.*, 2005). Esta tendência de olhar para a esquerda é um viés cognitivo conhecido como *Left Gaze Bias*, ou LGB, em inglês (discutido no capítulo anterior).

Os autores descobriram que macacos *Rhesus* criados em laboratório mostraram o LGB para todas as faces (humanas, de macacos e de cães; mesmo padrão visto em pessoas), mas que cães apenas apresentaram este padrão para faces de pessoas (não para outros cães, macacos ou objetos). Ou seja, para os cães existe uma especialização ao olhar para a face humana. Parece provável que a informação afetiva e semântica contida nas faces com significado comportamental adaptativo para os cães seja a maior determinante da tendência de olhar para a esquerda, que está ativamente envolvida no processamento de informações relevantes a partir de dicas faciais. De acordo com os autores, o LGB direciona atenção do cão para a hemi-face direita do tutor e isso pode ajudar o observador a detectar e reconhecer informações biologicamente importantes mais rapidamente e de forma mais precisa nesses estímulos. Ademais, acreditam que cães domésticos tenham uma tendência biológica de apresentar esse viés e que essa tendência se desenvolva ao longo da vida, em contato íntimo com pessoas.

Como o estudo de Guo *et al.* (2009) avaliou a reação dos cães somente diante de faces neutras, (i.e., sem conteúdo emocional), para dar continuidade a esse estudo, Racca e colaboradores (2012) investigaram essa mesma lateralização cerebral, mas agora no processamento de faces com conteúdo emocional. O objetivo central foi o de avaliar a sensibilidade de cães domésticos às expressões faciais de outros cães e de seres humanos e a presença do LGB no processamento desse tipo de estímulo. Para tal, utilizaram três tipos de expressões faciais (positiva ou amigável, neutra e negativa ou ameaçadora) das duas espécies. Observaram que os cães apresentavam um processamento diferencial dependente da valência de cada imagem. Os cães, em relação a fotos de outros cães, apresentaram um viés para esquerda (LGB) enquanto olhando uma expressão facial negativa e um viés de olhar para direita enquanto observando expressões faciais positivas, mas não apresentaram nenhum viés para faces neutras, confirmando, neste último caso, o resultado encontrado por Guo *et al.* (2009). Quando olhando para faces humanas, os cães apresentaram variações no padrão de olhar menos claras, tendo sido observado viés de olhar para esquerda (LGB) para expressões não positivas (negativas e neutras) e nenhum viés para as faces amigáveis. Esses resultados, portanto, são evidência de um engajamento cerebral diferencial nesses animais, que é dependente tanto da valência quanto da espécie observada. Além disso, os autores sugerem que os cães poderiam estar interpretando as faces humanas neutras como potencialmente negativas.

Recentemente, querendo investigar mais a fundo essas questões de processamento visual da face com conteúdo emocional, Somppi e colaboradores (2016) utilizaram a metodologia de rastreamento de olhar (em inglês, *eye-tracking*) para avaliar como cães olham para expressões faciais caninas e humanas positivas (agradáveis), negativas (ameaçadoras) e neutras (Figura 2). O grupo testou cerca de 30 cães domésticos e encontrou que a percepção das expressões faciais acontece pela exploração visual da combinação das regiões dos olhos, focinho e boca. Além disso, encontraram que sinais ameaçadores carregam informações biológicas diferentes dependendo da espécie, uma vez que os sujeitos olharam significativamente por mais tempo para as faces ameaçadoras de coespecíficos (i.e., outros cães), mas demonstraram uma reação de evitação (olharam significativamente menos) para as faces ameaçadoras humanas, especialmente em comparação com as de valência positiva.

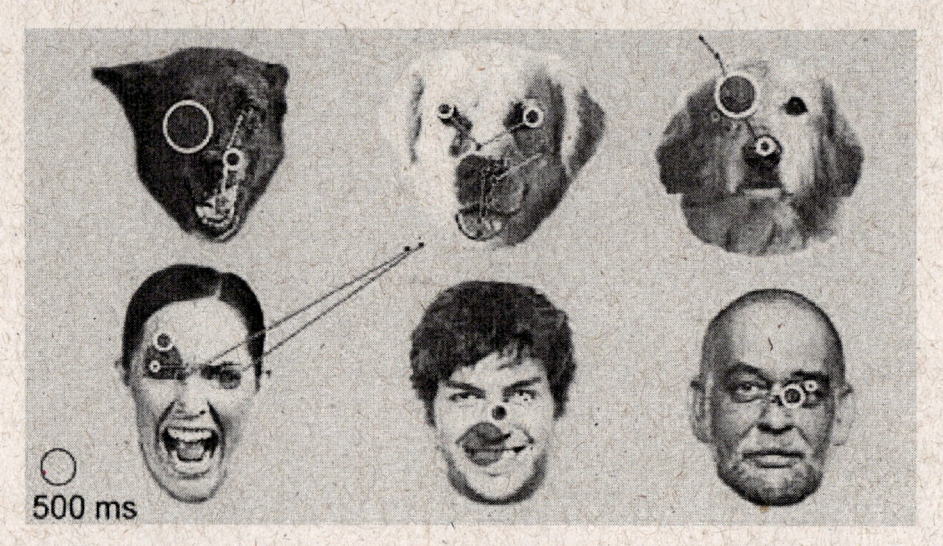

*Figura 2.* Exemplo de estímulos utilizados por Somppi *et al.* (2016): expressões faciais ameaçadoras (esquerda), amigáveis (centro) e neutras (direita) de cães e pessoas.

No entanto, a lateralidade cerebral no processamento de estímulos não se limita apenas ao processamento de faces e ao movimento dos olhos. Por exemplo, em 2007, Quaranta, Siniscalchi e Vallortigara estudaram o balançar de cauda de cães domésticos frente a diferentes estímulos de duas classes. A cauda é um instrumento muito importante na comunicação intraespecífica em canídeos e seus movimentos podem variar marcadamente, dependendo do contexto em que estão inseridos (e.g. Fox & Bekoff, 1975). Por isso, utilizaram estímulos potencialmente negativos (cão dominante e gato) e positivos (o tutor). Observaram que os cães apresentam maior amplitude do balançar de cauda para o lado direito (controlado pelo hemisfério esquerdo do cérebro) quando o estímulo provocava respostas de aproximação (i.e., tutor) e maior amplitude do balançar de cauda para o lado esquerdo (controlado pelo hemisfério direito do cérebro) quando o estímulo provocava uma resposta de recuo ou evitação (e.g. cão dominante), resultados que convergem com as outras evidências de engajamento cerebral diferencial no processamento de informação emocional.

Partindo desses achados de que há assimetria bilateral da amplitude do balançar de cauda em cães domésticos, Siniscalchi, McFarlane, Kauter, Quaranta e Rogers (2013) queriam entender se esse comportamento diferencial era, além de uma resposta emocional a diferentes tipos de estímulos, também um sinal visual para outros cães. Para investigar essa questão, os autores apresentaram a um grupo de cães dois tipos de estímulos visuais: 1) vídeos curtos de boa definição com um cão balançando o rabo mais para a esquerda (em resposta a estímulos que eliciam evitação), mais para direita (em resposta a estímulos que eliciam aproximação) ou no centro; e 2) vídeos que continham os mesmos padrões de balançar de rabo, mas com a imagem do cão borrada (i.e., apenas a silhueta) para controlar possíveis pistas transmitidas pelo rosto ou outras partes do corpo. Os pesquisadores, então, observaram o comportamento dos cães em resposta a esses vídeos, dividindo-os em comportamentos relaxados/neutros, de estresse/ansiedade e de alerta, além de registrarem a frequência cardíaca durante as apresentações. Os cães mostraram maior atividade cardíaca e se comportaram de maneira mais estressada/ansiosa, mais alerta e menos relaxada quando estavam observando os vídeos dos cães balançando o rabo mais para a esquerda, especialmente em comparação com as imagens de cães balançando o rabo mais para a direita. Esses achados sugerem que existe uma ligação entre a assimetria cerebral, comportamentos e interações sociais, sugerindo que os diferentes padrões de balançar de cauda podem ter também uma função na comunicação visual de informação afetiva, pelo menos no contexto intraespecífico.

Outro aspecto bastante relevante quando pensamos sobre a ecologia dos cães, o processamento de informações olfativas, também foi sujeito de estudo quanto à percepção de informação potencialmente emocional. Siniscalchi e colaboradores, em 2011, continuaram as investigações de lateralidade no processamento de informação emocional, mas, agora, no olfato de cães. Estudaram a utilização da narina direita e da narina esquerda em sujeitos que espontaneamente se aproximavam e cheiravam diferentes estímulos olfativos com conteúdo emocional distintos (comida, limão, secreção vaginal de fêmeas, adrenalina, suor do veterinário do cão). Quando cheiravam estímulos novos e não aversivos, os cães apresentaram uma preferência inicial pelo uso da narina direita, seguida por mudança para a narina esquerda. Quando cheiravam estímulos que causam excitação, como a adrenalina e o suor do veterinário (caráter negativo por estar associado a práticas desconfortáveis), os sujeitos mostraram uma preferência consistente pelo uso da narina direita, i.e., preferiram explorar o estímulo com esta narina — sem troca para a narina esquerda — ao longo da exposição. Ao contrário do que foi discutido anteriormente com relação a vieses de processamento visual e acústico, de acordo com Royet e Plailly (2004), o sistema olfativo de mamíferos é controlado pelo cérebro de maneira ipsilateral, ou seja, o hemisfério esquerdo do cérebro estaria responsável pela informação recebida pela narina esquerda e o hemisfério direito pelo controle do lado direito do bulbo olfativo. Isso sugere, primeiramente, que o hemisfério cerebral direito estaria envolvido no processamento de estímulos olfativos novos; quando o estímulo passa a ser conhecido o hemisfério esquerdo assume o controle do processamento. Além disso, o hemisfério direito parece também estar relacionado com um processamento mais refinado de estímulos olfativos, o que é necessário para estímulos de importância biológica, como os de caráter negativo.

## CÃES DISCRIMINAM EXPRESSÕES EMOCIONAIS

Cães e pessoas fazem parte de um contexto social único, em que é interessante para ambas as partes ler pistas do outro. As emoções desempenham um papel importante nesse sentido e um primeiro passo para testar se cães possuem as bases para reconhecer emoções é verificar se são capazes de discriminar expressões faciais diferentes. Para verificar a discriminação de dois ou mais estímulos por um animal é possível utilizar algumas variantes de procedimentos básicos, entre eles uma tarefa clássica de discriminação operante, em que se recompensa o animal sempre que ele escolher um de dois ou mais estímulos.

Em 2011, Nagasawa, Murai, Mogi e Kikusui (2011) investigaram se cães eram capazes de aprender a discriminar entre uma face humana neutra e uma face humana sorridente. Inicialmente, os sujeitos foram treinados com uma imagem sorridente: sempre que tocavam a imagem recebiam um petisco. Na fase de testes, as faces sorridentes foram pareadas com faces da mesma pessoa com expressão neutra. Os pesquisadores encontraram que, durante os testes, os cães escolhiam significativamente mais a face sorridente do que a face neutra, sugerindo que esses animais foram capazes de discriminar as duas, apesar das diferenças serem bastante sutis — se os cães tivessem percebido as duas expressões como a mesma, i.e., não tivessem discriminado entre elas, a escolha por uma ou por outra teria sido aleatória. Além disso, os cães que participaram desse estudo também conseguiriam generalizar as expressões sorridentes nas faces de pessoas desconhecidas mas do mesmo gênero de seu tutor. Mais adiante, os pesquisadores também tentaram testar a capacidade discriminativa adicionando faces com expressão de raiva. No entanto, para a discriminação de faces raivosas, os resultados não foram acima do acaso. Isso se deu, possivelmente, porque na fase de treino os cães aprenderam a escolher a face sorridente, não a evitar a face neutra e, por isso, é possível que ao serem expostos a uma face neutra pareada a uma face raivosa, os cães tenham perdido a contingência da tarefa.

Apesar de serem resultados importantes, principalmente por se tratar do primeiro estudo desse tipo em cães, os autores enfrentaram algumas dificuldades metodológicas. Para resolver essa questão, Müller, Schmitt, Barber e Huber, em 2015, utilizaram um método mais refinado e cuidadoso para avaliar a capacidade de discriminação de expressões faciais humanas positivas e negativas em cães domésticos. Os sujeitos inicialmente aprenderam a discriminar entre uma foto com expressão facial positiva (sorridente) e uma expressão negativa (raivosa), tendo sido, nessa fase inicial divididos entre grupo "positivo", reforçados ao escolher expressão de alegria, e grupo "negativo", reforçados ao escolher expressão de raiva. A escolha consistia no movimento de encostar na imagem em questão em uma tela sensível ao toque que apresentava duas imagens pareadas, uma de cada valência — uma escolha correta significava ganhar um petisco. Os cães também foram divididos em dois grupos: um foi treinado com apenas a metade de cima das fotos e o outro com apenas a metade de baixo das fotos. Em sequência, os cães foram apresentados a quatro possíveis testes discriminatórios: (i) pares de fotos com a mesma metade com a qual haviam sido treinados, mas de pessoas novas; (ii) a outra metade (complementar) das faces com as quais haviam sido treinados; (iii) a outra metade de faces novas; (iv) a lateral (metade) esquerda das faces usadas durante o treino. O primeiro resultado interessante é que os cães que foram recompensados ao tocarem as faces positivas durante os treinos demoraram menos tempo para aprender as regras de discriminação do que os cães que foram recompensados e, portanto, treinados com as faces negativas. Apesar disso, no geral, os cães tiveram um desempenho na tarefa acima do acaso em todos os quatro conjuntos de testes, o que quer dizer que foram capazes de transferir as contingências que haviam aprendido (possivelmente ao longo da vida e reforçadas durante o treino) para novos estímulos correspondentes (metades complementares das faces familiares e de outras pessoas).

## SÃO CÃES CAPAZES DE REALMENTE RECONHECER AS EMOÇÕES?

Animais são seres equipados de múltiplos canais sensoriais (e.g. visão, audição, olfato) por meio dos quais interagem com o ambiente e cada sentido fornece informações qualitativas sobre o mundo. Apesar de muitos estímulos não possuírem contrapartes equivalentes em um e outro canal perceptivo, animais são capazes de integrar informações entre canais e manter uma percepção coerente e unificada do que está à sua volta (Parr, 2004). Essas capacidades conferem vantagens comportamentais importantes (Calvert, 2001).

De acordo com Adachi, Kuwahata e Fujita (2007), ser capaz de integrar essas informações multimodais de um objeto ou um indivíduo implica que um sujeito gera uma imagem mental quando escuta um som ou uma vocalização, por exemplo. Isto significa que o conceito que nós temos sobre cães, por exemplo, contém informações visuais, acústicas, olfativas, etc. Quando ouvimos um latido, pensamos em cores, em texturas, em cheiros, entre outras características dessas e de outras modalidades perceptuais.

A maioria das interações sociais em humanos envolve combinar informações de face e voz de outros indivíduos e este pode ser o caso para outros animais sociais. Explorar redundâncias entre essas diferentes informações do mesmo estímulo aumenta a fidedignidade do processo de reconhecimento (Campanella & Belin, 2007). Estudos sobre a percepção acústico-visual demonstraram que informações combinadas extraídas da face e da voz possibilitam um reconhecimento mais rápido e mais robusto em comparação a situações que envolvem somente pistas unimodais (Martinez & Matsuzawa, 2009).

A habilidade de processar informação audiovisual deve desempenhar um papel importante nas interações sociais e na manutenção da coesão do grupo, uma vez que ajuda no reconhecimento dos indivíduos e de seus estados emocionais (Martinez & Matsuzawa, 2009). Pesquisas com seres humanos demonstram que a integração de informações emocionais entre modalidades perceptuais é um processo complexo que, inclusive, não pode ser relacionado com um único evento neural acontecendo em uma única região do cérebro. Pelo contrário, envolve uma rede interativa, na qual a atividade é distribuída no tempo e no espaço (Campanella & Belin, 2007).

Dessa maneira, pode-se dizer que reconhecimento real requer não somente a discriminação entre pistas, mas a integração da informação de diferentes canais. Isso significa que um indivíduo precisa ter experiência com o estímulo — e uma representação cognitiva deve ter sido gerada e armazenada na memória — para que, no processo de discriminação, esse indivíduo possa comparar as informações obtidas do estímulo com essa representação que ele construiu com base nas experiências anteriores. Portanto, quando se trata de emoções, um fator essencial é o grau de exposição e interação com aquele tipo de estímulo.

O processamento discriminativo pode acontecer em diferentes níveis perceptuais e envolve diferentes tipos de informação. Por exemplo, animais podem aprender a discriminar estímulos visuais usando características físicas de imagens sem necessariamente reconhecer os objetos representados nas figuras (Adachi & Fujita, 2007). Um bom exemplo prático seria saber que visualmente uma colher e um garfo são diferentes, mas não saber o que é o garfo, o que é a colher, para que servem, etc. Devido a este aspecto, o reconhecimento poderia ser definido como a associação de pistas múltiplas dentre e entre modalidades sensoriais (Kondo, Izawa, & Watanabe, 2012). Além disso, dizer que um animal é capaz de reconhecimento verdadeiro significa que mais do que perceber os estímulos em um domínio, o cérebro pode integrar as informações em uma representação cognitiva independente de modalidade (Proops, McComb, & Reby, 2009).

Como trabalhado anteriormente neste capítulo, cães são sensíveis a pistas emocionais, respondendo de formas distintas a diferentes estímulos emocionais e sendo capazes de discriminar expressões emocionais de diferentes valências. Mas, são cães capazes de reconhecer expressões emocionais? Para responder a esta pergunta, Albuquerque e colaboradores (2016) analisaram uma amostra de cães domésticos em um paradigma de preferência de olhar (Figura 3). Nesse paradigma, os sujeitos, um de cada vez, ficavam sentados em frente a duas telas nas quais eram projetadas expressões faciais de humanos ou de cães: em uma delas a imagem de uma face positiva (feliz/de brincadeira), na outra uma face negativa (de raiva/agressiva), sempre do mesmo indivíduo. Ao mesmo tempo em que as imagens eram apresentadas, tocava um som, que podia ser uma vocalização positiva ou negativa daquele indivíduo-estímulo ou um som neutro (ruído), como controle. Foram utilizados modelos masculinos e femininos, tanto para humanos quanto para cães, todos de indivíduos desconhecidos para os sujeitos. As fotos foram apresentadas em tamanho real e em escala de cinza. Para os estímulos caninos, as vocalizações consistiram em latidos de brincadeira ou de agressividade; e para os estímulos humanos, era uma mesma frase dita em tons diferentes, de alegria ou de raiva. Para garantir que nenhum dos cães tivesse qualquer experiência prévia com as palavras utilizadas, o que poderia enviesar os resultados, a frase era dita em uma língua desconhecida para os cães (no caso, português brasileiro para sujeitos ingleses).

*Figura 3.* Desenho do paradigma utilizado por Albuquerque *et al.* (2016).

Cada ensaio consistia na apresentação, durante cinco segundos, da combinação de estímulos (par de imagens + som). Nesse paradigma, durante os testes, sempre havia uma expressão facial que era congruente ao som e uma que era incongruente. Importante ressaltar que os sujeitos não passaram por nenhum treino e também não foi utilizada nenhuma fase de familiarização, isto é, a resposta dos cães frente aos estímulos foi espontânea. Além disso, os sujeitos eram livres para olhar para onde quisessem, mesmo que para fora das telas. O movimento dos olhos e da cabeça dos cães foi registrado e analisou-se o tempo que eles passavam olhando para cada uma das telas.

Os cães testados passaram mais tempo olhando para a imagem positiva quando ouviam o som positivo, mais tempo olhando para a imagem negativa quando ouviam a vocalização negativa e olharam aleatoriamente para as telas quando o som era neutro, o que significa que eles associaram os estímulos congruentes entre as modalidades sensoriais. Nessa situação de discriminação, a correspondência entre voz e face está no conteúdo emocional, portanto, os cães foram capazes de obter o conteúdo emocional das faces e das vozes e integrá-los em um percepto coerente: ao escutar o som, uma representação cognitiva daquela emoção foi ativada, a informação que os cães estavam recebendo naquele momento foi comparada com a informação previamente armazenada e, assim, eles foram capazes de escolher apropriadamente a tela correspondente. Essa resposta, que foi significativa para estímulos caninos e humanos, femininos e masculinos, positivos e negativos e para imagens apresentadas do lado esquerdo e do lado direito, é uma evidência da capacidade de reconhecimento de expressões emocionais.

Apesar de os cães terem integrado imagem e som significativamente tanto para estímulos de outros cães quanto para estímulos de pessoas, eles o fizeram de maneira ainda mais consistente quando processando a informação emocional provinda de coespecíficos. Esse efeito de espécie sugere que a habilidade de categorizar expressões emocionais, pelo menos positivas *vs.*

negativas, possa ser uma capacidade que já existia nos ancestrais dos cães (do tipo lobo) para possibilitar a manutenção das relações sociais entre membros de um mesmo grupo e que, ao longo do processo da domesticação, pode ter sido selecionada e desenvolvida para facilitar a relação cão-humano.

A habilidade de reconhecer emoções de animais da mesma espécie era conhecida apenas entre primatas humanos e não humanos (chimpanzés e macacos Rhesus) e a habilidade de reconhecimento emocional de animais de espécies diferentes (heteroespecíficos) era considerada exclusiva para seres humanos. Os achados de Albuquerque e colaboradores (2016) com cães domésticos mostram que cães são capazes de categorizar informações emocionais provindas de faces e de vocalizações e apontam para processamentos cognitivos complexos e bastante semelhantes aos nossos.

## São cães seres empáticos?

Cães são capazes de perceber, discriminar e reconhecer expressões emocionais tanto de outros cães quanto de seres humanos, como vimos anteriormente. No entanto, ainda pouco se sabe sobre a capacidade desses animais de compartilhar estados emocionais com outros indivíduos e de realmente vivenciar as experiências afetivas dos outros, ou seja, se eles são empáticos.

A empatia pode ser vista de duas maneiras: uma habilidade de reconhecer e compartilhar as emoções dos outros ou uma forma de acessar a mente de um outro indivíduo, tomando a perspectiva emocional daquele. No entanto, independentemente da visão tomada, antes de pensar na empatia como uma capacidade tão complexa e possivelmente distante, faz sentido trabalhá-la a partir de seus processos e mecanismos mais fundamentais.

Uma das formas básicas de empatia é o contágio emocional. Por definição, ocorre contágio emocional quando um indivíduo é afetado pela expressão emocional ou estado emocional de outro, isto é, quando um animal vivencia a experiência emocional do outro, mesmo que sem envolvimento de processamentos cognitivos de mais alto nível (de Waal, 2008). Uma resposta comportamental mensurável que está relacionada ao contágio emocional é a *facial mimicry* (mimetismo facial) (Nakahashi & Ohtsuki, 2015), ou seja, uma resposta autonômica e involuntária que resulta no "espelhamento" da expressão facial do indivíduo sendo observado. Esse conceito é bastante estudado em primatas, especialmente em humanos e macacos, mas já há evidências de que cães também possuam essa habilidade. Cães que foram observados em situações interacionais de brincadeira com outros cães (Figura 4) apresentaram não apenas *facial mimicry*, mas também um mimetismo corporal, tendo os cães exibido respostas de espelhamento rápidas (menos de um segundo) depois de terem visto o *play bow* (a posição de iniciação de brincadeira que cães fazem, levantando a parte de trás do corpo e mantendo a parte dianteira no chão) ou depois de terem visto cães com a boca aberta de forma relaxada (Palagi, Nicotra, & Cordoni, 2015). Ainda mais interessante, esse "espelhamento" apareceu significativamente mais quando havia maior grau de familiaridade entre os indivíduos participantes da brincadeira e as situações de brincadeira em que essas respostas rápidas foram observadas duraram mais tempo, ressaltando a importância desses mecanismos para a manutenção das interações sociais.

*Figura 4.* Exemplo de interação intraespecífica de brincadeira.

Mais recentemente, em 2016, Quervel-Chaumette, Faerber, Faragó, Marshall-Pescini e Range tocaram vocalizações de coespecíficos gravadas em situações estressantes para cães e observaram possíveis respostas empáticas nesses animais. Tutores de cães foram recrutados e levaram dois cães para participarem do experimento; um dos cães foi aleatoriamente selecionado para participar dos testes (o cão sujeito) e o outro para ser o cão "em situação de aflição", do qual as vocalizações de "choro" (ganidos), foram gravadas. Inicialmente, os dois cães foram separados e o cão sujeito permanecia na sala experimental, enquanto o outro era colocado em outro ambiente. O estudo foi dividido em duas partes: (i) *playback* — o cão sozinho na sala ouvia o "choro" do cão familiar, de um cão desconhecido ou um som neutro; e (ii) fase de reunião — o outro cão (familiar) retornava à sala e encontrava o cão sujeito. O comportamento dos cães foi avaliado durante a exposição ao choro e no momento do reencontro com seu parceiro canino. Em comparação com o som neutro, os sujeitos mostraram mais sinais de alerta e comportamentos de estresse enquanto ouviam as vocalizações negativas, assim como mostraram mais comportamentos de oferecimento de conforto no retorno do parceiro após a exposição aos choros. Além disso, o choro dos cães familiares teve ainda mais efeito: os sujeitos ofereceram mais comportamentos de conforto após ouvirem a vocalização dos cães familiares em comparação com o de cães não familiares e seus níveis de cortisol permaneceram elevados por mais tempo após ouvirem seu parceiro chorando.

No entanto, as respostas empáticas dos cães não se limitam às relações intraespecíficas. Por exemplo, quando apresentados a sons de bebês chorando, de forma semelhante ao que acontece em seres humanos, os níveis de cortisol de cães aumentam significativamente. Ademais, o choro dos bebês também faz com que cães passem a se comportar de maneira diferente, em uma mistura interessante de submissão e alerta (Yong e Ruffman, 2015).

Um indicador de empatia pode ser o comportamento de ajudar e/ou de oferecer conforto a alguém em resposta a um *display* de perturbação.

Em 2012, Custance e Mayer, interessados nisso, dentro das peculiaridades da relação interespecífica entre cães e seres humanos (duas espécies ao mesmo tempo distantes e próximas, como discutido no Capítulo 1), estudaram a resposta desses animais a sinais de sofrimento de pessoas. O experimento foi conduzido na casa do animal com uma experimentadora e o/a tutor/a sentados na presença do cão. As interações podiam ocorrer de três maneiras: com conversa, com murmúrio ou com choro. Nas condições experimentais, uma das pessoas agia conforme uma dessas possibilidades e o comportamento dos cães era observado. Os cães se comportaram de maneira consistente ao que se é esperado em uma resposta empática com oferecimento de ajuda ao outro: os sujeitos responderam à pessoa chorando de uma maneira significativamente diferente quando comparado com as respostas de falar e murmurar, independentemente da pessoa ser seu tutor ou um estranho. Os cães olharam mais, se aproximaram e tocaram mais na pessoa na condição do choro do que nas outras. Além disso, o tipo de aproximação aconteceu de forma diferente: a maioria dos cães se aproximou da pessoa chorando de uma maneira submissa, em vez de tomarem uma postura de brincadeira, calma ou de alerta, como nas outras situações. O fato de os cães terem diferenciado sua resposta entre o choro e o murmúrio significa que eles não estavam simplesmente sendo conduzidos pela curiosidade. Quanto a isso, é interessante apontar que os cães olharam mais para a pessoa que estava murmurando do que quando simplesmente falava, o que indica que diferenciaram também essas duas condições, mas que atribuíram diferentes valores a elas — possivelmente houve uma estranheza nas situações de murmúrio.

Em um comportamento empático, o sujeito vivencia uma reação emocional em resposta ao estado emocional do outro, podendo ou não se confundir com seu próprio estado emocional, dependendo do mecanismo envolvido em cada situação. No entanto, a empatia como capacidade mais elaborada (mais cognitiva e menos emocional) requer a habilidade de discriminação entre o *self* e o outro (de Waal, 2008), o que ainda não foi demonstrada em cães domésticos. Apesar de ainda permanecer aberta a questão se cães realmente são empáticos, a resposta dos cães domésticos ao choro de pessoas, por exemplo, não parece ser simplesmente o produto de um contágio emocional ou de uma perturbação causada pela demonstração emocional do outro. Izard (2009) sugere que o componente cognitivo interagindo com componente emocional deve transformar a empatia em um comportamento cooperativo.

## Considerações Finais

A relação que se estabelece e se mantém entre cães e seres humanos, tanto do ponto de vista da história evolutiva das duas espécies quanto no que diz respeito ao desenvolvimento durante a história de vida dos indivíduos envolvidos, trata-se de uma dinâmica duradoura, complexa e vantajosa (Albuquerque & Ciari, 2016). E, nessa perspectiva, é possível que a chave da eficiência dessa relação esteja na existência de um canal de comunicação afetiva bem afinado entre esses animais.

Cães são sensíveis a informações emocionais de diferentes modalidades perceptuais, como visão, audição e olfato, sendo o processamento e a resposta a essas informações dependentes da valência dos estímulos. Esses animais parecem possuir uma habilidade refinada de discriminação de expressões emocionais e são capazes, inclusive, de extrair o conteúdo de faces e de vocalizações, tanto de outros cães quanto de seres humanos, o que sugere que reconheçam, pelo menos, as duas grandes categorias emocionais (positivo *vs.* negativo). Além disso, apesar de os estudos ainda serem recentes e escassos, já existem evidências que apontam para comportamentos e respostas empáticas nesses animais em interações intra e interespecíficas.

No entanto, muitas perguntas permanecem em aberto. Em que medida esses animais realmente interpretam as emoções de outros indivíduos? São cães seres realmente empáticos? Investigar os mecanismos subjacentes e a funcionalidade dessas capacidades pode fornecer informações cruciais para entender quem são os cães e como a relação entre cães e pessoas se estrutura. Muitos dados já existem quanto à capacidade de percepção de emoções em cães domésticos, porém, esse é apenas o começo de um longo e rico caminho para a compreensão de toda a extensão da vida emocional dos nossos melhores amigos.

# Referências

Adachi, I., & Fujita, K. (2007). Cross-modal representation of human caretakers in squirrel monkeys. *Behavioural Processes, 74*(1), 27-32.

Adachi, I., Kuwahata, H., & Fujita, K. (2007). Dogs recall their owner's face upon hearing the owner's voice. *Animal Cognition, 10*(1), 17-21.

Albuquerque, N. S., & Ciari, M. (2016). Cães e seres humanos: uma relação forte, complexa, duradoura e vantajosa. In M. O. M. Chelini & E. Otta, *Terapia assistida por animais* (pp. 1-22). São Paulo: Manole.

Albuquerque, N., Guo, K., Wilkinson, A., Savalli, C., Otta, E., & Mills, D. (2016). Dogs recognise dog and human emotion. *Biology Letters*. doi: 10.1098/rsbl.2015.0883

Andics, A., Gácsi, M., Faragó, T., Kis, A., & Miklósi, Á. (2014). Voice-sensitive regions in the dog and human are revealed by comparative fMRI. *Current Biology, 24*(5), 574-578.

Andics, A., Gábor, A., Gácsi, M., Faragó, T., Szabó, D., & Miklósi, Á. (2016). Neural mechanisms for lexical processing in dogs. *Science, 353*(6303), 1030-1032.

Borod, J. C., Koff, E., & Caron, H. S. (1983). Right hemispheric specialization for the expression and appreciation of emotion: A focus on the face cognitive processing in the right hemisphere. In E. Perecman (Ed.), *Cognitive processing in the right hemisphere* (pp. 83-110). New York, NY: Academic Press.

Bruce, V., & Young, A. (1986). Understanding face recognition. *British Journal of Psychology, 77*, 305-327.

Buttelmann, D., & Tomasello, M. (2013). Can domestic dogs (*Canis familiaris*) use referential emotional expressions to locate hidden food? *Animal Cognition, 16*, 137-145.

Butler, S., Gilchrist, I. D., Burt, D. M., Perrett, D. I., Jones, E., & Harvey, M. (2005). Are the perceptual 5 biases found in chimeric face processing reflected in eye-movement patterns? *Neuropsychologia, 43*, 52-59.

Calvert, G. A. (2001). Crossmodal processing in the human brain: Insights from functional neuroimaging studies. *Cerebral Cortex, 11*(12), 1110-1123.

Campanella, S., & Belin, P. (2007). Integrating face and voice in person perception. *Trends in Cognitive Sciences, 11*, 535-543.

Cole, P. M., Martin, S. E., & Dennis, T. A. (2004). Emotion regulation as a scientific construct: Methodological challenges and directions for child development research. *Child Development, 75*(2), 317-333.

Custance, D., & Mayer, J. (2012). Empathic-like responding by domestic dogs (*Canis familiaris*) to distress in humans: An exploratory study. *Animal Cognition, 15*(5), 851-859.

Darwin, C. (1872). *The expression of the emotions in man and animals*. London: John Murray.

de Waal, F. B. M. (2008). Putting the altruism back into altruism: The evolution of empathy. *Annual Review of Psychology, 59*, 279-300.

Ehrlichman, H. (1986). Hemispheric asymmetry and positive-negative affect. In D. Ottoson (Ed.), *Duality and unity of the brain: Unified functioning and specialization of the hemispheres* (pp. 194-206). London: Macmillan.

Ekman, P. (1992). An argument for basic emotions. *Cognition and Emotion, 6*, 169-200.

Flom, R., & Gartman, P. (2015). Does affective information influence domestic dogs' (*Canis lupus familiaris*) point-following behavior? *Animal Cognition, 19*(2), 317-327. doi: 10.1007/s10071-015-0934-5

Fox, M. W., & Bekoff, M. (1975). The behaviour of dogs. In E. S. S. Hafez (Ed.), *The behaviour of domestic animals* (Vol. 3, pp. 370-409). Baltimore, MD: Williams & Wilkins.

Fridlund, A. J. (1997). The new ethology of human facial expressions. In J. A. Russel & J. M. Fernández-Dols (Eds.), *The psychology of facial expression* (pp. 103-129). New York, NY: Cambridge University Press.

Gothard, K. M., Erickson, C., A., & Amaral, D. G. (2003). How do rhesus monkeys (*Macaca mulatta*) scan faces in a visual paired comparison task? *Animal Cognition, 7*, 25-36.

Gross, J. J. (1998). The emerging field of emotion regulation: An integrative review. *Review of General Psychology, 3*, 271-299.

Guo, K., Meints, K., Hall, C., Hall, S., & Mills, D. (2009). Left gaze bias in humans, rhesus monkeys and domestic dogs. *Animal Cognition 12*, 409-418.

Guo, K., Smith, C., Powell, K., & Nicholls, K. (2012). Consistent left gaze bias in processing different facial cues. *Psychological Research, 76*, 263-269.

Guo, K., Tunnicliffe, D., & Roebuck, H. (2010). Human spontaneous gaze patterns in viewing of faces of different species. *Perception, 39*, 533-542.

Izard, C, E. (2009). Emotion theory and research: Highlights, unanswered questions, and emerging issues. *Annual Review of Psychology, 60*, 1-25.

Kondo, N., Izawa, E., & Watanabe, S. (2012). Crows cross-modally recognize group member but not non-group members. *Proceedings of The Royal Society B: Biological Sciences*. doi: 10.1098/rspb.2011.2419

Martinez, L., & Matsuzawa, T. (2009). Auditory-visual intermodal matching based on individual recognition in a chimpanzee (*Pan troglodytes*). *Animal Cognition, 12*, 71-85.

Mills D., & Hall, S. (2014). Animal-assisted interventions: Making better use of the human-animal bond. *Veterinary Record, 174*, 269-273.

Müller, C. A., Schmitt, K., Barber, A. L. A., & Huber, L. (2015). Dogs can discriminate emotional expressions of human faces. *Current Biology, 25*(5), 601-605. doi: 10.1016/j.cub.2014.12.055

Nagasawa, M., Mitsui, S., En, S., Ohtani, N., Ohta, M., Sakuma, Y., Onaka, T., Mogi, K., & Kikusi, T. (2015). Oxytocin-gaze positive loop and the coevolution of human-dog bonds. *Science, 348*, 333-336.

Nagasawa, M., Murai, K., Mogi, K., & Kikusui, T. (2011). Dogs can discriminate human smiling faces from blank expressions. *Animal Cognition, 14*, 525-533.

Nakahashi, W., & Ohtsuki H. (2015). When is emotional contagion adaptive? *Journal of Theoretical Biology, 380*, 480-488. doi: 10.1016/j.jtbi.2015.06.014

Palagi, E., Nicotra, V., & Cordoni, G. (2015). Rapid mimicry and emotional contagion in domestic dogs. *Royal Society Open Science*. doi: 10.1098/rsos.150505

Parr, L. A. (2004). Perceptual biases for multimodal cues in chimpanzee (*Pan troglodytes*) affect recognition. *Animal Cognition, 7,* 171-178.

Parr, L. A., Winslow, J. T., Hopkins, W. D., & de Waal, F. B. M. (2000). Recognizing facial cues: Individual discrimination by Chimpanzees (*Pan troglodytes*) and Rhesus Monkeys (*Macaca mulatta*). *Journal of Comparative Psychology, 114,* 47-60.

Proops, L., McComb, K., & Reby, D. (2009). Cross-modal individual recognition in domestic horses (*Equus caballus*). *PNAS, 106,* 947-951.

Quaranta, A., Siniscalchi, M., & Vallortigara, G. (2007). Asymmetric tail-wagging responses by dogs to different emotive stimuli. *Current Biology, 17,* 199-201.

Quervel-Chaumetter, M., Faerber, V., Faragó, T., Marshall-Pescini, S., & Range, F. (2016). Investigating empathy-like responding to conspecifics' distress in pet dogs. *PLoS ONE, 11*(4). doi: 10.1371/journal.pone.0152920

Racca, A., Guo, K., Meints, K., & Mills, D. S. (2012). Reading faces: Differential lateral gaze bias in processing canine and human facial expressions in dogs and 4-year-old children. *PLoS ONE, 7*(4). doi:10.1371/journal.pone.0036076.93

Royet, J. P., & Plailly, J. (2004) Lateralization of olfactory processes. *Chemical Senses, 29,* 731-745.

Savalli, C., & Ades, C. (2016). Benefícios que o convívio com um animal de estimação pode promover para saúde e bem-estar do ser humano. In M. O. M. Chelini & E. Otta, *Terapia assistida por animais* (pp. 23-44). São Paulo: Manole.

Schmidt, K. L., & Cohn, J. F. (2001). Human facial expressions as adaptations: Evolutionary questions in facial expression research. *Yearbook of Physical Anthropology, 44,* 3-24.

Siniscalchi, M., McFarlane, J. R., Kauter, K. G., Quaranta, A., & Rogers, L. J. (2013). Cortisol levels in hair reflect behavioural reactivity of dogs to acoustic stimuli. *Research in Veterinary Science, 93,* 49-54.

Siniscalchi, M., Quaranta, A., & Rogers, L. J. (2008). Hemispheric specialization in dogs for processing different acoustic stimuli. *PLoS ONE, 3*(10). doi: 10.1371/journal.pone.0003349

Siniscalchi, M., Sasso, R., Pepe, A. M., Dimatteo, S., Vallortigara, G., & Quaranta, A. (2011). Sniffing with the right nostril: Lateralization of response to odour stimuli by dogs. *Animal Behaviour, 82,* 399-404.

Siniscalchi, M., Sasso, R., Pepe, A. M., Vallortigara, G., & Quaranta, A. (2010). Dogs turn left to emotional stimuli. *Behavioural Brain Research, 208,* 516-521.

Somppi, S., Tornqvist, H., Kujala, M. V., Hannien, L., Krause, M. C., & Vainio, O. (2016). Dogs evaluate threatening facial expressions by their biological validity – evidence from gazing patterns. *PLoS ONE, 11*(11). doi: 10.1371/journal.pone.0143047

Vás, J., Tópal, J., Gácsi, M., Miklósi, Á., & Csányi, V. (2005). A friend or an enemy? Dogs' reaction to an unfamiliar person showing behavioural cues of threat and friendliness at different times. *Applied Animal Behaviour Science, 94,* 99-115.

de Veld, D. M. J., Riksen-Walraven, J. M., & de Weerth, C. (2012). The relation between emotion regulation strategies and physiological stress responses in middle childhood. *Psychoneuroendocrinology, 37*(8), 1309-1319.

Yong, M. H., & Ruffman, T. (2014). Emotional contagion: Dogs and humans show a similar physiological response to human infant crying. *Behavioral Processes, 108,* 155-165.

# 8
# O apego entre cão e tutor

*Carine Savalli*
*Alice de Carvalho Frank*
*Natalia de Souza Albuquerque*

*O meu cão é meu melhor amigo*

Muitos dizem que o cão é o melhor amigo do homem. Outros dizem mais: é membro da família. Há tempos a sociedade deixou de ver os cães como simplesmente animais de trabalho, de guarda, de estimação ou de companhia. Eles entraram nas nossas casas e apartamentos e passaram a conviver de forma mais próxima e íntima conosco. Como se o processo de se filiar ao ser humano ainda estivesse em progresso, desde a aproximação dos lobos até a seleção de animais para auxiliar na caça e proteção, continuamos a nos vincular fortemente a eles. Para entender esse fenômeno, a ciência tem estudado esse vínculo, tanto por parte do cão em relação ao ser humano quanto deste para o cão, a fim de compreender suas origens, seus mecanismos e suas funções.

## O APEGO SOB A PERSPECTIVA ETOLÓGICA

Animais sociais, especialmente mamíferos, estabelecem relações próximas com seus coespecíficos, como os vínculos criados entre filhotes e mães e entre machos e fêmeas, considerados ambos de grande importância biológica. Mas existem vínculos que são criados para outras finalidades, como por exemplo, as amizades, que são relações próximas e duradouras, não diretamente relacionadas à reprodução, entre membros da mesma espécie ou até mesmo entre indivíduos de espécies diferentes (Seyfarth & Cheney, 2012, Prato-Previde & Valsecchi, 2014).

Konrad Lorenz (1903-1989), um dos maiores nomes da Etologia clássica, contribuiu para o avanço do conceito de estabelecimento de vínculos. Esse cientista cunhou o termo *imprinting* (ou estampagem, em português), para explicar a razão pela qual filhotes de gansos seguem o primeiro objeto em movimento que veem (outro ganso, um humano ou até mesmo um objeto). Lorenz concluiu que a estampagem seria um fenômeno pré-programado que acontece em um determinado período sensível da vida dos filhotes de gansos e que seria irreversível, uma vez que, quando o filhote passa a seguir determinado objeto, o seguirá sempre. Normalmente, o primeiro contato visual do filhote é com sua mãe e segui-la aumenta as chances de conseguir alimento e fugir de predadores (i.e., aumenta as chances de sobrevivência), sendo, portanto, um comportamento adaptativo (Alcock, 2005).

Entre os mamíferos, a mãe geralmente é a principal cuidadora de crianças e filhotes desde o início, especialmente em função da amamentação. Porém, a mãe também deve atender às necessidades dos filhotes quanto à segurança, conforto físico, social e emocional. Com o intuito de mostrar que a criação de um vínculo e a necessidade de contato seguro e confortante são tão, ou mais, importantes quanto o próprio alimento, Harry Harlow (1905-1981) estudou filhotes de macacos *rhesus* que foram separados de suas mães no primeiro dia de vida[1] (Harlow & Zimmerman, 1959). Esses filhotes passaram

---

[1] Esse experimento, apresenta problemas éticos importantes, sendo impossível sua realização com humanos para efeitos comparativos, além de ser questionável sua realização com animais nos dias de hoje. Convidamos os leitores a refletir sobre as questões éticas envolvidas no uso de animais em pesquisa científica, como neste experimento. O que fazer quando o próprio experimento causa um estresse para estudar o fenômeno? Quais as implicações éticas em conduzir a pesquisa nesse caso? É importante levar em consideração que animais não humanos apresentam desejos e necessidades próprias e que a privação, por exemplo, de contato social com suas mães biológicas compromete substancialmente seu bem-estar.

meses com duas mães substitutas, uma feita de arame e outra revestida por um tecido felpudo, com textura semelhante ao pelo da mãe biológica. Metade dos animais foi alimentada por meio de mamadeira pela mãe de tecido e a outra metade pela mãe de arame. Os macacos que recebiam o alimento da mãe de arame a usavam como fonte de alimento, porém preferiam passar maior parte do tempo com a mãe de tecido. Para averiguar a natureza dessa preferência, Harlow conduziu alguns testes, como os de indução de medo e de apresentação a objeto estranho. Em todos os casos, os animais buscavam a mãe de tecido, independentemente de terem sido criados (alimentados) por ela ou pela mãe de arame. Além disso, quando a mãe de tecido não estava presente, os macacos criados por ela apresentavam menos respostas de estresse, como congelamento, vocalizações e movimentos repetitivos, sugerindo que a possibilidade de contato com um objeto de características semelhantes às de uma mãe biológica teria um efeito importante no comportamento dos infantes. O cientista concluiu que a mãe, independentemente de alimentar o animal ou não, e para além do contato físico, tem função de fornecer segurança e conforto emocional para o filhote, fatores essenciais para o desenvolvimento de um laço afetivo.

Após o fim da Segunda Guerra Mundial, a Inglaterra, tendo abrigado muitas das milhares de crianças que foram separadas dos seus pais, apoiou a realização de pesquisas nessa área, no sentido de compreender os efeitos do isolamento social e afetivo em idades mais tenras. Na década de 50, o psicanalista inglês John Bowlby (1907-1990) foi designado pela Organização Mundial da Saúde para preparar um relatório sobre a saúde mental dessas crianças. Como diretor de uma clínica em Londres, Bowlby e sua equipe faziam uso constante da observação do comportamento das crianças para compreender as consequências que a separação da mãe pode acarretar. Concluíram que para uma criança se desenvolver emocionalmente de forma saudável ela deve ter um relacionamento íntimo, contínuo e caloroso com a mãe ou uma figura substituta.

Essa postulação necessitava arcabouço teórico e Bowlby percebeu que a psicanálise e a teoria da aprendizagem social não mais atendiam essa demanda. Nessa época, Bowbly entrou em contato com o trabalho de Lorenz e as ideias da Etologia começaram a influenciar suas pesquisas. Ele notou, ao conhecer o conceito de *imprinting*, que laços sociais não precisavam estar conectados à alimentação para se desenvolver. Passou, então, a se interessar pelo valor adaptativo de diferentes sistemas comportamentais, e sugeriu que o apego seria uma predisposição para formar laços sociais entre animais de um mesmo grupo, postulando, assim, a Teoria do Apego (Bowlby, 1984).

Do ponto de vista etológico, o apego é um vínculo afetivo especial que um indivíduo forma com outro, o qual é percebido como uma fonte de segurança denominada "figura de apego". É uma relação específica, duradoura e emocionalmente significativa, que promove a aproximação, elicia comportamentos de busca por contato e pode desencadear reações de estresse diante da possibilidade da separação ou perda. Uma importante característica desse vínculo é que a presença da figura de apego oferece segurança para o indivíduo explorar o ambiente e dedicar-se a outras atividades; denominada na Teoria do Apego de "efeito da base segura". Quando se sentem em perigo ou ameaçados, os indivíduos apresentam um conjunto de comportamentos com o intuito de restabelecer a proximidade com a figura de apego e reduzir os riscos, o que contribui para sua sobrevivência. Do outro lado, as situações percebidas como ameaçadoras pela figura de apego, que é geralmente a mãe, também ativam um conjunto de comportamentos de cuidado. Na nossa espécie, a criança busca proximidade e manutenção de contato com sua mãe, que lhe oferece segurança física e psicológica. Quando separada da mãe, a criança pode apresentar reações de protesto e desespero. A forma como o apego irá se estabelecer entre a criança e sua mãe é afetada pela forma como a mãe reage às solicitações da criança.

Mary Ainsworth (1913-1999), aluna de Bowlby, propôs um paradigma experimental para estudar a relação de apego estabelecida entre crianças de 1 a 2 anos e suas mães (Ainsworth & Bell, 1970). O Teste da Situação Estranha consiste em curtos episódios de separação e reunião das crianças com suas mães, com a presença de uma pessoa desconhecida em ambiente não familiar, cuja finalidade é registrar comportamentos de busca por contato e exploração em uma situação potencialmente estressante. No primeiro momento do teste, mãe e criança estão juntas em uma sala e, pouco tempo depois, uma pessoa desconhecida entra na sala e interage com a criança enquanto a mãe sai brevemente e depois retorna. Outro momento de separação se segue quando a criança é deixada totalmente sozinha na sala, até que a mãe e a pessoa desconhecida retornam. Quando a mãe se ausenta, a criança geralmente protesta, fica próxima à porta ou ao lugar em que a mãe estava antes de sair do local. Após a reunião com a mãe, espera-se que a criança retorne a explorar o ambiente, brincar e fazer contato com estranhos. Há variações nas respostas, principalmente devido à influência do estilo de apego entre a criança e a mãe. Por exemplo, há crianças que tendem a ficar próximas às suas mães e explorar pouco o ambiente; sentem-se mais estressadas na ausência delas e podem até apresentar comportamentos agressivos quando elas voltam (veja Capítulo 9 para mais detalhes).

## O APEGO ENTRE CÃO E TUTOR

A Teoria do Apego vem sendo estendida para outras relações significativas entre adultos, como relações românticas, entre familiares e entre amigos (e.g., Feeney, 1999, Anders & Tucker, 2000). Também tem sido estendida para estudar a relação entre cão e tutor, que se assemelha em muitos aspectos à relação de apego entre a criança e a figura materna (Nagasawa, Mogi, & Kikusui, 2009a). O cão foi a primeira espécie a ser domesticada pelos seres humanos e evidências genéticas apontam para a sua origem há cerca de 30.000 anos, sendo que a primeira evidência arqueológica da relação afetiva entre as duas espécies data de aproximadamente 12.000 anos (veja Capítulo 1 para mais detalhes). Trata-se de um esqueleto humano com a mão sobre o esqueleto de um filhote de cão, que, provavelmente, não servia de comida, pois seu esqueleto estava inteiro (Davis & Valla, 1978).

Para estudar o apego entre o cão e seu tutor, uma adaptação do Teste da Situação Estranha foi proposta, uma vez que este teste reproduz uma situação ecologicamente relevante na vida dos cães, que diariamente se separam e se reencontram com seus tutores e também conhecem novos lugares e pessoas. Topál, Miklósi, Dóka e Csányi (1998) foram os primeiros a mostrar que cães se comportam de forma semelhante às crianças em vários aspectos, como a preferência por interagir com seus tutores a pessoas desconhecidas. Entretanto, para classificar essa relação como uma relação de apego, seria necessário mostrar também que os tutores representam uma base segura para seus cães. Devido à familiarização com o ambiente e ao efeito de ordem da apresentação das condições experimentais, inerente ao procedimento do Teste da Situação Estranha, esse estudo não conseguiu resultados conclusivos sobre o efeito da base segura nos cães.

Alguns anos depois, Prato-Previde, Custance, Spiezio e Sabatini (2003) usaram o mesmo paradigma experimental, mas analisaram uma gama maior de comportamentos do cão para investigar se, de fato, o tutor representa uma base segura. Os pesquisadores observaram que, na presença dos tutores, os cães brincavam mais e exploravam o ambiente, sendo que esses comportamentos diminuíam quando uma pessoa desconhecida entrava na sala. Alguns cães observavam a pessoa desconhecida à distância, enquanto outros estabeleciam contato, mas, ainda assim, os cães interagiam mais com a pessoa desconhecida na presença dos tutores. Já, em sua ausência, os cães apresentavam sinais de estresse e protestos (vocalizações, arranhar e pular na porta por onde os tutores saíam), assim como fazem as crianças; além de comportamentos de procura e orientação para o local em que os tutores estavam antes de saírem da sala. Curiosamente, os cães protestavam mais quando deixados totalmente sozinhos, sem seus tutores e sem a pessoa desconhecida, indicando que esse episódio pode ter sido mais estressante. Quando sozinhos, os cães preferiam estabelecer contato com os objetos de seus tutores e, em seu retorno, os cães os recebiam com comportamentos de boas-vindas mais calorosos e demorados do que quando recebiam a pessoa desconhecida. No entanto, explicações alternativas ao efeito da base segura novamente não podiam ser excluídas. A redução nos comportamentos de exploração do ambiente quando a pessoa desconhecida entrava na sala poderia ser explicada alternativamente por uma simples redução da curiosidade pelo recinto. Ademais, a redução dos comportamentos de brincar com a pessoa desconhecida, entre o episódio em que tutor estava presente com relação ao episódio em que o tutor estava ausente, também poderia ser explicada alternativamente por um cansaço ou redução de interesse. Portanto, esse estudo também não conseguiu isolar o efeito da base segura e, embora os resultados tenham indicado nesse sentido, ainda foram inconclusivos para denominar essa relação como uma relação de apego.

Por sua vez, Palmer e Custance (2008) propuseram uma adaptação do Teste da Situação Estranha comparando duas ordens de apresentação dos episódios. Na primeira ordem (A), o teste iniciava-se com cão e tutor na sala; em seguida, a pessoa desconhecida entrava, então o tutor saía e deixava o cão com a pessoa desconhecida, que saía também no episódio seguinte, deixando o cão totalmente sozinho e, por fim, retornava primeiro o tutor e depois a pessoa desconhecida. Na segunda ordem de apresentação (B), as posições do tutor e da pessoa desconhecida foram invertidas. Esse estudo confirmou que os cães exploravam, brincavam com a pessoa desconhecida e se engajavam em atividades individuais mais frequentemente quando seus tutores estavam presentes do que quando estavam ausentes. Esse estudo controlou o efeito de ordem das condições experimentais e, portanto, apresentou resultados conclusivos quanto ao efeito da base segura na relação entre os cães e seus tutores, permitindo classificar essa relação como uma relação de apego semelhante à que se observa entre crianças e suas mães.

É importante notar que a relação de apego entre cão e tutor pode se desenvolver rapidamente. Em estudo realizado por Gácsi, Tópal, Miklósi, Doka e Csányi (2001), cães adultos de dois abrigos húngaros também passaram pelo Teste da Situação Estranha, sendo que metade deles recebeu atenção de um cuidador por 10 minutos durante três dias consecutivos (o cuidador os levava para passear, brincava, falava e fazia carinho nos cães) e a outra metade não recebeu essa atenção social (grupo controle). Após os três dias, tanto os cães que interagiram socialmente com os cuidadores quanto os cães do grupo controle foram testados nas diferentes condições. Observou-se que, mesmo com pouco tempo de exposição à atenção de uma figura cuidadora, os cães do grupo teste exibiam comportamentos de apego, respondiam à separação dessa pessoa de forma diferente à de uma pessoa desconhecida, buscando mais contato visual e físico com a recente figura cuidadora, e passavam mais tempo próximos à porta quando esses cuidadores estavam fora da sala. Esses resultados sugerem que mesmo cães adultos com pouco (ou nenhum) contato social, geralmente abandonados em abrigos, são capazes de formar laços de apego com novos tutores em pouco tempo. Do ponto de vista aplicado e do bem-estar animal, esses resultados reforçam os benefícios da adoção de animais adultos e de abrigo.

Outro estudo importante que utilizou o Teste da Situação Estranha foi conduzido por Mongillo e colaboradores, em 2013, com o intuito de investigar se os comportamentos típicos relacionados ao apego e à base segura modificam-se com a idade dos cães. Para tanto, testaram dois grupos de animais, um com cães adultos (até 7 anos de idade) e outro com cães idosos (mais de 7 anos) nas condições de separação e reunião, e, adicionalmente, coletaram saliva antes e após o teste para medir o cortisol (hormônio relacionado às respostas de estresse). Eles encontraram que ambos os grupos apresentavam padrões de apego similares, porém, cães idosos, em comparação com os cães mais novos, demonstraram menos interesse na pessoa desconhecida na ausência de seus tutores e também apresentaram níveis de cortisol aumentados após o teste. Esses resultados sugerem que cães senescentes possuem estratégias menos eficientes para lidar com a separação de seus tutores e ressaltam a importância de prestar atenção às demandas emocionais dos animais idosos.

Do ponto de vista evolutivo, essa habilidade dos cães de criar vínculos de apego com seres humanos pode ter sido selecionada ao longo do processo de domesticação. Topál e colaboradores (2005) buscaram avaliar o efeito da socialização e da domesticação na relação estabelecida entre tutores e cães. Participaram do Teste da Situação Estranha cães e lobos filhotes socializados com cuidadores humanos e separados das mães com 3 a 5 dias após o nascimento e cães filhotes separados das mães mais tardiamente (7 a 9 semanas). Todos foram testados com aproximadamente 16 semanas de idade. Os dois grupos de cães apresentaram padrões similares em relação aos comportamentos dirigidos à figura de apego: tanto cães criados desde muito cedo por seres humanos quanto os que tiveram contato mais tardio com humanos formaram vínculos de apego, o que não foi observado com os lobos. Isso sugere que cães podem ter uma predisposição genética para criarem laços afetivos com os seres humanos.

Cook, Prichard, Spivak e Berns (2016) recentemente utilizaram a metodologia de ressonância magnética funcional para investigar o que cães preferem quando podem escolher entre alimento e interação social com seus tutores. Primeiramente, eles treinaram os participantes (15 cães adultos habituados à máquina de ressonância) a associar três diferentes objetos a três potenciais consequências: uma consequência neutra (sem recompensa e sem valor social), um petisco ou o contato com seu tutor por meio de um elogio verbal. Após o estabelecimento dessas associações, a atividade neural desses animais foi registrada enquanto observavam os diferentes objetos. Em uma segunda etapa, os autores utilizaram um teste de comportamento para observar a preferência dos cães em um labirinto em "Y", no qual em uma das pontas havia comida e na outra havia o tutor. A grande maioria dos cães (13 de 15) apresentou maior ativação neural para alimento e elogio verbal em comparação à condição neutra e, em uma comparação entre comida e a interação social, 4 cães mostraram preferência (i.e., maior ativação neural) pelo elogio verbal, 9 tiveram ativação similar para ambos os estímulos e apenas 2 cães consistentemente preferiram o alimento. A ativação neural na primeira parte do experimento foi um forte preditor da sequência de escolhas que cada sujeito fez durante o teste comportamental, ou seja, os animais que tiveram maior ativação associada ao elogio verbal preferencialmente escolheram interagir com seu tutor na tarefa do labirinto. Esse estudo sugere que embora exista variabilidade entre indivíduos, recompensas sociais podem apresentar valores potencialmente mais altos do que recompensas alimentares, o que é extremamente importante para a compreensão da qualidade das relações entre pessoas e cães.

Há evidências, portanto, de que, para diferentes idades e históricos de vida, os cães são capazes de formar vínculos de apego com seres humanos, comparáveis ao estabelecido entre a criança humana e sua figura materna, e que a recompensa pelo contato social fruto dessa relação pode ser tão importante para os cães, ou até mais, quanto o próprio alimento.

## O PAPEL DA OCITOCINA NO VÍNCULO DE APEGO

A interação com animais pode atuar sobre parâmetros fisiológicos associados ao estresse, como na redução de catecolaminas e de cortisol (Barker, Knisely, McCain, & Best, 2005) ou no aumento da produção do hormônio envolvido na criação de laços afetivos, a ocitocina. Esse hormônio, também conhecido como hormônio do amor, cuja função básica é controlar as contrações uterinas durante o parto e a produção de leite materno, produz as bases fisiológicas que permitem a mãe se identificar e se vincular ao seu bebê. É produzido pelo hipotálamo, está presente em todos os mamíferos (machos e fêmeas) e vem sendo associado a comportamentos sociais, como o reconhecimento individual e o apego (Odendaal & Meintjes, 2003). As emoções desenvolvidas enquanto somos criados por nossas mães se tornam pré-requisitos para a formação de todos os nossos vínculos sociais. Após o desmame, a ocitocina continua a nos manter alertas para identificar comportamentos de afiliação e relembrar nossos laços sociais, sendo que reconhecimento social é essencial para a formação de vínculos (Olmert, 2009).

Alguns estudos investigaram se a concentração de ocitocina na urina dos tutores se altera em resposta ao olhar de seus cães, já que para os seres humanos o olhar é uma forma de estabelecer ligações afetivas (Nagasawa, Kikushi, Onaka, & Ohta, 2009b, Nagasawa *et al.*, 2015). Nos estudos de Nagasawa e colaboradores, após um período de interação, os tutores foram divididos em dois grupos, os que tiveram longa exposição ao olhar de seus cães e os que tiveram pouca exposição. No primeiro grupo, encontrou-se aumento significativo da concentração de ocitocina urinária dos tutores, indicando que o olhar do cão pode desencadear processos fisiológicos semelhantes aos que atuam na relação entre seres humanos. O estudo mais recente (Nagasawa *et al.*, 2015) ainda verificou que cães que receberam uma dose nasal de ocitocina olhavam mais para seus tutores, criando, assim, um efeito fortalecedor e reforçador da relação afetiva entre eles.

Quando acariciam seus cães, tutores também apresentam aumento dos níveis de ocitocina no sangue. No estudo de Handlin e colaboradores (2011), um grupo de dez mulheres que passaram três minutos acariciando e conversando com seus cães foi comparado com outro grupo de dez mulheres que passaram o mesmo tempo sentadas no mesmo ambiente (grupo controle). Amostras de sangue de ambos os grupos foram analisadas em diversos momentos durante a primeira hora que se seguiu. No grupo de tutoras que passaram os três minutos, acariciando seus cães, observou-se um pico da concentração de ocitocina entre um e cinco minutos após o início da interação, efeito que não foi observado no grupo controle. Igualmente para os cães, os níveis de ocitocina aumentaram significativamente três minutos após a interação.

Kis e colaboradores (2014) discutiram a importância de integrar as análises comportamental e genética para compreender os comportamentos sociais dos cães direcionados aos seres humanos, como olhares e formas de aproximação. Para tanto, os autores desenvolveram um teste com episódios de aproximação do tutor e de uma pessoa desconhecida, separação do tutor, além de uma tarefa de resolução de problemas — a manipulação de uma caixa para obter um alimento, que poderia eliciar comportamentos de olhar para o tutor. Adicionalmente, amostras de saliva foram obtidas com o intuito de investigar se variações genéticas dos receptores de ocitocina poderiam estar associadas aos comportamentos sociais. O teste comportamental evidenciou diferenças entre cães das raças Border Collie e Pastor Alemão. Os cães da raça Border Collie buscaram mais proximidade com as pessoas, mas apresentaram menor reação à separação do tutor e mostraram-se menos amistosos com pessoas desconhecidas quando comparados aos cães da raça Pastor Alemão. Observou-se também que cães da raça Border Collie olhavam mais para as pessoas. As diferenças encontradas entre as duas raças quanto ao temperamento amistoso estavam associadas a variações genéticas do sistema que controla a ocitocina, o que indica uma grande complexidade envolvida na relação entre comportamentos possivelmente mediados pela ocitocina e genótipo e aponta para a necessidade de mais estudos nessa direção.

Vê-se que vários estudos enfatizam a importância das interações afiliativas entre cães e tutores e o papel da ocitocina na formação e manutenção do vínculo afetivo entre eles. Porém, estudos que procuram compreender esses mecanismos fisiológicos ainda são recentes e escassos e, por isso, o assunto ainda merece muita atenção por parte da ciência.

# E O APEGO DO TUTOR PELO SEU CÃO?

Se o apego envolve uma relação próxima e emocional entre dois indivíduos, será que o tutor também desenvolve uma relação de apego com seu cão? O vínculo que tutor desenvolve com ele muitas vezes representa uma importante fonte de amor e aceitação, podendo auxiliar a restaurar o equilíbrio emocional em momentos de dificuldade. Zilcha-Mano, Mikulincer e Shaver (2011) sugerem que, por parte do tutor, esse vínculo também possui características de uma relação de apego como a procura por proximidade, o efeito de base segura e a angústia pela separação.

No ano de 2008, estimava-se que existiam 342 milhões de cães em 81 países (Batson, 2008). Em 2015, estimou-se 77,8 milhões de cães domiciliados em 54,4% dos lares norte americanos (APPA, 2015) e 52,2 milhões de cães de companhia em 44,3% dos domicílios brasileiros (IBGE, 2015). O mercado de produtos para animais movimentou 58 bilhões de dólares nos Estados Unidos em 2014 (APPA, 2015) e 16,7 bilhões de reais no Brasil (Antunes, 2015). Esses números mostram a expressiva presença dos cães de companhia na vida das pessoas e indicam que eles assumem um papel importante em suas vidas, sendo comumente considerados membros da família.

A possibilidade de atribuir características humanas aos animais, a antropomorfização, existe na relação entre pessoas e seus cães, e pode muitas vezes criar expectativas equivocadas com relação ao comportamento dos animais. Pode-se esperar que o animal compreenda tudo que lhe é dito e ensinado, que ele se comunique de maneira além da sua capacidade e apresente comportamentos que não são naturais da sua espécie. Por outro lado, Serpell (2003) aponta a antropomorfização como necessária para o relacionamento entre humanos e animais, afirmando que sem a atribuição de sentimentos, pensamentos, desejos, motivações e, até mesmo, habilidades tipicamente humanas aos animais, esse relacionamento se tornaria insignificante. Essa atribuição é natural ao ser humano moderno, o qual desde o nascimento é exposto aos animais, por meio de histórias infantis ou da própria convivência com animais em casa (Brickel, 1985). Ao se tornar membro da família, o animal de companhia ganha direito a fotografias, festas de aniversário e rituais fúnebres (Belk, 1996). Ele é visto como um ser dotado de valor, qualidades e características próprias, que lhe conferem personalidade e caráter (Beverland, Farrely, & Lim, 2008). A visão antropomorfizada, no entanto, não garante uma relação de apego como definida por Bowlby.

Bowlby (1980) afirmava que os vínculos iniciados entre crianças e cuidadores possibilitam a formação de outros vínculos futuros, entre adultos e, possivelmente, entre tutores e seus cães. Dentro dessa perspectiva, vínculo é uma relação na qual o cão pertence ao senso de identidade e de mundo da pessoa. De acordo com Acher e Ireland (2011), o cão se torna para o tutor uma base segura, transmite confiança e a separação entre eles gera reações por parte da pessoa (Figura 1).

*Figura 1.* O cão como fonte de conforto para o ser humano.

Existem diversas escalas criadas com o intuito de avaliar o vínculo desenvolvido pelo tutor com seu cão. Um estudo, utilizando escalas para avaliar a qualidade do relacionamento que pessoas tinham com seus animais e com seus parceiros amorosos, entrevistou 192 tutores de animais de companhia (principalmente cães e gatos). Os autores observaram que o relacionamento desenvolvido com os animais de companhia era mais seguro do que com os parceiros amorosos. Eles discutem que a relação afetiva com animais de estimação pode ser fonte de conforto emocional e representa uma relação menos complicada, mais estável e constante, razões pelas quais pode ser considerada mais segura do que as relações humanas (Beck & Madresh, 2008).

Um dos instrumentos desenvolvidos para medir o grau do vínculo entre o ser humano e seu animal de estimação é o *Lexington Attachment to Pets Scale* (LAPS) (Zasloff, 1996). Esse instrumento avalia a percepção de conforto emocional que os tutores afirmam receber de seus animais de estimação. Esse questionário foi utilizado por Albuquerque, Toguchi e Savalli (2015) para avaliar a associação entre o grau de vínculo do tutor ao cão e a percepção de emoções. O estudo não encontrou relação entre o grau de vínculo e a percepção do tutor com relação às emoções expressas pelo cão. No entanto, encontrou uma correlação importante entre o escore de vínculo (medido pelo LAPS) e o escore que representava o quanto o tutor achava que seu cão percebia de suas emoções, o que pode estar relacionado à tendência dos tutores de antropomorfizar os cães e também à necessidade de sentir que seus cães os compreendem.

Zilcha-Mano *et al.* (2011), por sua vez, ponderando que pessoas com forte vínculo afetivo com seus animais de estimação poderiam diferir quanto ao sentimento de segurança que o relacionamento proporciona, propuseram a escala *Pet Attachment Questionnaire* (PAQ), com o intuito de analisar duas orientações do vínculo afetivo: a ansiedade e a evitação (tendência a se manter longe de um sujeito ou objeto). O vínculo ansioso seria marcado pela constante preocupação de que a figura de apego não estaria disponível em momentos de necessidade, enquanto o vínculo evitativo seria marcado pela desconfiança e tendência de buscar ser independente, autossuficiente. Esse estudo, que utilizou o questionário como ferramenta para acessar aspectos qualitativos da relação humano-animal, encontrou que as pessoas possuem um modo próprio de lidar com seus relacionamentos, que se aplica tanto no relacionamento com outras pessoas quanto no relacionamento com animais de estimação. O grau de ansiedade e de evitação, obtidos por meio da PAQ, mostraram-se correlacionados com expectativas negativas sobre o comportamento dos animais. O estudo também encontrou que quanto maior o grau de ansiedade, maior a tendência da pessoa de apresentar intensas reações diante da perda do animal, ao passo que quanto maior o grau de evitação, maior a tendência de indiferença diante da perda do animal. Em estudo subsequente, Zilcha-Mano, Mikulincer e Shaver (2012) encontraram ainda que os tutores se beneficiaram da presença física ou simbólica (pensar sobre) de animais de estimação, em uma tarefa em que tinham que falar sobre seus objetivos de vida futuros. Na presença física ou simbólica dos animais, os tutores exploraram mais o tema, apresentaram mais objetivos futuros e maior confiança em alcançá-los do que na ausência dos animais, um indício de que a sua presença serviu de base segura para seus tutores. No entanto, quanto maior o grau do vínculo evitativo (medido por meio da PAQ), menores foram os efeitos positivos da presença do animal nesse estudo.

  Essas escalas, no entanto, não têm a Teoria do Apego como fundamentação teórica. A PAQ, apesar de se basear nos conceitos da teoria, aborda apenas dois aspectos, deixando diversos outros em aberto. O primeiro questionário baseado, de fato, na fundamentação teórica da Teoria do Apego para analisar o vínculo desenvolvido entre tutor e cão foi o *Dog Attachment Questionnaire* (DAQ), desenvolvido pelos cientistas Archer e Ireland (Archer & Ireland, 2011). Frank (2015) utilizou essa escala para verificar se havia correlação entre o modo de aquisição do cão de companhia e o vínculo desenvolvido com ele. Apesar de não ter encontrado relação direta entre o escore obtido a partir do DAQ e o modo de aquisição, a análise de outros fatores avaliados nessa pesquisa indicou que pessoas que adotaram seus animais apresentaram vínculos mais fortes do que pessoas que compraram seus cães.

Em revisão sobre a relação entre cães e seus tutores, Payne, Bennett e McGreevey (2015) criticam a DAQ, pois ela avalia fatores somente dentro da perspectiva do apego, deixando de lado outros comportamentos do tutor que podem influenciar a relação, bem como excluindo sua característica simbiótica, uma vez que a escala apenas avalia os benefícios para o tutor, mas não avalia os benefícios para o cão. Os autores sugerem a *Monasch Dog Owner Relationship Scale* (MDORS, Dwyer, Bennett & Coleman, 2006) como a melhor escala para avaliar o relacionamento entre tutor e cão. Handlin, Nilsson, Ejdeback, Hydbring-Sandberg e Uvnas-Moberg (2012) avaliaram a correlação entre o grau do vínculo do tutor com o cão (medida pela MDORS) e os níveis de ocitocina e cortisol de ambos. Esse estudo encontrou associação entre alguns itens da escala, como, por exemplo, beijar com frequência o cão e níveis mais elevados de ocitocina nos cães e nos tutores. Entretanto, para Payne e colaboradores (2015) a MDORS também tem como lacuna a falta de avaliação de fatores do temperamento do cão. Tanto a MDORS quanto a DAQ são escalas focadas somente nos comportamentos do tutor e não do cão. Assim, seria ideal a combinação de uma escala e o Teste da Situação Estranha, de forma a aprofundar a característica bidirecional da relação humano-animal. A DAQ, cujo embasamento teórico é o mesmo do Teste da Situação Estranha, parece ser um instrumento robusto para a averiguação de uma relação de apego entre tutor e cão. De todo modo, o crescente número de escalas que buscam mensurar o grau do vínculo afetivo que o tutor desenvolve com o seu cão mostra o grande esforço e interesse da ciência em compreender melhor essa relação.

Os resultados apresentados até aqui sugerem que o vínculo afetivo que os tutores criam com seus cães é uma forte razão para que eles sejam considerados membros da família. Stoeckel, Palley, Gollub, Niemi e Evins (2014), também interessados nesse aspecto, mas sem fazer uso de questionários, conduziram um estudo para avaliar as similaridades e diferenças na atividade cerebral de mulheres ao verem fotos de seus filhos e seus cães, assim como fotos de outras crianças e cães não familiares. A atividade cerebral foi registrada por meio de ressonância magnética e as regiões de interesse foram as relacionadas aos mecanismos neurológicos ligados à relação mãe-filho e às envolvidas na percepção visual/facial. Foram incluídas no estudo 14 mães de crianças entre 2 e 10 anos, que possuíam cães de 3 a 10,5 anos e que apresentaram homogeneidade nas taxas de apego aos seus cães, medidas por meio do LAPS. Os resultados indicaram que as imagens dos filhos promoviam ativação nas regiões relacionadas à liberação da dopamina, ocitocina e vasopressina, o que não foi observado para as imagens dos cães. Por outro lado, a amígdala foi ativada tanto para imagens dos filhos quanto para dos cães; essa região está envolvida em direcionar atenção às necessidades da criança e dos cães, o que é essencial para a formação de vínculos. Observou-se ainda sobreposição da ativação de regiões associadas à recompensa, à memória, ao processamento visual/facial e à cognição social, que foram consideradas regiões importantes para o estabelecimento e a manutenção das relações entre humanos e outros humanos e entre humanos e cães. Uma região chamada *giro fusiforme* foi ativada para ambos os filhos e os cães, entretanto houve uma magnitude maior de ativação em resposta à imagem dos próprios cães. Essa região é central para o processamento da face e cognição social, sendo que a maior ativação para imagens dos próprios cães pode ser explicada pelo fato de que a comunicação entre tutor e cão se dá especialmente por meio de dicas visuais e da face, que auxilia na identificação entre eles e deve contribuir na criação e manutenção do vínculo e na interpretação das emoções (o Capítulo 7 trata o assunto emoções de forma aprofundada).

## Considerações Finais

Cão e tutor têm importante influência um sobre o outro possivelmente, devido ao forte vínculo desenvolvido entre eles, o que traz implicações psicológicas e fisiológicas. Nesse sentido, não apenas ter um cão, mas o grau de apego com o animal está ligado ao desenvolvimento de emoções positivas e qualidade de vida de ambos. O apego possui como pré-requisito a discriminação dos indivíduos, geralmente por meio de pistas sociais específicas de cada espécie para geração de respostas apropriadas àquelas figuras, também específicas de cada espécie (Nagasawa *et al.*, 2009a). No entanto, para animais como os cães, pensar nesses laços afetivos criados e estabelecidos em contextos heteroespecíficos (i.e., entre animais de espécies distintas) torna-se relevante, uma vez que eles vivem grande parte de suas vidas em grupos de espécies mistas. Na verdade, para alguns pesquisadores, muitos dos comportamentos exibidos pelos cães parecem funcionar como modificações evolucionárias de comportamentos ancestrais de tal forma a eliciar cuidado parental humano, e acredita-se que os comportamentos e o laço afetivo estabelecido entre tutores e seus cães se assemelham aos de seres humanos cuidando de sua prole, com a diferença de que são direcionados a membros de uma outra espécie (Prato-Previde *et al.*, 2003).

Não há dúvidas, portanto, de que cães têm uma relação de apego com seus tutores. No entanto, tal qual as crianças (Bowlby, 1984; Ainsworth *et al.*, 2015), nem todo estilo de apego de um cão é seguro, no qual ele explora com liberdade o ambiente, utilizando o tutor como base segura, sem se incomodar com a presença de pessoas desconhecidas, e saúda efusivamente o tutor depois de um período de ausência (momento no qual o cão pode protestar e se mostrar aflito ou não se perturbar com a breve ausência). Alguns cães se mostram inseguros, ou seja, não exploram o ambiente, mesmo na presença de seus tutores, ficam alarmados com a chegada de uma pessoa desconhecida, ficam desorientados na ausência dos tutores e podem não os saudar quando retornam (ver o Capítulo 9 para mais detalhes). Payne e colaboradores sugerem até que cães com apego inseguro podem estar mais vulneráveis ao abandono (Payne *et al.*, 2015).

A relação afetiva entre tutores e cães pode proporcionar benefícios fisiológicos e emocionais para ambos. Como vimos neste capítulo, trata-se de uma relação bidirecional, na qual tutor e cão tornam-se parceiros sociais e preenchem necessidades emocionais de vinculação afetiva um do outro. Por tudo isso, compreender os mecanismos envolvidos na criação e manutenção desse vínculo de apego entre essas duas espécies é de extrema importância e pode promover bem-estar para ambas.

# REFERÊNCIAS

Ainsworth, M. D. S., & Bell, S. M. (1970). Attachment, exploration, and separation: Illustrated by the behavior of one-year-olds in a strange situation. *Child Development, 41*(1), 49-67. doi: 10.2307/1127388

Ainsworth, M. D. S., Blehar, M. C., Waters, E., & Wall, S. N. (2015). *Patterns of attachment: A psychological study of the strange situation.* New York, NY: Psychology Press.

Albuquerque, N. S., Toguchi, J., & Savalli, C. (2015). The relationship between human-dog attachment and emotion percpetion. In *Anais da 34th International Ethological Conference,* Cairns, Australia.

Alcock, J. (2005). *Animal behavior: An evolutionary approach* (8th ed.). Sunderland, MA: Sinauer Associates.

Andrers, S. L., & Tucker, J. S. (2000). Adult Attachment style, interpersonal communication competence, and social support. *Personal Relationships, 7,* 379-389.

Antunes, J. (2015, 3 de agosto). Mercado dos animais de estimação está muito longe da crise. *Jornal de Brasília.* Recuperado de http://www.jornaldebrasilia.com.br/noticias/cidades/632684/mercado-dos-animais-de-estimacao-esta-muito-longe-da-crise/

American Pet Products Association. (2015). *Pet industry market size and ownership statistics.* Recuperado de http://www.americanpetproducts.org/press_industrytrends.asp

Archer, J., & Ireland, J. L. (2011). The development and factor structure of a questionnaire measure of the strength of attachment to pet dogs. *Anthrozoös, 24*(3), 249-261.

Barker, S. B., Knisely, J. S., McCain, N. L., & Best, A. M. (2005). Measuring stress and immune response in healthcare professionals following interaction with a therapy dog: A pilot study. *Psychological Reports, 96*(3), 713-729.

Batson, A. (2008). *Global companion animal ownership and trade: Project Summary.* WSPA. Recuperado de http://www.wspa-international.org

Beck, L., & Madresh, E. A (2008). Romantic partners and four-legged friends: An extension of attachment theory to relationships with pets. *Anthrozoös, 21*(1), 43-56.

Belk, R. W. (1996). Metaphoric relationship with pets. *Society and Animals*, *4*(2), 121-145.

Beverland, M. B., Farrelly, F., & Lim, E. A. C. (2008). Exploring the dark side of pet ownership: Status and control-based pet consumption. *Journal of Business Research*, *61*, 490-496.

Bowlby, J. (1980). *Apego e perda: tristeza e depressão* (540 pp.). São Paulo: Martins Fontes.

Bowlby, J. (1984). *Apego* (Vol. 1). São Paulo: Martins Fontes.

Brickel, C. M. (1985). Initiation and maintenance of the human-animal bond. *Marriage & Family Review*, *8*(3-4), 31-48.

Cook, P. F., Prichard, A., Spivak, M., & Berns, G. S. (2016). Awake Canine fMRI predicts dogs' preference for praise versus food. *Social Cognitive Affective Neuroscience*, *11*(12), 1853-1862. doi: 10.1093/scan/nsw102

Davis S. J. M., & Valla F. R. (1978). Evidence for domestication of the dog 12.000 years ago in the Natufian of Israel. *Nature*, *276*, 608-610.

Dwyer, F., Bennett, P. C., & Coleman, G. J. (2006). Development of the Monash Dog Owner Relationship Scale (MDORS). *Anthrozoös*, *19*(3), 243-256.

Feeney J. A. (1999). Adult attachment, emotional control, and marital satisfaction. *Personal Relationships*, *6*(2), 169-185.

Frank, A. C. (2015). *Semelhanças e diferenças entre adotar, comprar ou ganhar um cão de companhia na cidade de São Paulo*. Dissertação de Mestrado, Faculdade de Medicina Veterinária e Zootecnia, Universidade de São Paulo, São Paulo.

Gácsi, M., Tópal, J., Miklósi, Á., Dóka, A., & Csanyi, V. (2001). Attachment behavior of adult dogs (*Canis familiaris*) living at rescue centers: Forming new bonds. *Journal of Comparative Psychology*, *115*(4), 423-431.

Handlin, L., Hydbring-Sandberg, E., Nilsson, A., Ejdeback, M., Jansson, A., & Uvnas-Moberg, K. (2011). Short-term interaction between dogs and their owners: Effects on Oxitocin, Cordtisol, Insulin and Heart rate – An exploratory study. *Anthrozoös*, *24*(3), 301-315.

Handlin, L., Nilsson, A., Ejdebäck, M., Hydbring-Sandberg, E., & Uvnäs-Moberg, K. (2012). Associations between the psychological characteristics of the human–dog relationship and oxytocin and cortisol levels. *Anthrozoös*, *25*(2), 215-228.

Harlow, H., & Zimmerman, R. (1959). Affecional responses in the infant monkey. *Science*, *130*(3373), 421-432.

Instituto Brasileiro de Geografia e Estatística. (2015). *Pesquisa nacional de saúde 2013: acesso e utilização dos serviços de saúde, acidentes e violências: Brasil, grandes regiões e unidades da federação* (100 pp.). IBGE, Coordenação de Trabalho e Rendimento. Rio de Janeiro: IBGE.

Kis, A., Bence, M., Lakatos, G., Pergel, E., Turcsán, B., Pluijmakers, J., ... Kubinyi, E. (2014). Oxytocin receptor gene polymorphisms are associated with human directed social behavior in dogs (*Canis familiaris*). *PLoS ONE*, *9*(1). doi: 10.1371/journal.pone.0083993

Mongillo, P., Pitteri, E., Carnier, P., Gabai, G., Adamelli, S., & Marinelli, L. (2013). Does the attachment system towards owners change in aged dogs? *Physiology & Behavior*, *120*, 64-69.

Nagasawa, M., Mogi, K., & Kikusui, T. (2009a). Attachment between humans and dogs. *Japonese Psychological Research*, *51*(3), 209-221.

Nagasawa, M., Kikusui, T., Onaka, T., & Ohta, M. (2009b). Dog's gaze at its owner increases owner's urinary oxytocin during social interaction. *Hormones and Behavior*, *55*, 434-441.

Nagasawa, M., Mitsui, S., En, S., Ohtani, M., Sakuma, Y., Mogi, K., & Kikusui, T. (2015). Oxytocin-gaze positive loop and the coevolution of human-dog bonds. *Science*, *348*(6232), 333-336.

Odendaal, J. S. J., & Meintjes, R. A. (2003). Neurophysiological correlates of affiliative behaviour between humans and dogs. *The Veterinary Journal, 165*(3), 296-301.

Olmert, M. D. (2009). *Made for each other: The biology of the human-animal bond* (288 pp). Cambridge, MA: Da Capo Press.

Palmer R., & Custance, D. (2008). A counterbalanced version of ainsworth's strange situation procedure reveals secure-base effects in dog–human relationships. *Applied Animal Behaviour Science, 109*, 306-319.

Payne, E., Bennett, P. C., & McGreevey, P. D. (2015). Current perspectives on attachment and bonding in the dog–human dyad. *Pychology Research and Behavior Management, 8*, 71-79.

Prato-Previde, E., Custance, D. M., Spiezio, C., & Sabatini, F. (2003). Is the dog-human relationship an attachment bond? Na observational study using Ainsworth's strange situation. *Behaviour, 140*(2), 225-254.

Prato-Previde, E., & Valsecchi, P. (2014). The immaterial cord: The dog-human attachment bond. In J. Kaminski & S. Marshall-Pescini (Eds.), *The social dog: Behavior and cognition* (pp. 165-185). San Diego, CA: Academic Press.

Serpell, J. A. (2003). Anthropomorphism and anthropomorphic selection - beyond the "cute response". *Society and Animals, 1*(11), 83-100.

Seyfarth, R. M., & Cheney, D. L. (2012). The evolutionary origins of friendship. *Annual Review of Psychology, 63*, 153-177.

Stoeckel, L. E., Palley, L. S., Gollub, R. L., Niemi, S. M., & Evins, A. E. (2014). Patterns of brain activation when mothers view their own child and dog: An fMRI Study. *PLoS ONE, 9*(10). doi: 10.1371/journal.pone.0107205

Thalmann, O., Shapiro, B., Cui, P., Schuenemann, V. J., Sawyer, S. K., Greenfield, D. L., … Wayne, R. K. (2013). Complete mitochondrial genomes of ancient canids suggest a european origin of domestic dogs. *Science, 342*(6160), 871-874.

Topál, J., Gácsi, M., Miklósi, Á., Virányi, Z., Kubinyi, E., & Csanyi, V. (2005). Attachment to humans: A comparative study on hand-reared wolves and differently socialized dog puppies. *Animal Behavior, 70*, 1367-1375.

Topál, J., Miklósi, Á., Dóka, A., & Csányi, V. (1998). Attachment behavior in dogs (*Canis familiaris*): A new application of Ainsworth's (1969) strange situation test. *Journal of Comparative Psychology, 112*, 219-229.

Zasloff, R. L. (1996). Measuring attachment to companion animals: A dog is not a cat is not a bird. *Applied Animal Behaviour Science, 47*, 43-48.

Zilcha-Mano, S. Mikulincer, M., & Shaver, P. R. (2011). An attachment perspective on human–pet relationships: Conceptualization and assessment of pet attachment orientations. *Journal of Research in Personality, 45*(4), 345-357. doi:10.1016/j.jrp.2011.04.001

Zilcha-Mano, S., Mikulincer, M., & Shaver, P. R. (2012). Pets as safe havens and secure bases: The moderating role of pet attachment orientations. *Journal of Research in Personality, 46*(5), 571-580. doi: 10.1016/j.jrp.2012.06.005

# 9
# Problemas relacionados à separação

*Luciana Santos de Assis*
*Daniel S. Mills*

Muitos cães apresentam comportamentos que são problemáticos para seus tutores quando estão sozinhos em casa ou separados em outro ambiente da mesma (e.g., cão na cozinha sem acesso ao tutor, que se encontra no quarto). De acordo com pesquisas realizadas em diferentes países, entre 14% e 55% dos cães apresentaram esses comportamentos, segundo seus tutores (e.g., Borchelt & Voith, 1982; Bradshaw, McPherson, Casey, & Larter, 2002; Denenberg, Landsberg, Horwitz, & Seksel, 2005; Bamberger & Houpt, 2006; Soares, Pereira, & Paixão, 2010; Martínez, Pernas, Casalta, Rey, & De La Cruz Palomino, 2011; Storengen, Boge, Strøm, SLøberg, & Lingaas, 2014). Problemas relacionados à separação (PRS) têm importante efeito no bem-estar de cães e no relacionamento entre eles e seus tutores, podendo resultar em abandono e até mesmo eutanásia.

Acredita-se que cães com esses problemas apresentam sinais de "estresse" quando separados de seus tutores, sendo os principais: destruição (de portas, sofá, objetos em geral); vocalização excessiva (latidos, choros, uivos); e eliminação inapropriada (urina e/ou fezes fora do local correto). Além desses sinais, os cães podem apresentar sintomas fisiológicos, como salivação excessiva, aumento da frequência respiratória (ofegação), sinais gastrointestinais (vômito e/ou diarreia), tremores, assim como outros comportamentos de estresse: comportamento repetitivo (e.g., andar em círculos, escavar), autotrauma (e.g., lesão na cauda por lambedura repetitiva), aumento ou diminuição da atividade, e anorexia

(Borchelt & Voith, 1982; McCrave, 1991; Pageat, 1995; Overall, 1997; Lund & Jørgensen, 1999; Appleby & Pluijmakers, 2003; Sherman & Mills, 2008; Palestrini, Minero, Cannas, Rossi, & Frank, 2010). Esses comportamentos podem também aparecer no momento em que o tutor está se preparando para sair, ou seja, durante a sequência usual que o tutor faz quando vai sair de casa (e.g., enquanto calça o sapato, veste o casaco e pega a chave do carro).

Lund e Jørgensen (1999) filmaram 20 cães com problemas relacionados à separação, quando estavam sozinhos em casa, e verificaram que os sinais começaram logo após a saída do tutor e foram cíclicos (recomeçavam a cada 23–28 minutos). Os comportamentos, assim como os ciclos tendem a diminuir de intensidade ao longo do tempo, podendo ser provocados por algum estímulo externo, como latidos de outros cães. Essa tendência foi confirmada por outro estudo etológico semelhante, realizado uma década depois (Palestrini *et al.*, 2010).

Embora ocorram no mesmo contexto, i.e., quando o cão está separado de seu tutor, esses comportamentos podem ser causados por diferentes emoções e motivações, o que consequentemente, determinará tratamentos com focos diferentes. Portanto, apesar de ser muito importante identificar quando ocorrem, isto geralmente não é o suficiente para diagnosticar e optar pelo melhor tratamento.

## POR QUE TANTOS NOMES?

Atualmente, existem pelo menos três nomes diferentes relacionados aos comportamentos de "estresse" que ocorrem nesse contexto: problemas relacionados à separação (PRS; em inglês, — *separation related problems*), estresse[1] devido à separação (EDS; em inglês, — *separation distress*) e ansiedade por separação (AS; em inglês, *separation anxiety*). Entretanto, apesar de diferentes, tendem a significar o mesmo, devido ao fato de a principal definição utilizada por todos ser "presença de destruição, vocalização excessiva e eliminação inadequada quando o cão está real ou virtualmente (mesma casa mas em outro ambiente) sozinho" (Assis

---

[1] Neste capítulo, a palavra "estresse" está associada ao "mau" estresse, para o qual, em Inglês, se usa "distress".

e Mills, em preparação). Como parece não haver um consenso sobre a nomenclatura, neste capítulo iremos considerar PRS baseados no contexto em que ocorre comportamento inadequado enquanto o cão encontra-se sozinho (real ou virtualmente). Por exemplo, um tutor pode reclamar que seu cão late excessivamente quando está sozinho (contexto: vocalização excessiva quando separado de seu tutor) e julgar que a razão seja a separação, porém se analisarmos melhor o caso, poderíamos perceber que o cão late somente durante a manhã (horário em que o carteiro passa, por exemplo), sendo que em outros horários em que ele está sozinho não late da mesma forma; isto é, o cão late excessivamente não porque se encontra estressado (e.g., em pânico, com medo) quando está sozinho, mas por um comportamento normal de proteção do seu território quando diante de um estímulo externo (a presença do carteiro). Se for esse o caso, o cão também latirá em um dia em que o tutor estiver de folga naquele horário (Mills, Dube, & Zulch, 2013).

Já o EDS estaria baseado na presença de sinais de estresse em geral, enquanto AS trata-se especificamente do cão sentir-se ansioso devido à ausência do tutor (Assis e Mills, em preparação). Essas definições poderiam incluir sinais fisiológicos e outros comportamentos de estresse juntamente com destruição, vocalização excessiva e eliminação inapropriada, inclusive enquanto o tutor se prepara para sair e logo depois de sua saída.

Assim, o primeiro nome (PRS) é o termo mais geral, englobando casos que apresentem estresse (EDS) ou não durante a separação de seu tutor. O segundo (EDS), por sua vez, engloba os casos de cães que se encontram em estado de ansiedade (AS) e outros estados afetivos negativos, como medo ou frustração. O diagrama abaixo (Figura 1) demonstra a relação entre os três termos.

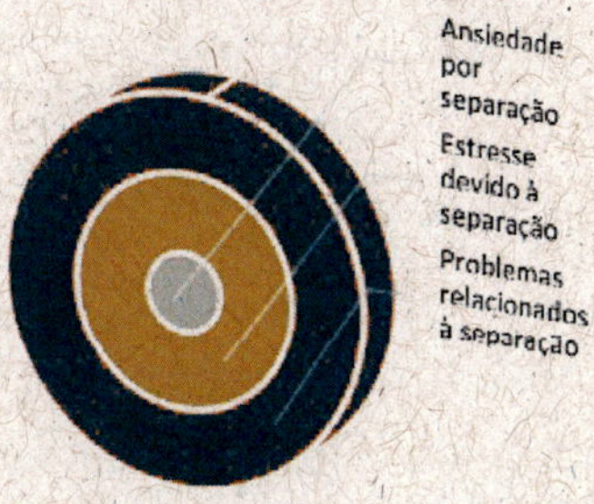

*Figura 1*. Diagrama sugerindo a relação entre problemas relacionados à separação, estresse devido à separação e ansiedade por separação.

Portanto, com o intuito de abordar esse conjunto de problemas de uma forma mais geral, usaremos o termo PRS de agora em diante.

## DEBATE SOBRE A IMPORTÂNCIA DO APEGO NOS PROBLEMAS RELACIONADOS À SEPARAÇÃO

Desde as primeiras publicações sobre esse assunto (PRS e AS), a explicação principal para tamanho estresse do cão, quando separado de seu tutor, tem sido relacionada com o apego (e.g., Borchelt & Voith, 1982; McCrave, 1991). Como previamente explicado em mais detalhes no Capítulo 8 deste livro, o apego descreve uma característica necessária em espécies altamente sociais, como cães e humanos, e possui o intuito de manter o contato e os laços sociais entre indivíduos, principalmente progenitores e prole (Bowlby, 1969; McCrave, 1991). Acredita-se que o apego é mediado pelo circuito neural chamado *panic system* (sistema do pânico), que é ativado quando jovens animais (principalmente recém-nascidos) são separados de sua figura de apego (apoiadores sociais) e apresentam respostas de estresse, como chamados e aumento da atividade visando restabelecer o contato (Panksepp, 1998).

Portanto, o apego é característico quando um animal depende (conforme explicado acima) de outro e, nesse sentido, estudos sobre o relacionamento entre humanos e cães indicam que, em variadas circunstâncias, o cão depende do humano e vice-versa. Desse conhecimento surge uma questão interessante sobre a possibilidade de o apego no cão ser intrínseco como predisposição emocional (e.g., Topál *et al.*, 2005) ou uma resposta a certos estilos do comportamento humano (e.g., Konok *et al.*, 2015).

Inicialmente, autores acreditavam que o apego seria a raiz dos PRS devido ao fato de filhotes e cães adultos desenvolverem facilmente um apego social com seus tutores (o apego social seria transferido da mãe para o tutor, que se tornaria a figura de apego primária dos filhotes). Posteriormente, os cães aprenderiam gradualmente a se adaptar a passar um certo tempo sozinhos.

Nesse sentido, cães com PRS possivelmente não teriam aprendido como lidar com a separação ou teriam se tornado sensíveis ao isolamento quando mais velhos (Borchelt & Voith, 1982; McCrave, 1991).

Baseados nisso, outros autores argumentavam que esses problemas comportamentais seriam causados por uma desregulação do apego do cão por seu tutor, o que chamaram de hiperapego. Como o próprio nome diz, o cão desenvolveria um apego excessivo semelhante ao dos recém-nascidos que não conseguem sobreviver sem suas mães (Pageat, 1995), não demonstrando estratégias para lidar com o "ficar sem uma pessoa específica" (figura do apego). Segundo Pageat (1995), o cão organiza todas suas atividades de acordo com essa pessoa, visando estar permanentemente perto dela (e.g., acompanhando, mantendo-se próximo). Portanto, este estado de hiperapego se desenvolveria devido à não ruptura sistemática do apego primário pelo tutor, criando um estado de dependência emocional do cão por ele (figura de apego primária). Ou seja, tutores tendem a responder ao chamado de estresse do cão jovem em puberdade da mesma forma como respondiam quando recém-nascido, por exemplo. Não há a modificação da resposta do tutor visando o desmame do filhote, levando ao estado de dependência emocional (hiperapego). Contrariamente, Neville (1996) explica que, durante o processo de desmame, a cadela ensina gradualmente ao filhote como lidar com a frustração de não ser alimentado por ela e como procurar por outras opções de comida, ou seja, estimula a independência do filhote.

Appleby e Pluijmakers (2003) continuaram a desenvolver a teoria do hiperapego sugerindo três principais causas emocionais dos PRS: hiperapego primário (tipo A), hiperapego secundário (tipo B) e medo condicionado do isolamento (tipo C). O primeiro tipo possui a mesma definição dada por Pageat (1995), pois seria a manutenção do apego primário após a puberdade e dos comportamentos típicos de filhote. O segundo tipo se desenvolveria mais tarde (o processo de desmame foi realizado com sucesso) e geralmente após uma mudança significativa na vida do cão (e.g., perda da figura de apego ou objeto específico, ou o tutor volta a trabalhar após ficar vários meses em casa com o cão devido a uma doença). Finalmente, o tipo C estaria relacionado ao medo de ficar só porque algo ruim (e.g., tempestade) ocorreu enquanto o cão estava sozinho, ou seja, o cão associou que sozinho coisas ruins acontecem — medo condicionado.

É importante notar o foco de cada teoria relacionada ao apego. De acordo com os autores mencionados, o filhote transferiria naturalmente seu apego primário ao tutor após a adoção (principalmente quando o tutor investe na relação). Mais tarde, dependendo do cão (não aprende a lidar com o isolamento social) ou das atitudes do tutor (continua respondendo ao estresse do filhote e, consequentemente, propagando o relacionamento de apego primário, i.e., hiperapego), o cão manteria uma dependência excessiva de seu tutor. Mesmo quando são desmamados adequadamente, os cães podem tornar-se hiperapegados a seus tutores após um evento traumático. Portanto, a principal característica dessas teorias é que PRS dependeriam de dois importantes pontos na vida do cão: o processo de desmame e como os cães percebem experiências desagradáveis após a puberdade.

Entretanto, enquanto muitos autores sugerem que o apego é um fator significante em muitos casos de PRS em cães (Borchelt & Voith, 1982; McCrave, 1991; Pageat, 1995; King *et al.*, 2000; Heath, 2002; Appleby & Pluijmakers, 2003; Sherman & Mills, 2008; Horwitz, 2009; Mills *et al.*, 2013), existe uma controvérsia sobre seu exato efeito e se esta condição reflete alguma forma de hiperapego (Parthasarathy & Crowell-Davis, 2006; Konok *et al.*, 2015; Konok, Dóka, & Miklósi, 2011).

Parthasarathy e Crowell-Davis (2006), por exemplo, demonstraram que nem todos os cães com problemas relacionados à separação apresentaram hiperapego quando participaram de uma versão modificada do Teste da Situação Estranha de Ainsworth (ver Capítulo 8). Os autores compararam cães que, segundo seus tutores, apresentavam ou não PRS e não acharam diferença significativa entre eles com relação ao tempo que permaneciam em contato ou próximo a seus tutores, ao tempo gasto próximo à porta pela qual o tutor saiu da sala, enquanto estavam sozinhos, e ao tipo de comportamento dos cães visando proximidade a seus tutores. Por outro lado, esse estudo indicou que cães com PRS tendem a pular mais na porta após as pessoas estranhas saírem da sala e não se movimentam (i.e., não exploram) quando sozinhos com seus tutores. Portanto, sugerem que, ao invés de hiperapego, os cães com PRS podem apresentar diferentes estilos de apego quando comparados com cães sem esse problema.

Konok e colaboradores (2011) compararam cães com e sem PRS (também segundo o relato de seus tutores, ou seja, não foram diagnosticados por um especialista da área) durante um simples teste que foi chamado de "Teste de separação e reunião". De forma semelhante ao estudo de Parthararathy e Crowell-Davis (2006), verificaram que cães com PRS demonstraram mais sinais de estresse em geral, gastaram menos tempo perto da cadeira do tutor durante a separação e se mostraram mais ativos durante a reunião com os tutores. Por outro lado, não houve diferenças entre os dois grupos com relação ao comportamento afetivo (e.g., pedir atenção, buscar proximidade) direcionado ao tutor. Além disso, cães com PRS não diminuíram sua atividade de acordo com o aumento do tempo em que ficavam sozinhos, como ocorreu com os cães sem PRS. Portanto, os autores concluíram que esse problema comportamental não estava relacionado ao hiperapego, uma vez que os cães não apresentaram maior afeição durante a reunião com seus tutores, mas com alguma outra característica de apego.

O debate sobre a teoria do hiperapego nos PRS tem causado algumas divergências em várias áreas. Por exemplo, alguns estudos com intuito de analisar fatores de risco ou comparar diferentes tratamentos adotam comportamentos sugestivos de hiperapego como critério de inclusão para cães com PRS, enquanto outros não. King e colaboradores (2000), por exemplo, consideraram alguns sinais de apego, como: seguir o tutor pela casa e sempre manter contato; ficar estressado com o aumento da distância entre cão e tutor; ficar estressado quando o tutor se prepara para sair; e cumprimentar o tutor excessivamente quando o mesmo retorna. Se o critério de inclusão é diferente entre os estudos, não há como comparar seus resultados, afinal de contas não estamos necessariamente comparando cães com o mesmo problema comportamental/causa.

## Estilos de apego entre humanos

Vimos anteriormente que o sistema de apego se desenvolveu visando manter a proximidade entre bebês e seus cuidadores e, assim, proteger a criança e reduzir seu estresse. Entretanto, o apego é um laço emocional essencial e persistente, que é ativo durante toda a vida do ser humano, apresentando grande influência em relacionamentos próximos entre indivíduos, como casais (Bowlby, 1969; 1977), e é flexível como todos os sistemas comportamentais (Julius, Beetz, Kotrschal, Turner, & Uvnäs-Moberg, 2013).

Quando o sistema de apego é ativado, os bebês exibem comportamentos visando ganhar atenção (e.g., chamando, gritando, estabelecendo contato visual), alcançar (e.g., seguindo, movendo-se na direção de) e estabelecer contato com o cuidador, com o intuito de diminuir seu estresse, o que é alcançado pela proximidade entre ambos (Julius *et al.*, 2013). O apego entre adultos apresenta comportamentos menos salientes devido ao fato de ser mediado não somente por alterações hormonais, neurofisiológicas e cognitivas, mas também pelas experiências socioemocionais, que são consequências do envolvimento de outros sistemas, como os de "vinculação de cuidado" e "reprodutivo" (Ainsworth, 1989). Assim, como o sistema de apego é flexível e depende de outros sistemas, os papéis (figura de apego e "apegado") podem ser trocados dependendo da situação.

Enquanto crianças desenvolvem o sistema de apego, os pais desenvolvem o sistema de vinculação de cuidado, cujo objetivo é prover proteção e redução do estresse por meio da manutenção ou estabelecimento da proximidade com a criança (Bowlby, 1982). O sistema é ativado pelos comportamentos de apego do bebê ou de acordo com a percepção pelo adulto de situações perigosas e prevenção das mesmas. Seus comportamentos são recíprocos em cada situação acima citada, como tentativa de recuperar a criança, chamar ou estabelecer contato visual, e confortar (e.g., sorrir, contato corporal, Bowlby, 1969). Esse sistema é influenciado pela história de apego do próprio adulto e suas experiências com a criança em questão (Solomon & George, 1996).

Os sistemas de apego e de vinculação de cuidado interagem entre si e são intimamente conectados, já que possuem origem no desenvolvimento da pessoa e têm funções semelhantes. São desativados por contato físico ou psicológico entre a criança e o cuidador; quando ela apresenta sinais de contentamento, i.e., quando o comportamento do cuidador é adequado à necessidade de apego da criança, provocando emoções positivas e intensas nos dois indivíduos. Caso contrário, tanto a criança quanto a mãe podem apresentar sentimentos negativos e estresse (George & Solomon, 2008; Julius et al., 2013).

Além disso, um terceiro sistema, chamado "exploratório", também está envolvido no relacionamento criança-pais e afeta a dinâmica do equilíbrio entre os sistemas de apego e vinculação de cuidado. A criança e os pais possuem o sistema exploratório que é definido como a vontade de focar nos seus interesses pessoais relacionados ao ambiente e às outras pessoas (e.g., a vontade da mãe de trabalhar; ou a curiosidade das crianças em coletar informações sobre o ambiente, o que fará com que elas aprendam). Acredita-se que o resultado da interação entre esses sistemas comportamentais é o que determina a dinâmica criança-mãe e o estilo de apego nos humanos (Cassidy, 2008; George & Solomon, 2008; Julius et al., 2013). Considera-se que essa dinâmica esteja em sincronia quando mãe e bebê interagem de maneira gratificante, que deve ser mútua e simultânea (Isabella & Belsky, 1991), e o oposto ocorre quando os cuidadores se envolvem minimamente no relacionamento, não respondem aos sinais do bebê, são intrusivos e/ou suas reações não são contingentes ao que é pedido pelo infante (Julius et al., 2013).

Em resumo, os pais apresentam os sistemas de apego, exploratório e de vinculação de cuidado. Nesse caso, o sistema de apego é influenciado pela experiência com os cuidadores na infância e é equilibrado com o sistema exploratório, ou seja, com o quanto quer realizar outras atividades não relacionadas diretamente à criança. A criança, por sua vez, apresenta os sistemas de apego e exploratório, que influenciam um ao outro, ou seja, o quanto ela se sente segura com seu cuidador influencia o quanto ela explora o ambiente e interage com outras pessoas. Em momentos de estresse, a criança que se sente segura quanto ao cuidado da sua figura de apego sabe que pode procurar pelo conforto de seus pais até sentir-se segura novamente para voltar a explorar. Ao mesmo tempo, o sistema de vinculação de cuidado dos pais influencia e é influenciado pelo sistema de apego do bebê, assim como influencia o sistema exploratório do infante, i.e., a preocupação dos pais em proteger o bebê pode afetar a exploração do ambiente pelo próprio bebê.

Finalmente, toda pessoa desenvolve os chamados "modelos funcionais internos" (MFI; em inglês, *internal working models*), que são as representações mentais tanto cognitivas quanto afetivas referentes aos sistemas de apego e de vinculação de cuidado. Portanto, o MFI de cada pessoa baseia-se em suas experiências como pessoa apegada e cuidadora. Esse modelo, por sua vez, irá regular os sistemas comportamentais dessa mesma pessoa e consequentemente suas reações às situações e a outras pessoas (Bowlby, 1979). Os dois sistemas podem se adaptar às experiências atuais, ou seja, são modificados de acordo com os novos relacionamentos e situações vividas (Julius *et al.*, 2013).

De acordo com Bowlby (1979), esses MFIs são basicamente relacionados a duas dimensões: percepção que a criança possui sobre as outras pessoas (se a figura de apego é vista como alguém que tende a responder de acordo com seus comportamentos de apego) e a imagem que a criança tem de si (se ela se julga merecedora de receber ajuda e apoio da figura de apego e de outras pessoas). Essas duas dimensões foram chamadas de "evitação" (em inglês, *avoidance*): se as pessoas não reagem de acordo com o que a criança espera, ela pode começar a evitá-las; e "dependência" (em inglês, *dependency*): *se* a criança não acredita que é merecedora de receber atenção e os cuidados dos outros - semelhante à baixa autoestima — ela se torna dependente de outras pessoas para sentir-se bem. Essas duas dimensões têm sido representadas graficamente por dois eixos perpendiculares com os mesmos nomes, formando quatro possíveis estilos de apego. O eixo dependência foi posteriormente chamado de "ansiedade", uma vez que o quanto a pessoa se preocupa se seu parceiro irá apoiá-la acaba aumentando o seu estado de ansiedade e, consequentemente, a busca por estar mais próxima dele (e.g., Fraley & Spieker, 2003; Declercq & Willemsen, 2006).

Portanto, cada pessoa é classificada em um dos quatro tipos de apego, baseado em quão alto ou baixo pontua em cada dimensão (eixo). O tipo (ou estilo) de apego pode ser classificado como: seguro (baixos graus de ansiedade e evitação), inseguro-ansioso/ambivalente (alto grau de ansiedade e baixo de evitação), inseguro-evitativo (baixo grau de ansiedade e alto de evitação) e medroso/desorganizado (altos graus de ansiedade e evitação). A Figura 2 demonstra a relação das duas dimensões, também chamadas eixos, e os quatro tipos de apego (e.g., Ainsworth, Blehar, Waters & Wall, 1978; Bartholomew & Horowitz, 1991, Declercq & Willemsen, 2006). De acordo com alguns autores (e.g., Mikulincer & Shaver, 2003), a "pontuação" em cada dimensão reflete não só a percepção da segurança quanto ao apego, mas também como a pessoa lida com o estresse. Nesse sentido, indivíduos inseguros tendem a apresentar uma visão negativa sobre a natureza humana e, consequentemente, visões negativas dos parceiros (e.g., Collins & Read, 1990; Levy, Blatt, & Shaver, 1998; Collins, 1996).

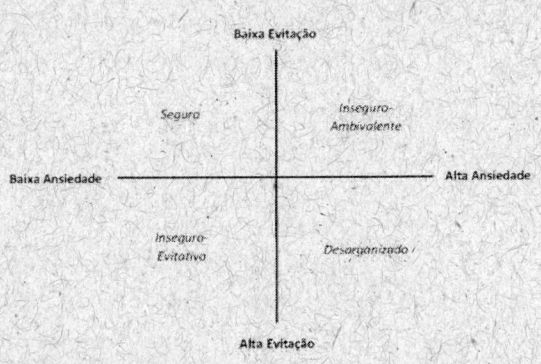

*Figura 2*. Os quatro estilos de apego, de acordo com as dimensões ansiedade e evitação.

A Tabela 1 explica as principais características dos sistemas de apego e de vinculação de cuidado no relacionamento entre criança e pais, de acordo com cada um dos estilos de apego.

Tabela 1 Características dos sistemas de apego (criança) e vinculação de cuidado (cuidador), de acordo com cada estilo de apego (adaptado de Julius et al., 2013).

| Estilo de apego | Criança | Cuidador |
|---|---|---|
| Seguro | Busca ativamente por proximidade, consolo e apoio em situações de estresse; acredita na disponibilidade de sua figura de apego e por isso sente-se à vontade para explorar; capaz de expressar estados emocionais negativos. | *Flexível:* sensível, confiável, disponível, apoiador. |
| Inseguro-evitativo | Vê o cuidador como alguém que a rejeita e não a apoia; evita se relacionar com o cuidador quando este está estressado; não busca por proximidade, explora mais; não expressa sentimentos negativos. | *Distanciado:* estratégia de apego desativada, protege à distância (supervisiona à distância e passa essa responsabilidade para outras pessoas); prioriza suas necessidades em vez das da criança; teve cuidadores insensíveis quando criança. |
| Inseguro-ansioso/ambivalente | Não pode confiar na disponibilidade de seus cuidadores em situações estressantes; busca manter a proximidade; explora menos; pode apresentar raiva e comportamento agressivo. | *Incerto:* estratégia de desconexão cognitiva (separa o estresse da situação); supervisiona de perto, mas não promove a desativação efetiva dos comportamentos de apego. |
| Medroso ou Desorganizado | Vulnerável e desamparada quando em situação de estresse; negligenciada, abusada, perdeu o cuidador ou vive sob ameaça dele; longas separações; memórias traumáticas (comportamentos descontrolados); dissociação como forma de proteção. | *Confuso:* falha em prover o mínimo de proteção e cuidado; oprimido pelo medo e desamparo como resultado dos comportamentos de apego da criança. |

Atualmente, há uma nova visão acerca dos estilos de apego que, em vez de dois eixos (ansiedade e evitação) e grupos bem diferenciados, baseia-se em uma única linha, na qual os estilos de apego e seus intermediários se encontram distribuídos como um contínuo. É também baseada nos diferentes níveis de estratégia (i.e., primária, secundária ou nenhuma, descritos a seguir) que o indivíduo apegado consegue adotar para estabelecer um relacionamento funcional com seu cuidador. Inicialmente, todos adotam a estratégia primária, que é quando o cuidador reage adequadamente às necessidades do apegado, fazendo com que este procure por proximidade da figura de apego em momentos de estresse (i.e., estilo de apego seguro, Hinde & Stevenson-Hindle, 1991). No entanto, se o cuidador não responde devidamente, o apegado adotará a estratégia secundária, corrigindo seu objetivo para que consiga adaptar-se ao estilo do cuidador (i.e., estilos de apego inseguro-evitativo ou ambivalente). Portanto, o estilo inseguro-evitativo estaria associado à desativação dos comportamentos de apego, apresentando inibição das tendências de busca por proximidade, negação das necessidades de apego e da exposição emocional e cognitiva para os outros, e crença de que o indivíduo é a única fonte de proteção confiável para si mesmo. Por outro lado, o estilo inseguro-ansioso/ambivalente estaria relacionado com a hiperativação desses comportamentos: tentativas energéticas de estar próximo, receber apoio e amor da figura de apego e, ao mesmo tempo, falta de confiança de que estes serão oferecidos (Kermoian & Liederman, 1986; Julius *et al.*, 2013). Caso essa estratégia também não seja efetiva, o indivíduo apegado passa a não ter estratégias para lidar com seu cuidador e, consequentemente, não se encaixa em um estilo de apego funcional, passando a apresentar o estilo de apego desorganizado (Cassidy & Kobak, 1988; Cassidy & Berlin, 1994; Julius *et al.*, 2013).

## Estilos de apego dos tutores

Uma vez desenvolvido o estilo de apego após a infância, este possui a tendência de ser transmitido para qualquer relacionamento, embora toda relação nova apresente o potencial de desenvolver um estilo de apego diferente (Julius, Gasteiger-Klicpera, & Kißgen. 2009). O que geralmente ocorre é que em uma nova relação o cuidador passa a tratar o indivíduo apegado de acordo com o estilo de apego deste (apegado), consequentemente, reafirmando-o e mantendo-o (Julius *et al.*, 2009). Segundo alguns autores, o estilo de apego humano-humano não é comumente transferido para o relacionamento humano-animal, pois este apresenta quatro vezes mais chance de desenvolver o estilo seguro de apego (Beck & Madresh, 2008; Julius *et al.*, 2013). Portanto, a relação com os animais teria o potencial de quebrar esse padrão devido ao fato de as pessoas, no geral, possuírem diferentes expectativas e concepções dos animais de estimação quando comparados a outros humanos (Beck & Madresh, 2008; Julius *et al.*, 2013). No entanto, Zilcha-Mano, Mikulincer e Shaver (2011) encontraram que o apego entre animal de estimação e tutor está moderadamente correlacionado com as orientações de apego entre pessoas em relações próximas: pessoas inseguras em seus relacionamentos humanos tendem a manter a insegurança nos relacionamentos com seus animais de estimação. É interessante notar que ambos, humanos e animais de estimação, podem apresentar os dois sistemas: apego e vinculação de cuidado, compartilhando o mesmo mecanismo neurológico (Julius *et al.*, 2013).

Com base nas características do relacionamento criança-pais dos quatro estilos de apego, é possível especular sobre as características do relacionamento animal de estimação-humano considerando os humanos tanto como cuidadores quanto como indivíduos apegados (Tabela 2). Ademais, de forma semelhante ao relacionamento entre os humanos quando adultos, animais de estimação e pessoas podem trocar os papéis em seu relacionamento. Embora a maioria das pessoas veja seus cães como crianças e consequentemente elas próprias como cuidadoras (Beck & Madresh, 2008; Zilcha-Mano *et al.*, 2011; Mariti *et al.*, 2013), os animais de estimação também podem atuar como cuidadores, pois muitas vezes proporcionam refúgio, base de segurança, manutenção da proximidade e a separação gera estresse (Kurdek, 2008; Zilcha-Mano, Mikulincer, & Shaver, 2012). Apesar de não haver ainda estudos, acredita-se que essa inversão de papéis pode influenciar o relacionamento entre animais de estimação e tutor e, consequentemente, o modelo funcional interno (MFI) do cão.

Tabela 2. Características do tutor como figura que se apega ao cão e como cuidador do cão, de acordo com os estilos de apego (adaptado de Julius *et al.*, 2013).

| Estilo de apego pessoa-cão | Pessoa como figura que se apega | Pessoa como cuidadora |
|---|---|---|
| Seguro | Busca ativamente por proximidade, consolo e apoio em situações de estresse; acredita na disponibilidade do cão e por isso sente-se livre para explorar; capaz de expressar estados emocionais negativos. | *Flexível:* sensível, confiável, disponível, apoiadora. |
| Inseguro-evitativo | Foca em um relacionamento que funciona, desvalorizando a importância emocional do mesmo; mantém distância do cão em situações de estresse; desconfia e sente medo de ser rejeitado pelo cão. | *Distante:* mantém distância física e emocional do animal de estimação; desvaloriza as necessidades de apego do animal; foca na independência do mesmo ou confia seus cuidados a outra pessoa. |
| Inseguro-ansioso/ambivalente | Busca constantemente a proximidade, o amor e o apoio de seu cão, acreditando que não recebe o suficiente. | *Incerto:* mantém contato constante. |
| Desorganizado | Medo exagerado de perder o cão; vê ambos como desamparados e sem estratégias para lidar com a situação; agressão direcionada ao cão ou tentativa constante de controlá-lo (esses comportamentos podem somente aparecer quando sob estresse). | *Confuso:* comportamentos de negligência, abuso e amedrontamento direcionados ao cão. |

Outro ponto importante que tem sido investigado e pode estar relacionado ao estilo de apego do tutor no papel de cuidador são suas atitudes para com seu cão, especialmente referente à consistência. Como podemos ver nas Tabelas 1 e 2, com exceção do estilo de apego seguro, todos os outros (principalmente o estilo inseguro-ansioso/ambivalente) apresentam comportamentos ambíguos do cuidador, o que pode se refletir no cão.

Entretanto, somente recentemente, começamos a classificar os estilos de apego dos tutores em relação a seus cães utilizando uma estrutura semelhante à usada para classificar os estilos de apego entre humanos.

Zilcha-Mano e colaboradores (2011) desenvolveram o questionário de apego ao animal de estimação (*Pet Attachment Questionnaire*, PAQ), que analisa as dimensões ansiedade e evitação do tutor. Com base nas relações interpessoais dos humanos adultos, os autores acreditam que tutores variam quanto ao nível de apego ansioso e evitativo, o que pode afetar os comportamentos e emoções de seus cães. Seus resultados mostraram principalmente que as orientações de apego em relacionamentos próximos entre humanos foram positivamente correlacionados com o apego humano para com o animal de estimação e que as atitudes do tutor afetam significativamente o relacionamento com seu cão e, possivelmente, as chances deste desenvolver problemas comportamentais relacionados à separação. O Capítulo 8 traz mais detalhes desse estudo.

## Estilos de apego dos cães

Como já visto anteriormente, há estudos demonstrando que os cães desenvolvem o apego por seus tutores e vice-versa. Além disso, vimos também que estudos têm demonstrado que os tutores parecem apresentar os quatro estilos de apego na relação com seus cães. Entretanto, pouco ainda se sabe como os cães podem apresentar os diferentes estilos de apego por seus tutores.

Topál, Miklósi, Csányi e Dóka (1998), por meio da análise dos comportamentos de cães adultos durante o Teste da Situação Estranha de Ainsworth, identificaram três grupos de comportamentos dos cães, relacionados com: ansiedade (não brincaram, ficaram passivos e em contato físico com o tutor), aceitação (buscaram contato físico com um estranho) e apego (buscaram contato físico com o tutor e apresentaram menor tempo para iniciar a busca pelo contato com seu tutor). Analisaram, então, esses cães visando agrupá-los de acordo com as similaridades de seus comportamentos durante o teste e verificaram cinco grupos diferentes, sendo três grandes grupos, dos quais dois apresentaram dois subgrupos cada (Tabela 3). Esses grupos apresentaram características diferentes referentes à ansiedade, à aceitação e ao apego, assemelhando-se aos três estilos de apego identificados em infantes de um ano por Ainsworth, Bell e Stayton (1969).

Tabela 3. Características de cada grupo/subgrupo dos cães testados no Teste da Situação Estranha de Ainsworth (adaptado de Topál *et al.*, 1998)

| Grupo | Característica |
|---|---|
| 1A | Pessoa estranha reduz o estresse (evita o tutor) |
| 1B | Tutor reduz o estresse (vincula-se com o tutor) |
| 2 | Comportamento mais extremo, estresse mais acentuado durante a separação e não distinção entre tutor e estranho (vincula-se com humanos e estressa-se mais) |
| 3A | Evita contato próximo como estratégia para redução do estresse (evita o tutor) |
| 3B | Vincula-se com humanos (tutor e pessoas estranhas) |

Portanto, os comportamentos vistos durante o teste em relacionamentos entre cães e humanos assemelharam-se aos da classificação de apego utilizada entre crianças e seus pais (Topál *et al.*, 1998; 2005). No entanto, mais estudos são necessários para melhor entender essa relação por parte do cão.

## PROBLEMAS RELACIONADOS À SEPARAÇÃO E OS ESTILOS DE APEGO

Se retornarmos à ideia de Ainsworth, juntamente com os resultados de Parthasarathy e Crowell-Davis (2006), que sugerem que os PRS poderiam estar relacionados ao estilo de apego e não ao apego excessivo, deveríamos então focar na forma como os cães percebem e reagem às atitudes dos tutores, ou seja, isso pode depender das diferenças individuais de apego e não somente se o cão apresenta apego ou não, e nem da intensidade deste. Por isso pesquisadores têm procurado por diferentes estilos visando melhor entender as causas de PRS.

Konok e colaboradores (2015), por exemplo, analisaram em cães com PRS, o efeito do estilo de apego humano e as personalidades humana e canina. Identificaram relação entre cães que apresentavam esse problema comportamental e tutores com estilo de apego inseguro-evitativo, apesar de relatarem não poder afirmar a direção e a causalidade dessa relação. Esses autores acreditam que o estilo de apego do tutor influencia seus comportamentos de vinculação de cuidado. Nesse caso, refletindo-se em uma resposta menos consistente às necessidades do cão devido ao fato do tutor não demonstrar segurança e proximidade para com o seu animal. Consequentemente, o cão não se sente seguro o suficiente sobre a disponibilidade de seu tutor, principalmente durante situações de estresse. Nesse sentido, o tutor não agiria como refúgio e base de segurança para seu cão, o que contribuiria para o desenvolvimento dos PRS.

Ademais, similarmente às evidências de ansiedade de separação em crianças, o estilo de apego inseguro-ansioso/ambivalente não apresentou correlação com PRS; o que pode ser explicado pelo fato de os tutores ambivalentes ou ansiosos apresentarem falta de apoio à autonomia do cão e serem intrusivos em vez de não demonstrarem sensibilidade e responsividade às necessidades do cão. Esses resultados corroboram o que autores como Parthasarathy e Crowell-Davis (2006) e Konok e colaboradores (2011) encontraram, quando compararam os comportamentos de cães com e sem PRS no teste de separação e sugeriram a correlação entre os PRS e o estilo inseguro de apego em vez de hiperapego.

Esses resultados sugerem uma relação muito interessante entre as atitudes dos tutores relacionadas a seus estilos de apego e os comportamentos de seus cães, sendo importante notar a diferença entre as teorias do hiperapego e dos estilos de apego. Como já mencionado, a primeira teoria sugere dois pontos cruciais na vida do cão para o desenvolvimento de PRS, enquanto a segunda defende que as atitudes do tutor durante toda a vida do cão (especialmente na infância e na juventude) podem influenciar o desenvolvimento desses problemas. Além disso, essas atitudes são afetadas pela história e pelas experiências do tutor, como, por exemplo, a forma como foi tratado em sua infância.

Importante salientar que, dependendo do papel do apego, o tratamento dos PRS pode variar significativamente, o que torna a correta identificação das causas desses problemas ainda mais importante. Como exemplo, atualmente a principal proposta de modificação comportamental para tratar os PRS é aumentar a independência do cão, assumindo que o foco do problema é o hiperapego; no entanto, essa proposta pode até piorar o problema se a causa dos PRS for o estilo de apego inseguro-evitativo do tutor.

## OUTRAS CAUSAS DE PROBLEMAS RELACIONADOS À SEPARAÇÃO

Os PRS podem não estar primariamente relacionados ao apego e seu sistema emocional (sistema do pânico, Panksepp, 1998), mas poderiam facilmente ocorrer devido à ativação de outros sistemas emocionais, como frustração, medo, entre outros. Além disso, é bom relembrar que muitas dessas causas podem não ser estressantes para o animal e/ou podem ocorrer também na presença do tutor.

A frustração, que está ligada ao "sistema raiva" (em inglês, *anger system*, Panksepp, 1998), pode ser o estado afetivo primário de cães que destroem pontos de saída como a porta principal do quarto. Nesses casos, os cães podem querer passar por essa porta (i.e., barreira que atua como impedimento físico) devido a diferentes motivações, que vão além de querer estar junto do seu tutor por não conseguir ficar separado dele (i.e., não possui problemas relacionados ao apego com o seu tutor). Por exemplo, um cão pode querer ficar no jardim ou na rua para interagir (e.g., brincar, brigar) com outro cão ou pessoa, como o carteiro, devido às tendências territoriais ou à resposta de reforço que obtém toda vez que realiza essa tentativa (Mills *et al.*, 2013). Por outro lado, o cão pode querer sair da casa ou do quarto/canil porque não se sente confortável sozinho nesses lugares. Há, portanto, diferença entre o cão querer estar no jardim porque algo o interessa lá e fugir do canil porque não gosta de ficar nesse espaço. Nas duas situações, o cão realiza o mesmo comportamento (tentar sair pela porta, destruindo-a), mas por motivações e emoções diferentes (desejo de brincar com outro cão e não gostar de estar no canil, respectivamente).

Outra motivação para passar por uma barreira (porta, janela, etc.) pode estar relacionada ao restabelecimento do contato com seu tutor, porque o cão aprendeu que atividades interessantes acontecem quando estão juntos (i.e., o cão consegue ficar sozinho, mas se sente frustrado em não acompanhar seu tutor).

Embora a destruição seja mais comum e fácil de notar do que outros comportamentos, como vocalização e eliminação inapropriada, estes também podem ocorrer devido ao sentimento de frustração como tentativa de comunicação (e.g., latir e fazer marcação com urina), já que não consegue estabelecer contato físico ou visual com outro cão ou pessoa.

Portanto, frustração por impedimento físico (barreira) pode também estar relacionada à baixa tolerância à frustração no geral, o que, por sua vez, pode estar ligada ao que Neville (1996) sugere quanto ao papel da cadela durante o desmame, que ensina os filhotes a se tornarem independentes e a lidarem com a frustração. Atualmente, filhotes são desmamados com aproximadamente oito semanas de vida e isso, possivelmente, pode impactar significativamente o nível de tolerância à frustração durante a vida desses cães.

Nesse caso, o tratamento de cães com PRS por baixa tolerância à frustração deve ser focado em ensinar o cão a como lidar com a frustração e aumentar a sua tolerância, ou seja, aprender que existem situações nas quais suas expectativas não serão satisfeitas e que isso é normal.

O medo também é uma possível causa relacionada aos PRS. Trata-se de outro estado afetivo primário em cães que apresentam PRS, que está associado ao "sistema de ansiedade" (em inglês *anxiety system*, Panksepp, 1998; Appleby & Pluijmakers, 2004; Mills *et al.*, 2013). Como vimos anteriormente neste capítulo, Appleby e Pluijmaker (2004) nomearam de tipo C o medo condicionado de isolamento, que se manifesta quando o cão associa que situações ruins ocorrem quando fica sozinho na casa ou quarto. Por exemplo, uma tempestade ocorreu em um dia em que o cão estava sozinho, por isso ele sente medo toda vez que fica isolado ou sozinho. Além disso, o cão pode sentir medo de um evento específico que coincidentemente ocorre quando ele está sozinho, como o barulho de explosão que às vezes ocorre no escapamento de alguns carros. Nesse caso, o estímulo que desencadeia o medo é o evento e não o fato de estar sozinho, tendendo a ser uma situação mais esporádica do que o explicado anteriormente (Mills *et al.*, 2013).

O desejo/busca associado ao "sistema do buscar" (em inglês, *seeking system*, Panksepp, 1998), é outra emoção que pode causar PRS. Na ausência do tutor, por exemplo, um filhote cuja dentição está nascendo e com uma tendência a morder objetos, sem a devida orientação do tutor por meio da disponibilização de brinquedos apropriados, pode morder móveis, tais como pernas de mesa, cadeiras e sofás, resultando em destruição quando sozinho. Isso também pode ocorrer em filhotes mais velhos ou adultos em geral, que desejam investigar o ambiente e/ou brincar (Heath, 2002; Mills *et al.*, 2013).

Por fim, citamos também como possíveis causas para os PRS o tempo excessivo que o cão é deixado sozinho e a falta de educação higiênica. Muitas vezes os tutores deixam seus cães sozinhos sem acesso à área para eliminação, por tempo excessivo, sem proporcionar a oportunidade adequada para urinar e/ou defecar, resultando na eliminação inapropriada. Isso pode ser um problema particular para filhotes e idosos por possuírem menor capacidade de retenção tanto da bexiga quanto do intestino. Entretanto, a eliminação inapropriada quando sozinho pode também ser causada pelo simples fato de que o cão não foi devidamente ensinado a usar o local adequado. Nesse caso, o estado afetivo seria também o desejo/busca, já que o cão precisa aliviar suas necessidades primárias (Mills *et al.*, 2013).

# Considerações Finais

O objetivo deste capítulo foi apresentar um comum e importante problema comportamental em cães, focando em suas variadas causas que estão relacionadas a diferentes processos cognitivos. Ao entender que PRS estão ligados a um grupo de comportamentos problemáticos para os tutores, que pode envolver estresse ou não e ser causado por diversos estados afetivos e motivações, a abordagem e o tratamento tornam-se mais direcionados. Além disso, alguns desses estados afetivos podem se tornar um problema não só quando o cão está separado de seu tutor, mas também na vida do cão como um todo. Por isso cada cão deve ser avaliado e tratado, se for o caso, em outras situações de sua rotina e relacionamentos, ou seja, uma abordagem holística deve ser adotada.

Com o intuito de entender melhor os processos cognitivos envolvidos nos PRS, grande parte deste capítulo teve como foco o papel do apego e, para isso, foi importante entendermos como esse sistema tem sido estudado (em humanos e cães) e relacionado com esse problema comportamental em cães. O conhecimento mais atual sobre estilos de apego não invalida as teorias anteriores (e.g., importância da figura de apego primária e desmame), mas vem adicionar informações que podem explicar porque alguns cães desenvolvem estresse devido à separação e outros não. As atitudes dos tutores, assim como o tipo de relacionamento desenvolvido entre eles e seus cães, possivelmente têm grande importância, de forma semelhante ao que ocorre nas crianças. Essas novas evidências abrem a possibilidade para uma variedade de ações preventivas e de tratamento, além de nos ajudar a melhor entender como nossa relação com os cães funciona.

Embora tenhamos citado ao longo do texto algumas informações sobre o diagnóstico e o tratamento dos PRS, não discutimos em detalhes por não ser esse o escopo do livro. Entretanto, acreditamos que uma vez entendendo as possíveis motivações e mecanismos, a lógica diagnóstico-tratamento torna-se mais direta e específica, aumentando o engajamento do tutor e o sucesso do tratamento.

Finalmente, muita informação está disponível, mas ainda é clara a necessidade de pesquisa na área visando a identificação e validação de alguns conceitos, especialmente relacionados ao papel do apego e outros estados afetivos nessa dinâmica. Tentamos aqui compilar os estudos mais importantes e recentes para explicar como esse problema comportamental tem sido visto e tratado, juntamente aos atuais trabalhos do nosso grupo, com o intuito de fornecer evidências de que PRS não devem ser tratados como uma condição homogênea e que, por isso não há um "livro de receitas".

## Referências

Ainsworth, M. D. S. (1989). Attachments beyond infancy. *American Psychologist, 44*(4), 709-716.

Ainsworth, M. D. S., Bell, S. M. V., Stayton, D. J. (1969). *Individual differences in strange-situational behaviour of one-year-olds*. Baltimore, MD: John Hopkins University.

Ainsworth, M. D. S., Blehar, M. C., Waters, E., & Wall, S. (1978). *Patterns of attachment: A psychological study of the strange situation*. Oxford: Lawrence Erlbaum.

Appleby, D., & Pluijmakers, J. (2003). Separation anxiety in dogs: The function of homeostasis in its development and treatment. *Veterinary Clinics of North America: Small Animal Practice, 33*(2), 321-344.

Assis, L. S., & Mills, D. S. (In preparation). A closer look of separation related problems in dogs.

Bamberger, M., & Houpt, K. A. (2006). Signalment factors, comorbidity, and trends in behavior diagnoses in dogs: 1,644 cases (1991-2001). *Journal of the American Veterinary Medical Association, 229*(10), 1591-1601.

Bartholomew, K., & Horowitz, L. M. (1991). Attachment styles among young adults: A test of a four-category model. *Journal of Personality and Social Psychology, 61*(2), 226-244.

Beck, L., & Madresh, A. (2008). Romantic and four-legged friends: An extension of attachment theory to relationships with pets. *Anthrozoös, 21*(1), 43-56.

Borchelt, P. L., & Voith, V. L. (1982). Diagnosis and treatment of separation-related behavior problems in dogs. *The Veterinary Clinics of North America: Small Animal Practice, 12*(4), 625-635.

Bowlby, J. (1969). *Attachment and loss* (Vol. 1: Attachment). New York, NY: Basic Books.

Bowlby, J. (1973). *Attachment and loss* (Vol. 2: Separation: Anxiety and anger). London: Hogarth Press.

Bowlby, J. (1982). *Joy and grief: Forming and untying affective bonds*. Stuttgart, Germany: Klett-Cotta.

Bowlby, J. (1979). *The making and breaking of affectional bonds*. London: Tavistock Publications.

Bradshaw, J. W. S., McPherson, J. A., Casey, R. A., & Larter, I. S. (2002). Aetiology of separation-related behaviour in domestic dogs. *The Veterinary Record, 151*(2), 43-46.

Cassidy, J. (2008). The nature of the child's ties. In J. Cassidy & P. R. Shaver (Eds.), *Handbook of attachment: Theory, research and clinical applications* (2nd ed., pp.3-22). New York, NY: Guilford Press.

Cassidy, J., & Berlin, L. J. (1994). The insecure/ambivalent pattern of attachment: Theory and research. *Child Development, 65*(4), 971-981.

Cassidy, J., & Kobak, R. R. (1988). Avoidance and its relation to other defensive processes. In J. Belsky, & T. Nezworski (Eds.), *Clinical implications of attachment* (pp. 300-323). Hillsdale, NJ: Lawrence Erlbaum.

Collins, N. L. (1996). Working models of attachment: Implications for explanation, emotion, and behavior. *Journal of Personality and Social Psychology, 71*(4), 810-832.

Collins, N. L., & Read, S. J. (1990). Adult attachment, working models, and relationship quality in dating couples. *Journal of Personality and Social Psychology, 58*(4), 644-663.

Declercq, F., & Willemsen, J. (2006). Distress and post-traumatic stress disorders in high risk professionals: Adult attachment style and the dimensions of anxiety and avoidance. *Clinical Psychology & Psychotherapy, 13*(4), 256-263. doi:10.1002/cpp.492

Denenberg, S., Landsberg, G. M., Horwitz, D., & Seksel, K. (2005). A comparison of cases referred to behaviorists in three different countries. In D. Mills, E. Levine, G. M. Landsberg, D. Horwitz, M. Duxbury, P. Mertens,... J. Willard (Eds.), *Current issues and research in veterinary behavioral medicine* (pp. 56-62). West Lafayette, IN: Purdue University Press.

Fraley, R. C., & Spieker, S. J. (2003). Are infant attachment patterns continuously or categorically distributed? A taxometric analysis of strange situation behavior. *Developmental Psychology, 39*(3), 387-404.

George, C., & Solomon, J. (2008). The caregiving system: A behavioral systems approach to parenting. In J. Cassidy & P. R. Shaver (Eds.), *Handbook of attachment: Theory, research, and clinical applications* (2nd ed., pp. 833-856). New York, NY: Guilford Press.

Heath, S. (2002). Dealing with separation problems in dogs. In *Scientific Proceedings of the 45th Annual Congress of the British Small Animal Association* (pp. 536-538). Gloucester, England.

Hinde, R. A., & Stevenson-Hinde, J. (1991). Perspectives on attachment. In C. M. Parkes, J. Stevenson-Hinde, & P. Maris (Eds.), *Attachment across the life cycle* (pp. 52-65). New York, NY: Tavistock/Routledge.

Horwitz, D. (2009). Separation-related problems in dogs and cats. In D. F. Horwitz, & D. S. Mills (Eds.), *BSAVA manual of canine and feline behavioural medicine* (2nd ed. pp. 146-158). Gloucester, England: British Small Animal Veterinary Association.

Isabella, R. A., & Belsky, J. (1991). Interactional synchrony and the origins of infant-mother attachment: A replication study. *Child Development, 62*(2), 373-384.

Julius, H., Beetz, A., Kotrschal, K., Turner, D., & Uvnäs-Moberg, K. (2013). *Attachment to pets: An integrative view of human-animal relationships with implications for therapeutic practice*. Cambridge, MA: Hogrefe Publishing.

Julius, H., Gasteiger-Klicpera, B., & Kißgen, R. (2009). *Bindung im kindesalter: Diagnostik und interventionen*. [Childhood attachment: Diagnosis and intervention]. Gottingen, Germany: Hogrefe.

Kermoian, R., & Leiderman, P. H. (1986). Infant attachment to mother and child caretaker in an East African community. *International Journal of Behavioral Development, 9*(4), 455-469.

King, J. N., Sımpson, B. S., Overall, K. L., Appleby, D., Pageat, P., Ross, C.,... Wren, J. (2000). Treatment of separation anxiety in dogs with clomipramine: results from a prospective, randomized, double-blind, placebo-controlled, parallel-group, multicenter clinical trial. *Applied Animal Behaviour Science, 67*(4), 255-275.

Konok, V., Dóka, A., & Miklósi, Á. (2011). The behavior of the domestic dog (*Canis familiaris*) during separation from and reunion with the owner: A questionnaire and an experimental study. *Applied Animal Behaviour Science, 135*(4), 300-308.

Konok, V., Kosztolányi, A., Rainer, W., Mutschler, B., Halsband, U., & Miklósi, Á. (2015). Influence of owners' attachment style and personality on their dogs' (*Canis familiaris*) separation-related disorder. *PloS ONE, 10*(2). doi: 10.1371/journal.pone.0118375

Kurdek, L. (2008). Pet dogs as attachment figures. *Journal of Social and Personal Relationships, 25*(2), 247-266.

Levy, K. N., Blatt, S. J., & Shaver, P. R. (1998). Attachment styles and parental representations. *Journal of Personality and Social Psychology, 74*(2), 407-419.

Lund, J. D., & Jørgensen, M. C. (1999). Behaviour patterns and time course of activity in dogs with separation problems. *Applied Animal Behaviour Science, 63*(3), 219-236.

Mariti, C., Ricci, E., Carlone, B., Moore, J. L., Sighieri, C., & Gazzano, A. (2013). Dog attachment to man: A comparison between pet and working dogs. *Journal of Veterinary Behavior: Clinical Applications and Research, 8*(3), 135-145.

Martínez, Á. G., Pernas, G. S., Casalta, F. J. D., Rey, M. L. S., & De La Cruz Palomino, L. F. (2011). Risk factors associated with behavioral problems in dogs. *Journal of Veterinary Behavior: Clinical Applications and Research, 6*(4), 225-231.

McCrave, E. A. (1991). Diagnostic criteria for separation anxiety in the dog. *Veterinary Clinics of North America: Small Animal Practice, 21*(2), 247-255.

Mikulincer, M., & Shaver, P. R. (2003). The attachment behavioral system in adulthood: Activation, psychodynamics, and interpersonal processes. *Advances in Experimental Social Psychology, 35*, 53-152.

Mills, D., Dube, M. B., & Zulch, H. (2013). Separation-related behaviour problems in dogs. In D. Mills, M. B. Dube, & H. Zulch, *Stress and pheromonatherapy in small animal clinical behaviour* (pp. 170-190). Chichester, England: Wiley-Blackwell.

Neville, P. (1996). The behavioural impact of weaning on cats and dogs. *Veterinary Annual, 36*, 98-108.

Overall, K. L. (1997). *Clinical behavioral medicine for small animals.* St. Louis, MO: Mosby.

Pageat, P. (1995). *Pathologie du comportement du chien.* Maisons-Alfort, France: Éditions du Point Vétérinaire.

Palestrini, C., Minero, M., Cannas, S., Rossi, E., & Frank, D. (2010). Video analysis of dogs with separation-related behaviors. *Applied Animal Behaviour Science, 124*(1-2), 61-67.

Panksepp, J. (1998). *Affective neuroscience: The foundations of human and animal emotions.* New York, NY: Oxford University Press.

Parthasarathy, V., & Crowell-Davis, S. L. (2006). Relationship between attachment to owners and separation anxiety in pet dogs (*Canis lupus familiaris*). *Journal of Veterinary Behavior: Clinical Applications and Research, 1*(3), 109-120.

Sherman, B. L., & Mills, D. S. (2008). Canine anxieties and phobias: An update on separation anxiety and noise aversions. *Veterinary Clinics of North America: Small Animal Practice, 38*(5), 1081-1106.

Simpson, B. S., Landsberg, G. M., Reisner, I. R., Ciribassi, J. J., Horwitz, D., Houpt, K. A., ... Clark, T. P. (2007). Effects of reconcile (fluoxetine) chewable tablets plus behavior management for canine separation anxiety. *Veterinary Therapeutics, 8*(1), 18-31.

Soares, G. M., Pereira, J. T., & Paixão, R. L. (2010). Exploratory study of separation anxiety syndrome in apartment dogs. *Ciência Rural, 40*(3), 548-553.

Solomon, J., & George, C. (1996). Defining the caregiving system: Toward a theory of caregiving. *Infant Mental Health Journal, 17*(3), 183-197.

Storengen, L. M., Boge, S. C. K., Strøm, S. J., Løberg, G., & Lingaas, F. (2014). A descriptive study of 215 dogs diagnosed with separation anxiety. *Applied Animal Behaviour Science, 159*, 82-89.

Topál, J., Gácsi, M., Miklósi, Á., Virányi, Z., Kubinyi, E., & Csányi, V. (2005). Attachment to humans: A comparative study on hand-reared wolves and differently socialized dog puppies. *Animal Behaviour, 70*(6), 1367-1375.

Topál, J., Miklósi, Á., Csányi, V., & Dóka, A. (1998). Attachment behavior in dogs (*Canis familiaris*): A new application of Ainsworth's (1969) Strange Situation Test. *Journal of Comparative Psychology, 112*(3), 219-229.

Zilcha-Mano, S., Mikulincer, M., & Shaver, P. R. (2011). An attachment perspective on human-pet relationships: Conceptualization and assessment of pet attachment orientations. *Journal of Research in Personality, 45*(4), 345-357.

Zilcha-Mano, S., Mikulincer, M., & Shaver, P. R. (2012). Pets as safe havens and secure bases: The moderating role of pet attachment orientations. *Journal of Research in Personality, 46*(5), 571-580.

# 10
# O bem-estar do cão

*Angélica da Silva Vasconcellos*

*O que é bom para mim é bom para o meu cão?*

Bem-estar é um conceito em construção. Em geral, as definições encontradas para ele partem de três abordagens diferentes, que enfatizam: a) o funcionamento biológico do organismo — relacionado ao perfeito funcionamento orgânico, dentro das características particulares de cada espécie (Hurnik, 1992); b) a adaptação ao ambiente — a forma como o indivíduo lida com desafios ambientais; sob este ponto de vista, o bem-estar do indivíduo corresponderia à sua condição em resposta aos esforços despendidos por ele para se adaptar ao ambiente (Carpenter, 1980, Broom, 1991); c) o sentimento — a forma como o indivíduo se sente em relação a seu ambiente, ou seja, pressupõe-se nos animais a senciência (capacidade de sentir; Duncan, 1993).

A primeira abordagem (funcionamento biológico) pode ser restritiva, uma vez que considera somente o bem-estar físico, estático. Por outro lado, a terceira (baseada no sentimento) introduz uma dificuldade: a necessidade de medir e interpretar estados mentais dos animais. A segunda definição, por permitir medidas quantitativas de níveis de bem-estar, é mais afeita à investigação científica.

Partindo, então, de uma perspectiva de adaptação (Carpenter, 1980, Broom, 1991), consideramos que quando é possível a um indivíduo se adaptar ao seu ambiente (físico e/ou social) sem esforço excessivo, níveis aceitáveis de bem-estar são mantidos. A adaptação, nesse caso, ocorreria a um baixo custo — sem sofrimento. Por outro lado, quando a modulação necessária é excessivamente custosa, o indivíduo pode não conseguir se adaptar adequadamente — casos em que o ambiente ou a situação exigem demais dele. Nesses casos, interpreta-se que o bem-estar do indivíduo está comprometido. Bem-estar refere-se então, sob esse ponto de vista, a um estado resultante das tentativas do indivíduo de se adaptar a seu ambiente, ao quanto precisa ser feito para lidar com esse ambiente e ao nível de sucesso dessas tentativas de adaptação.

## FATORES QUE AFETAM O BEM-ESTAR

Se o bem-estar de um indivíduo pode ser mensurado por meio de suas tentativas de lidar com as demandas ambientais, ao analisarmos o que determinado ambiente oferece ou não ao indivíduo, podemos ter indícios de sua condição de bem-estar. Em especial, fatores relevantes no ambiente são a disponibilidade de recursos, de opções, de controle sobre esse ambiente e até de imprevisibilidade (Bassett & Buchanan-Smith, 2007).

Desses fatores, a disponibilidade de recursos é mais intuitiva e comumente relacionada ao bem-estar. Um alojamento adequado — que inclui aspectos como iluminação, umidade, espaço, temperatura, ventilação, privacidade (disponibilização de pontos de fuga, em especial para momentos de conflito social) etc. — é um ponto de partida para bons níveis de bem-estar (Young, 2003). Companhia para animais sociais e recursos de consumo, como alimentação e água, também são rapidamente listados. Entretanto, aspectos como opções de escolha — pela apresentação de alternativas de recursos equivalentes (Inglis, Forkman, & Lazarus, 1997), imprevisibilidade e controle sobre o ambiente (Bassett & Buchanan-Smith, 2007) são menos intuitivos.

Dessa forma, são justamente esses aspectos que discuto mais em detalhe a seguir.

Muitas das decisões que tomamos pelos animais — mesmo que no intuito de propiciar a eles conforto e qualidade de vida — partem, necessariamente, de um ponto de vista humano (Dawkins, 1990). Diferentes indivíduos (mesmo que membros de uma mesma espécie) podem requerer diferentes habilidades, oportunidades e atividades para que se sintam saciados (Jeppsson, 2016). No caso dos cães, uma espécie com tantas variações de raças, acessar preferências individuais é ainda mais importante, pois é pouco provável que um Pinscher tenha preferências e/ou necessidades semelhantes às de um Husky Siberiano (Jeppsson, 2016). O ideal seria se pudéssemos, como sugerido pelo biólogo von Uexküll (1933), acessar o ponto de vista dos animais. E a apresentação de alternativas de recursos equivalentes entre as quais eles possam escolher — por exemplo, dois tipos de alimento ou de abrigo — nos dá a oportunidade única de acessar esse seu "ponto de vista" (Dawkins, 1990). Podemos fazer isso por meio de testes de escolha ou preferência (Inglis *et al.*, 1997). Esses testes já foram feitos com várias espécies, tão diversas quanto elefantes (Gaalema, Perdue, & Kelling, 2011), saguis (Fernandez, Dorey, & Rosales-Ruiz, 2004), lobos guarás (Vasconcellos, Adania, & Ades, 2012) e tartarugas de Galápagos (Mehrkam & Dorey, 2014), com resultados interessantes. As preferências apontadas pelos animais nesses testes podem — e devem — ser consideradas no momento de selecionar as alternativas de recursos mais importantes para cada indivíduo.

Muitos estudos defendem que uma boa estratégia para manter animais em boas condições de bem-estar é tornar sua rotina previsível (e.g., Carlstead, Brown, & Seidensticker, 1993, Corridan, 2009). A previsibilidade pode levar à redução de respostas de estresse em geral, mas mudanças que sejam necessárias na rotina de animais acostumados a ela podem resultar em respostas de estresse ainda mais agudas (Corridan, 2009). Além disso, uma rotina —

com ambientes e interações absolutamente previsíveis — pode levar ao tédio (Basset & Buchanan-Smith, 2007) e, em última instância, à antecipação e ao desenvolvimento de estereotipias (Watters, 2014). Estereotipias são tradicionalmente definidas como comportamentos repetitivos e invariantes, sem função aparente (Mason, 1991). Embora esses comportamentos não sejam, em si mesmos, necessariamente danosos, é consenso que sua exibição indica que o ambiente onde os animais vivem ou onde se desenvolveram é falho em prover a eles recursos importantes (Mason, 1991). A correlação observada entre estereotipias e previsibilidade sugere um efeito indesejável desta última.

A imprevisibilidade, por outro lado, é considerada por alguns como danosa para o bem-estar de animais cativos (Bassett & Buchanan-Smith, 2007). Alguns efeitos relatados de eventos imprevisíveis no ambiente são: frustração (quando determinado evento esperado não atende às expectativas dos animais), fortalecimento de experiências emocionalmente negativas (medo, ansiedade, depressão) — em especial se o animal percebe sinais da aproximação do evento esperado sem que este aconteça — e o desenvolvimento do *pacing* (um tipo de estereotipia, definido como um caminhar repetitivo em uma área restrita, sem função aparente, Mason, 1991). Entretanto, outros estudos mostraram que o aumento da imprevisibilidade ambiental promoveu redução do tédio e dos níveis de estresse de animais cativos, além de aumento da exploração, do forrageio e da frequência de comportamentos afiliativos (Shepherdson, Carlstead, Mellen, & Seidensticker, 1993; Schneider, Nogge, & Kolter, 2014; Catapani, Pires, & Vasconcellos, em preparação). Como solucionar esse dilema? Uma cuidadosa revisão feita por Bassett e Buchanan-Smith (2007) mostrou que a valência do efeito da imprevisibilidade pode ser afetada pelo nível de controle que determinado animal tem sobre seu ambiente. Assim, é importante entender também esse conceito: controle.

O controle é considerado como psicologica e fisiologicamente importante (Chamove & Anderson, 1989), pois se entende que o objetivo psicológico imediato de qualquer comportamento é exercer controle sobre uma situação à qual um indivíduo foi exposto (Inglis, 1983; Salzen, 1962). No ambiente natural, os animais dependem de recursos que são espacial ou temporalmente imprevisíveis. Mas, eles podem controlar a quantidade e a qualidade de estímulos que recebem do ambiente desempenhando diversos comportamentos, até que o estímulo percebido esteja em um nível aceitável, ou até que suas expectativas de estimulação sejam atendidas. Por exemplo, eles podem responder à imprevisibilidade na localização do alimento aumentando seu comportamento exploratório para aumentar a probabilidade de encontrar alimento. Quando um animal atinge um resultado desejado — o alimento, no nosso exemplo — com o uso de uma habilidade (comportamentos de forrageio), pode-se afirmar que ele está exercendo controle sobre seu ambiente (Overmier, Patterson, & Wielkiewicz, 1980; Sambrook & Buchanan-Smith, 1997). O pareamento de comportamentos desempenhados com consequências esperadas é emocionalmente positivo (Burman, Parker, Paul, & Mendl, 2008), processo que se dá possivelmente por meio da ativação dos sistemas cerebrais de recompensa (McGowan, Rehn, Norling, & Keeling, 2014; Kalbe & Puppe, 2010).

Em cativeiro, mesmo com um nível reduzido de controle sobre o ambiente, quando estão diante dos mesmos gatilhos que disparariam comportamentos em vida livre — a fome, por exemplo — os animais tendem a se comportar do mesmo modo que fariam no ambiente silvestre, como se aumentando o comportamento exploratório, pudessem aumentar suas chances de conseguir alimento. Mas, como o acesso ao alimento em cativeiro, na maioria das vezes, não está sob o controle do animal, suas expectativas não são atendidas e eles podem se frustrar (Watters, 2014). Outra situação que ilustra a falta de controle é o uso de colares Elizabetanos para impedir animais de se coçarem, lamberem ou retirarem pontos após cirurgias — para possibilitar a cura/cicatrização de ferimentos. Embora sejam empregados com objetivo terapêutico, esses colares também impedem os animais de desempenharem comportamentos que serviriam para aliviar o estresse gerado pelo incômodo do ferimento. Assim, é importante dar aos cães a oportunidade de apresentarem comportamentos alternativos para alívio do estresse, por exemplo, em interações sociais, na mastigação de brinquedos ou de itens alimentares (Rooney, Gaines, & Hiby, 2009). Dessa forma, se propiciaria certo nível de controle, dando a eles oportunidade de conseguirem os recursos que desejam ou precisam com a utilização de seu próprio comportamento.

Uma pesquisa recente trouxe evidências claras do efeito do controle ambiental sobre os níveis de bem-estar. McGowan e colaboradores (2014) conduziram um estudo com dois grupos de cães, que foram submetidos individualmente a condições semelhantes: permanência em uma sala junto com um aparato que podia ser manipulado até o momento em que a porta da sala se abria e eles podiam sair e receber uma recompensa. A única diferença entre os dois grupos é que a porta da sala de um dos grupos se abria em resposta à manipulação adequada do aparato pelo cão, dando a ele "controle" sobre o momento de receber sua recompensa. Quando a porta se abria para o cão "com controle" em função de uma ação sua, a porta do recinto do cão "sem controle" também se abria; assim, cães de ambos os grupos recebiam a mesma quantidade de recompensas e com a mesma latência. Cães "com controle" mostraram sinais de excitação (e.g., aumento na frequência de abanar o rabo e aumento na atividade) em resposta a suas conquistas, enquanto cães "sem controle" mostraram sinais de frustração (e.g., mastigar o aparato), o que ilustra o efeito recompensador de controlar o ambiente.

O controle é considerado também como uma das razões pelas quais animais submetidos a sessões de treino por reforço positivo têm apresentado respostas fisiológicas e comportamentais indicativas de níveis melhorados de bem-estar (Bassett & Buchanan-Smith, 2007). Tais efeitos já foram registrados em chimpanzés (Pomerantz & Terkel, 2009), gorilas (Carrasco *et al.*, 2009), babuínos (O'Brien, Heffernan, Thomson, & McGreevy, 2008), cães selvagens africanos (Shyne & Block, 2010), lobos cinzentos e cães (Vasconcellos *et al.*, 2016). O treino por reforço positivo, uma forma de condicionamento operante, é baseado no reforço de comportamentos específicos por meio da recompensa aos indivíduos que apresentem esses comportamentos (ver Capítulo 4 para maiores detalhes) (Melfi, 2013). Em um processo de treinamento, os animais exercem controle quando conseguem as recompensas por meio da exibição de comportamentos conhecidos (Vasconcellos *et al.*, 2016); dessa forma, eles interagem com seu ambiente tendo resultados previsíveis (Luescher, 2008), o que impacta positivamente seu bem-estar (Greiveldinger, Veissierm & Boissy, 2007).

Assim, uma forma de prevenir o tédio nos animais, evitando as consequências indesejáveis da imprevisibilidade — e tirando proveito de suas consequências favoráveis — é garantir a eles a oportunidade de encontrarem e conseguirem recursos importantes para eles por meio do desempenho de comportamentos típicos da espécie (Basset & Buchanan-Smith, 2007, Harbs, Carvalho, Ades & Vasconcellos, em preparação).

Os aspectos até aqui discutidos como influentes sobre níveis de bem-estar aplicam-se à maioria, se não a todas as espécies animais. Deste ponto em diante, discuto aspectos relacionados especificamente ao bem-estar do cão doméstico, em diferentes contextos.

## A SOCIALIDADE INTERESPECÍFICA DO CÃO

Diferentemente de espécies silvestres, e até mesmo de outras espécies que passaram pelo processo de domesticação, cães desfrutam de um relacionamento íntimo com seres humanos, com frequência ocupando papel similar ao de um membro da família humana (mais detalhes no Capítulo 8 deste volume). Estima-se que sua propensão à tolerância, à baixa agressividade e até ao nível de atenção para com o ser humano sejam consequências do processo de domesticação que — direta ou indiretamente — aumentaram a predisposição do cão para interações com as pessoas (Hare & Woods, 2013). Quando comparamos as reações ao ser humano exibidas por cães e por lobos — grupo atual de maior proximidade filogenética com os cães — nas mesmas situações, diferenças consistentes podem ser notadas. Para lobos, o estímulo do contato humano no período neonatal é efetivo para desenvolver laços sociais interespecíficos se esse contato for exclusivo, mas a exposição a coespecíficos tem potencial para superar esse efeito. No caso do cão, animais socializados da mesma forma mostram uma preferência pelo ser humano, mesmo havendo a possibilidade de contato com um coespecífico (Miklósi, Topál & Csányi, 2007). Esse é um fator importante a ser considerado, por exemplo, quando pessoas que têm somente um cão planejam adquirir um segundo para prover companhia para o primeiro: o contato com outro cão pode não suprir a carência de interação com seres humanos (Corridan, 2009).

Considerando a proximidade afetiva única desenvolvida entre cães e seres humanos, não é surpreendente que a qualidade do relacionamento com as pessoas seja um fator importante para o bem-estar dos cães (Corridan, 2009, Broom & Fraser, 2010). Efeitos fisiológicos e benefícios da convivência com cães para a saúde física e psicológica do ser humano têm sido largamente estudados (e.g., Siegel, Angulo, Detels, Wesch, & Mullen, 1999, Burger, Stetina, Turner, McElheney, & Handlos, 2011, Friedmann, Thomas, Son, Chapa, & McCune, 2013). Entretanto, menos atenção tem sido dedicada ao estudo de potenciais benefícios ou malefícios que o cão possa receber dessas interações.

## EFEITOS DO CONTATO COM O SER HUMANO

Alguns estudos têm mostrado que interações sociais com seres humanos podem ser benéficas para a qualidade de vida de cães. Já foram registradas, por exemplo, redução do medo e da reatividade a estressores e promoção de padrões desejáveis de comportamento como resposta à interação com o ser humano (Hennessy *et al.*, 2002, Bergamasco *et al.*, 2010, Haverbeke *et al.*, 2010). Cães podem, inclusive, desenvolver por seres humanos laços de apego semelhantes aos desenvolvidos por crianças para com seus pais (Gácsi, Maros, Sernkvist, Faragó, & Miklósi, 2013; Capítulo 8 deste volume). Enquanto outras espécies domésticas chegam a evitar o contato com visitantes (em *petting zoos* — zoológicos especiais, onde o contato físico de pessoas com os animais é permitido; Anderson, Benne, Bloomsmith, & Maple, 2002), cães alojados em canis, quando retirados de seus recintos, despendem 50% de seu tempo em proximidade com as pessoas e 29% do tempo permitindo o afago (Protopopova & Wynne, 2014).

Clark e Boyer (1993) mostraram que tanto a obediência do cão quanto o relacionamento desse com seu tutor melhoraram dentro de oito semanas, tanto em grupos submetidos a treino de obediência associado a aconselhamento comportamental quanto em grupos cujas duplas passaram simplesmente por sessões de 20 minutos diários de interações. Ambos os tratamentos reduziram também a ansiedade de separação nos cães.

Como já exposto acima, a interação que acontece entre seres humanos e cães durante sessões de treino por reforço positivo mostraram-se benéficas para o bem-estar dos animais envolvidos, por exemplo reduzindo o medo e a agressividade (Bergamasco *et al.*, 2010, Haverbeke *et al.*, 2010). Entretanto, esse efeito gratificante do treino pode ser completamente obscurecido se os métodos utilizados forem aversivos (Deldalle & Gaunet, 2014). A punição, em particular com coleira de choque, aumenta a incidência de comportamentos indicativos de estresse, tanto em cães de companhia (Hiby, Rooney, & Bradshaw, 2004) como em cães de trabalho (Schilder & van der Borg, 2004), sem benefício para a obediência (Hiby *et al.*, 2004).

Outros estudos têm apontado para a relevância do tipo de relacionamento e de interação desenvolvido entre os componentes da díade cão-humano para a determinação do efeito dessa interação sobre os cães. Horváth, Dóka e Miklósi (2008) analisaram sessões de brincadeira entre policiais e seus cães. Na amostra havia dois grupos: duplas que trabalhavam no policiamento de rua e duplas que trabalhavam como guarda-fronteira. Observou-se que enquanto os guardas-fronteiras genuinamente brincavam com seus cães, os comportamentos dos policiais de rua indicavam uma postura disciplinadora. Como resultado, as concentrações de glicocorticoides (GC — hormônios componentes da cascata de resposta ao estresse) dos cães que trabalhavam como guarda-fronteira apresentaram redução durante a interação; nos cães de policiamento observou-se aumento dessas concentrações, indicando que comportamentos humanos associados com controle, autoridade e agressão podem aumentar níveis de estresse nos cães, enquanto a brincadeira e os comportamentos afiliativos diminuem esses níveis.

Afagos já foram referidos como interações com efeito calmante em cães (Kostraczyk & Fonberg, 1982). Sabe-se que o afago pode eliminar nos animais respostas ao estresse resultantes de choques (Lynch & McCarthy, 1967), reduzir concentrações de GC (Coppola, Grandin, & Mark-Enns, 2006a), a resposta ao estresse em geral (Hennessy *et al.*, 2002, Beerda, Schilder, van Hooff, de Vries, & Mol, 1998, Tuber, Sanders, Hennessy, & Miller, 1999) e aumentar a frequência de comportamentos positivos (Normando, Corain, Salvadoretti, Meers, & Valsecchi, 2009). A fala carinhosa também já se mostrou eficaz para a melhora no bem-estar: sessões de, em média, 15 minutos de afagos ou elogios promoveram em cães aumento na secreção de substâncias associadas em humanos a sentimentos de euforia (β-endorfina), vínculos sociais (prolactina), vínculos íntimos (ocitocina) e alegria (dopamina) (Odendaal & Meintjes, 2003). Um estudo comparando a preferência de cães por afagos ou elogios estudou cães de abrigo e de companhia em interação com as pessoas responsáveis por eles e com estranhos (Feuerbacher & Wynne, 2015). Em todas as situações, cães dos dois grupos preferiram os afagos: passaram mais tempo próximos da pessoa que promovia essa interação que de pessoas oferecendo elogios ou não interagindo. Essa preferência se manteve mesmo quando a pessoa familiar era quem provia os elogios e um estranho provia os afagos. O elogio não foi preferido mesmo quando ele era pareado com a ausência de interação. Também não foi registrada saciação dos afagos ao longo de oito sessões de 10 minutos. Cães de abrigo foram os que mostraram maior preferência pelos afagos, possivelmente devido ao ambiente potencialmente estressante e de privação social em que vivem (Tuber *et al.*, 1999).

Quando respostas a afagos foram comparadas com respostas ao alimento, tanto cães de abrigos quanto cães de companhia preferiram o alimento (Feuerbacher & Wynne, 2015). McIntire e Colley (1967), entretanto, relataram que o contato com o ser humano, em algumas situações, é preferido ao alimento — por cães de abrigo e por cães domiciliados quando estão com seus tutores em um ambiente desconhecido. Já foi relatada, inclusive, uma íntima relação entre esses fatores: a entrega do alimento por um ser humano aumentou a exibição, pelos cães, de comportamentos sociais direcionados a seres humanos em geral (Feuerbacher & Wynne, 2015). A privação de alimento também intensificou a busca pelo contato com seres humanos: filhotes privados de alimento mostraram consistentemente mais comportamentos de busca de contato e menos comportamentos de evitação que um grupo controle alimentado duas vezes mais (Elliot & King, 1960).

Como já havia sido averiguado efeito benéfico tanto de afagos quanto de treino por reforço positivo em cães, seria interessante comparar as reações dos animais a esses dois tipos de interações. Em estudo recente comparando as duas situações (Vasconcellos *et al.*, em preparação), cães apresentaram maior interesse pelo treino, mantendo-se mais tempo em proximidade com as pessoas (85% do tempo nas sessões de afagos e 98% nas de treino). Essa preferência pode se dar, como discutido acima, porque uma interação de treino possibilita aos animais maior nível de controle do que quando são afagados.

Os estudos acima — a maioria relatando um efeito benéfico do contato com o ser humano — tinham como objetivo avaliar o efeito de um procedimento específico, pré-programado sobre os animais em estudo. As pessoas eram instruídas a desempenhar atividades específicas (afagar, treinar, elogiar etc.), que resultaram em indicadores de melhores níveis de bem-estar nos animais. Entretanto, estudos que investigaram interações menos controladas, tais como as observadas entre cães e as pessoas com quem eles convivem no dia a dia indicaram resultados mais complexos e dependentes: a) da natureza da relação desenvolvida entre os membros em interação; b) de características particulares das pessoas (por exemplo, temperamento, sexo etc.); c) de características dos animais envolvidos (temperamento, por exemplo).

Kotrschal, Schöberl, Bauer, Thibeaut e Wedl (2009) investigaram as características de díades cão-humano e os efeitos dessas características sobre os cães. Verificaram que pessoas que despendiam mais tempo com seus cães e os viam como uma fonte de suporte social tinham cães que apresentavam menores concentrações basais de GC. Também foi registrado efeito do gênero dos tutores sobre as reações dos animais; cães de homens extrovertidos eram mais ativos e sociáveis que os de mulheres. Pessoas que permitem que seu cão durma em camas de membros da família são as que menos devolvem cães adotados (Diesel, Pfeiffer, & Brodbelt, 2008) — possivelmente, essas pessoas desenvolvem uma ligação mais próxima com seus animais ou são mais tolerantes com os comportamentos deles. O'Farrell (1995) observou que a personalidade das pessoas e suas atitudes estavam relacionadas com os problemas de seu cão. Quanto mais um cão era considerado como um membro da família, mais ele tendia a se comportar de forma dependente socialmente. Topál, Miklósi e Csányi (1997) relatam que um envolvimento antropomórfico do tutor estimula o comportamento de dominância no cão e pessoas ansiosas parecem ser mais afetadas pelas fobias de seus cães (O'Farrell, 1997).

Passo, a seguir, a discutir o bem-estar de cães em contextos específicos (de domicílio/alojamento ou de uso por seres humanos). As questões que afetam o bem-estar de cães foram discutidas recentemente por um grupo de trabalho reunindo profissionais de diversas áreas no Reino Unido (Buckland, Corr, Abeyesinghe, & Wathes, 2014). Esse grupo considerou, para elencar os problemas prioritários, a urgência na sua resolução — em função da severidade e da duração do sofrimento resultante de cada aspecto — e o número de animais por eles afetados (Kirkwood, Sainsbury, & Bennett, 1994). Os principais problemas levantados foram: manejo inapropriado, falta de conhecimento por parte do responsável, comportamentos indesejáveis, doenças hereditárias, socialização ou habituação inapropriada e deficiências físicas herdadas. Esses aspectos serão discutidos ao longo deste capítulo, sempre que couber em cada contexto.

## Cães de companhia

Quando as pessoas decidem adquirir um cão — seja de raça pura ou mista, o fazem para atender a expectativas pessoais ou familiares. Essas expectativas entretanto, quando frustradas, podem levar ao abandono do animal (Patronek, Glickman, Beck, McCabe, & Ecker, 1996). Uma das causas comuns de frustração do tutor são os problemas comportamentais dos cães (New *et al.*, 2000). Dentre esses, os mais comumente relatados são: agressividade, desobediência, vocalização excessiva, fuga, medo de pessoas, superexcitabilidade e problemas relacionados à ansiedade de separação (Jagoe & Serpell, 1996; Kass, New, & Scarlet, 2001; Kobelt, Hemsworth, Barnett, & Coleman, 2003).

Muitos dos comportamentos caninos considerados como inadequados pelos seres humanos podem ser respostas adaptativas da espécie a estímulos ambientais comuns (Patronek *et al.*, 1996; Corridan, 2009). Por exemplo: medo e ansiedade são respostas normais a ameaças reais ou percebidas; agressão pode ser usada para afastar-se de um conflito físico ou social, ou mesmo para proteger um recurso; o latido pode ser uma estratégia efetiva para comunicação (Corridan, 2009).

Além disso, com a convivência intensiva de pessoas com seus cães, elas passam a ser consideradas por eles como membros de seu grupo social. A partir desse momento, os cães podem exibir sinais de comportamento perturbado quando não são capazes de se relacionar com essas pessoas. Prover o cão com certo nível de independência desde o desenvolvimento pode ajudar a prevenir problemas de ansiedade. Por exemplo, estimular o cão a explorar, cavar e mordiscar brinquedos irá auxiliá-lo a ter exercício e estimulação mental, além de ter potencial para promover uma redução em comportamentos relacionados com frustração. Irá ajudá-lo também a lidar com o tempo que passam longe de sua família humana, talvez reduzindo a ocorrência de comportamentos relacionados à ansiedade de separação (Corridan, 2009). Anomalias comportamentais apresentadas quando os cães são deixados sozinhos em casa são amplamente relatadas e, em geral, são associadas à Síndrome de Ansiedade de Separação, tema tratado no Capítulo 9 deste livro.

A maioria dos problemas comportamentais de cães pode ser evitada ou, ao menos, mitigada por meio da adequada socialização do cão e de seu treinamento por reforço positivo (Pryor, 2002). Entretanto, essas estratégias não são uma panaceia: cães necessitam continuamente de estimulação, reforço comportamental e treinamento ao longo de sua vida. Muitos tutores tendem a dedicar tempo para treinar filhotes recém-adquiridos mas, infelizmente, deixam de investir nesse aspecto quando seus cães se tornam adultos, perdendo assim quase todo o esforço despendido durante o desenvolvimento do cão (Corridan, 2009).

Algumas vezes, tutores sem orientação adequada podem optar por soluções extremas para problemas comportamentais, como a cirurgia de devocalização em cães que latem muito (procedimento proibido no país desde 2013 pela Resolução nº 1027 do Conselho Federal de Medicina Veterinária). Essas são ações tomadas para benefício dos tutores ou de outros seres humanos, mas promovem frustração nos cães. Tutores conscientes, quando percebem problemas comportamentais em seus cães, buscam ajuda do veterinário ou clínico comportamental. Esse é o melhor ponto de partida para que o aconselhamento seja feito em função das características e necessidades de cada cão e do estilo de vida e requerimentos de seu tutor (Corridan, 2009, Jeppsson, 2016).

## CÃES DE RAÇA COMERCIALIZADOS

A criação de cães para comércio normalmente é feita por razões tais como ganho financeiro, hobby ou status social (Hirschman, 1994). A reprodução massiva de cães de raça pode acarretar problemas bem conhecidos para o bem-estar animal: cães sendo mantidos em condições inadequadas, filhotes sendo criados sem a devida socialização e com estilos de vida inapropriados, antropomorfismo extremo, uso excessivo de reprodutores, doenças hereditárias sendo perpetuadas etc. (Crispin, 2012).

A reprodução para caracteres específicos pode reduzir significativamente o conjunto de genes potenciais das raças, a tal ponto que defeitos hereditários podem se tornar aparentes em raças específicas. Outro problema, também recorrente, é quando os padrões desejados/requeridos pelo mercado forçam uma conformação física danosa. Finalmente, a seleção para características comportamentais específicas — como, por exemplo, um temperamento passivo — também pode ter efeitos adversos, se tomada de forma extrema; pode-se inadvertidamente criar cães depressivos se forem selecionados continuamente os cães mais calmos e desinteressados (Jeppsson, 2016).

As pessoas que buscam cães de raças específicas podem vir a selecioná-los por características afuncionais e não biológicas, a tal ponto que já foram produzidos cães surdos, quase cegos, incapazes de respirar normalmente, hiperexcitáveis etc. Todas essas características resultam em baixo grau de bem-estar (Broom & Fraser, 2010). Entre as anomalias mais comuns estão problemas oculares e de dificuldade de respiração ligados à conformação da cabeça, má formação da coluna, epilepsia, doenças cardíacas de base herdável, condições inadequadas de pele, defeitos nas patas e aumento na frequência de comportamentos relacionados à ansiedade de separação (Crispin, 2016).

Padrões de moda para raças também podem estimular mutilações por razões cosméticas (Hirschman, 1994). Os exemplos mais óbvios são o corte de cauda (e.g., Corgi, Boxer, Poodle, Rottweiler etc.) e de orelhas, para torná-las pontudas (e.g.,

Boxer). Mesmo considerando que os procedimentos cirúrgicos sejam feitos com a devida anestesia e/ou analgesia — o que nem sempre acontece — problemas de bem-estar ainda assim são esperados. Cães utilizam amplamente sua cauda e orelhas para comunicação; assim, animais que têm essas partes amputadas têm afetada sua capacidade comunicativa (Broom & Fraser, 2010).

Outros problemas, como a necessidade de transporte por longas distâncias e a permanência em canis durante exibições também podem causar grande desconforto aos animais (Corridan, 2009). Uma legislação regulatória estrita, associada à adequada fiscalização de criatórios e *pet shops* pode mitigar esses efeitos.

## Cães de rua/comunitários

O bem-estar de cães de rua é, com frequência, insatisfatório (Broom & Fraser, 2010). São comuns nessa população a alta mortalidade e o baixo sucesso reprodutivo, e sua qualidade de vida é geralmente impactada por doenças crônicas, desnutrição e ferimentos (Boitani, Ciucci, & Ortolani, 2007). Muitos desses problemas são potencializados por características das cidades que atraem esses cães, como o lixo humano que está disponível nas ruas, em especial próximo a açougues, matadouros e restaurantes. Tais problemas podem ser mitigados por meio de ações como a conscientização popular, a melhora na legislação regulatória — por exemplo, obrigando o registro e a identificação de animais de companhia, o controle do lixo, a castração de animais domiciliados e de rua, o controle de criadores e *pet shops* e a melhora nos métodos de controle de populações de rua e de suas doenças (Totton *et al.*, 2010).

## Cães em abrigos e laboratórios

Aproximadamente quatro milhões de cães permanecem em abrigos por ano em todo o mundo (Protopopova, 2016). Cães de abrigos e de laboratórios compõem uma população peculiar, que é relativamente privada de interação humana e reside em um ambiente indutor de estresse (Tuber *et al.*, 1999). Cães não são particularmente adaptados para viver no ambiente de canis ou laboratórios; a maioria dessa população apresenta com frequência respostas de estresse e muitos experimentam bem-estar comprometido (Hiby, Rooney, & Bradshaw, 2006, Rooney, Gaines, & Bradshaw, 2007). As restrições espacial e social, a exposição a ambientes novos e a separação de sua figura de apego em estadias prolongadas em canis podem contribuir para a redução do bem-estar dos animais. Os níveis médios de GC de cães de abrigo podem permanecer elevados por até três dias após sua chegada ao local (Hennessy, Davis, Williams, Mellott, & Douglas, 1997). Comportamentos de convite para brincadeira (Bekoff, 1977) — comuns em cães de companhia — são raramente observados em canis (Petak, 2013) e a presença de ruído em decorrência de latidos é constante, outro fator problemático para o bem-estar dos cães (Coppola, Enns, & Grandin, 2006b).

  A privação de contato com seres humanos, vivenciada por cães alojados nesses ambientes, pode contribuir para que certas formas de interação com as pessoas sejam extremamente reforçadoras (Feuerbacher & Wynne, 2015). Cães de abrigo, após apenas 10 minutos de interação com seres humanos, mostraram um aumento na busca por contato com a pessoa que interagiu com eles em comparação com cães que não tiveram esse contato prévio (Gácsi, Topál, Miklósi, Dóka, & Csányi, 2001). Um programa de interação humana durante um período que precedia a apresentação de estressores reduziu a resposta ao estresse em cães cronicamente estressados (Hennessy *et al.*, 2002). Cães que, expostos a um ambiente novo na presença de um cão conhecido apresentaram aumento de atividade e de concentração de GC; quando na presença de seu cuidador humano, não apresentaram alteração nesses parâmetros (Tuber, Sanders, Hennessy, & Miller, 1996).

  Sendo assim, a agitação gerada pela visitação em canis — por exemplo, de potenciais adotantes — tende a afetar o comportamento dos animais. Para alguns cães, a excitação causada pela presença do visitante pode ser positiva se eles a perceberem como desejável, mas a inabilidade de interagir com o visitante devido à contenção física pode induzir alguns à frustração (Beesley & Mills, 2010). Para outros, a presença do visitante pode ser percebida como imprevisível e inconsistente e, então, causar excitação e emoções negativas, também pelo fato de o cão não ter, na maioria das vezes, condições de se afastar (Hewison, Wright, Zulch, & Ellis, 2014). Um estudo levantou o efeito da suspensão de visitas de potenciais adotantes na área comum, próxima aos recintos de alojamento em um canil (Hewison *et al.*, 2014). Durante a fase experimental desse estudo, potenciais adotantes encontravam com os cães individualmente, em uma sala reservada. O ruído do canil foi reduzido no período em que as visitas estavam suspensas e os cães apresentaram indícios comportamentais de melhora do bem-estar — menor agitação, menos comportamentos estereotipados. Em outras palavras, a presença de visitantes pode ativar sistemas emocionais relacionados com o desejo de chegar até as pessoas (Taylor & Mills, 2007), de se afastar delas ou de defender seu território e objetos (Wells & Hepper, 1999). De todo modo, a limitação espacial a que esses animais estão sujeitos pode levá-los à frustração, por retirar deles a possibilidade de controlar seu ambiente social.

Sendo assim, a limitação espacial é um problema para esses animais; muitos abrigos e laboratórios alojam seus animais em espaços pequenos, individualmente ou em parcs, com pouca ou nenhuma oportunidade para exercício fora desse espaço. Cães de laboratório despendem muito mais tempo em seus recintos de manutenção que participando em testes; assim, é ainda mais importante nesse ambiente a provisão de alojamento adequado para esses animais. Uma das principais leis que regulam internacionalmente o bem-estar animal (*Animal Welfare Act* — AWBI, 2013) especifica que as dimensões mínimas para manutenção de cães devem ser adequadas ao tamanho do animal, sendo calculadas em aproximadamente 1,6 m$^2$ para um cão do tamanho de um Labrador. Nem sempre essas normas são respeitadas e um aspecto essencial é que o alojamento permita ao animal ficar confortavelmente em pé. Alguns cães são mantidos em canis de concreto, sem estímulos, em pequenas gaiolas ou têm seus movimentos restritos por uma corrente ou corda, de forma que muitos eventos ambientais potencialmente interessantes ficam fora de seu alcance (Broom & Fraser, 2010), gerando frustração. Além da limitação espacial, abrigos e laboratórios costumam apresentar outros tipos de restrição, tais como: falta de exercício e limitação à expressão de comportamentos típicos, como explorar o ambiente e interagir livremente com coespecíficos (Taylor & Mills, 2007, Beck, 1973).

Protopopova, Mehrkam, Boggess e Wynne (2014) observaram que cães se engajam mais em arquejos e latidos durante sua estadia em abrigos que quando estão em seus lares compartilhados com uma família humana. Arquejos têm sido correlacionados com níveis de GC (Shiverdecker, Schiml, & Hennessy, 2013) e longos períodos de latidos, ganidos ou uivos podem ser indicativos de frustração ou estresse negativo. O ruído, em muitos casos decorrente da vocalização dos animais, tem sido identificado como uma causa de preocupação em canis (Taylor & Mills, 2007) e em laboratórios (Sales, Hubrecht, Peyvandi, Milligan, & Shield, 1997). Em canis, foram relatados níveis de ruído — principalmente ocasionados por latidos — variando entre 65 e 125 decibéis (Sales *et al.*, 1997, Scheifele, Martin, Clark, Kemper, & Wells, 2012), chegando portanto a valores acima dos recomendados pela Organização Mundial de Saúde (*World Health Organisation — WHO*, 1999) para a manutenção do bem-estar humano (70 decibéis). Como a audição de cães é capaz de captar sons com uma intensidade até quatro vezes maior que a nossa (Milligan, Sales, & Khirnykh, 1993), esses níveis de ruído têm grande potencial para impactar a qualidade de vida desses animais e já se mostraram altos o suficiente para danificarem a audição dos cães (Scheifele *et al.*, 2012).

Embora a exibição de estereotipias já tenha sido relatada em cães domiciliados (Overall & Dunham, 2002), comportamentos estereotipados como o girar ou perseguir a cauda em cães podem ter sua ocorrência aumentada com o alojamento individual (Mertens & Unshelm, 1996). Esses problemas podem atingir até 93% dos cães, ocupando em alguns casos até 43% do tempo dos animais (Protopopova, 2016). Outros comportamentos indicativos de altos níveis de estresse nesses animais são: pular nas paredes, pular de uma parede a outra e andar repetidamente em círculos pelo perímetro do recinto (Hubrecht, Serpell, & Poole, 1992). Também é comum o levantamento da pata, frequentemente quando cães estão em conflito, confusos ou com medo de serem punidos (Schilder & van der Borg, 2004). Em se tratando de problemas físicos/fisiológicos, já foi relatada a incidência de inflamação das patas, possivelmente causada pelo contato com pisos úmidos, mas que também pode indicar períodos de atividade excessiva, como acontece durante a exibição de *pacing*, por exemplo (Jennings, 1991).

Algumas estratégias podem ser usadas para mitigar esses efeitos deletérios sobre o bem-estar dos animais, tais como a introdução gradual dos cães a esses ambientes — de preferência associando o ambiente com recompensas (Rooney *et al.*, 2007), promovendo contato intensivo e positivo com a equipe de manutenção e limpeza do local (Gaines, Rooney, Bradshaw, 2005, Taylor & Mills, 2007). Isso pode ser feito por meio de afagos, brincadeiras, exercício e treino. Outro cuidado importante é não deixar os cães sozinhos por muito tempo. Muitos cães, mesmo não domiciliados, exibem reações relacionadas à ansiedade de separação quando seus cuidadores estão ausentes (Bradshaw, McPherson, Casey, & Larter, 2002). O alojamento de cães em pares, embora requeira planejamento prévio e cuidadoso, além de um desenho adequado dos recintos, já se mostrou efetivo na melhora dos níveis de bem-estar de cães — tanto em canis quanto em laboratórios (Taylor & Mills, 2007, Hubrecht & Serpell, 1991, Mertens & Unshelm, 1996). O alojamento social pode prover um enriquecimento social e físico, que pode aumentar a atividade, a exploração e o comportamento social dos animais e reduzir comportamentos repetitivos (Hubrecht & Serpell, 1991). Também importante é avaliar a compatibilidade entre os cães que irão compartilhar um recinto (Petak, 2013).

Não menos relevante é prover tempo para exercício fora da guia, em pares, sempre que possível. Cães são naturalmente exploradores e usam especialmente seu olfato para essa exploração (Fox, 1978). Estudo com cães militares alojados em canis mostrou que cães que se exercitavam menos frequentemente tendiam a repousar menos e a apresentar estereotipias, latir e necessitar de tratamento veterinário com maior frequência (Gaines, 2008).

Estruturas que tragam variedade ao ambiente também são úteis: plataformas para serem escaladas podem prover novidade ao ambiente e já se provaram benéficas em canis (Taylor & Mills, 2007) e laboratórios (Hubrecht, 1993). São estruturas relativamente baratas e fáceis de construir, sendo bastante utilizadas pelos cães. A provisão de ossos para mastigar ou morder ou de brinquedos adequados recheados com alimento também pode ser bastante eficaz na redução do estresse (Rooney *et al.*, 2009): cães são altamente motivados a mastigar objetos, e isso também os ajuda a manter seus dentes e gengivas em boas condições (Wells, 2004). Essas são técnicas de enriquecimento ambiental, um conjunto de estratégias utilizadas para melhorar as condições ambientais de animais cativos e já se mostraram efetivas para essa finalidade, geralmente por meio da provisão de um ambiente mais estimulante, que permita uma maior expressão de comportamentos típicos das espécies (Young, 2003).

Historicamente, sabe-se pouco sobre níveis de dor ocasionada por experimentação em animais. Como esse é um tópico que se aplica a vasta gama de espécies utilizadas em laboratório, este capítulo não tratará do tema, sugerindo a consulta a trabalhos especificamente direcionados ao estudo do bem-estar de espécies usadas em laboratório (e.g., Phillips, 2001, Rollin, 1998, Wolfensohn & Lloyd, 1998).

# Cães de trabalho

Possivelmente devido à facilidade de cães para estabelecer uma relação amigável com seres humanos — o que facilita inclusive seu treinamento — eles têm sido usados com frequência como animais de trabalho. Os contextos de trabalho para cães são variados: como guias de pessoas com deficiência visual, para busca ou patrulhamento, em atividades ou terapias assistidas por animais etc. Embora, em muitas situações, os cães tenham se mostrado adequados para as tarefas propostas, em algumas delas — dependendo do que deve ser desempenhado e do temperamento do cão — tais tarefas podem afetar seu bem-estar.

Devido ao fato de terem sido selecionados para interações com uma família e para guardar sua propriedade, cães apresentam prontidão para se relacionar com pessoas familiares, mas podem tender à agressão para com estranhos. Assim, ao serem submetidos a contato próximo com pessoas desconhecidas, muitas vezes em ambientes não familiares — situações comuns para cães de trabalho — eles podem sentir-se desconfortáveis (Serpell, Coppinger, & Fine, 2010, Vasconcellos, 2016). Além disso, o trabalho muitas vezes submete cães a situações que promovem *deficit* de sono, exaustão corporal ou mental, barulho, imobilização, novidade, necessidade de transporte, atmosfera agitada, ambientes imprevisíveis ou incontroláveis, manejo inadequado e atenção excessiva, que também são descritos como fontes de estresse para cães (Beerda, Schilder, van Hooff, & de Vries, 1997, Nagel & Von Reinhart, 2003, citados por Haubenhofer & Kirchengast, 2007). São situações em que é negado aos animais o controle sobre seu ambiente social e que podem ter efeitos adversos em seu bem-estar (Hubrecht, 1995).

Os comportamentos indicativos de estresse mais comumente relatados em cães de trabalho são as estereotipias — ocupando entre 46% (Hiby, 2005) e 93% (Denham, 2007) do tempo desses animais. A coprofagia, também relatada nessa população, é apresentada por 18% dos cães de trabalho (Gaines *et al.*, 2005) e pode indicar desequilíbrio nutricional, mas também pode ser causada por tratamento excessivamente rigoroso durante a habituação ao uso do banheiro, fazendo com que o cão procure esconder as evidências de sua defecação, para evitar punição (Wells, 2003). Fezes pouco consistentes, também relacionadas com altas concentrações de hormônios do estresse, podem — se não solucionadas — impedir a adequada absorção de nutrientes e levar à perda de peso e de energia (Gaines *et al.*, 2005), e já foram relatadas em 28% dos cães de trabalho. Também há relatos de perda de peso: altos níveis de estresse elevam as taxas metabólicas, que consomem mais calorias (Rooney *et al.*, 2009).

Mesmo o trabalho terapêutico — que demanda, prioritariamente, um contato afiliativo com seres humanos — pode causar aumento nas concentrações de GC de cães e a ocorrência de comportamentos indicativos de estresse (e.g., lambedura dos lábios e tremor corporal, Glenk *et al.*, 2014, Haubenhofer & Kirchengast, 2007, 2006). O tipo de público também afeta a resposta de estresse dos animais: o trabalho com idosos ou pessoas acamadas pode promover maior aumento nas concentrações de GC, seguido pelo trabalho com crianças. O trabalho terapêutico feito com adultos portadores de deficiência mostrou-se como o menos estressante dentre os estudados (Haubenhofer & Kirchengast, 2007, 2006).

O transporte também pode ser bastante estressante para cães de trabalho (Kuhn, Lichtwald, Hardegg, & Abel, 1991). Antes de qualquer viagem, os responsáveis pelo cão devem garantir que ele não tenha comido por, ao menos, duas horas antes de iniciar a jornada e que ele tenha tido a oportunidade de urinar e defecar (Rooney *et al.*, 2009).

Apesar dos efeitos citados acima, um bom relacionamento com o parceiro humano pode mitigar esses efeitos nos cães. Cães militares que são levados para as casas de seus tutores ou que praticam atividades compartilhadas com eles quando estão fora de seu turno de trabalho obedecem mais prontamente a comandos (Lefebvre, Diederich, Delcourt, & Giffroy, 2007) e apresentam menos comportamentos de estresse (Kobelt *et al.*, 2003), sugerindo uma melhor relação entre cão e treinador (Lefebvre *et al.*, 2007,

Kobelt *et al.*, 2003). Esses cães também apresentam menos ocorrências de mordidas e menos sinais de bem-estar comprometido. Cães que dormem nas casas de seus tutores são mais sociáveis. Esses resultados contradizem o senso comum de que cães de trabalho precisam ser treinados com técnicas severas para serem eficientes (Hiby *et al.*, 2004, Schilder & van der Borg, 2004). Finalmente, é recomendado que todas as sessões de treino ou de trabalho terminem de forma positiva — por exemplo, com o cão atingindo seus objetivos (busca, resgate etc.), ainda que seja preciso simular esse "sucesso", para poder premiá-lo antes de finalizar a sessão — procedimento feito para reduzir o risco de frustração nos animais (Pryor, 2002).

## SINAIS DE BAIXOS NÍVEIS DE BEM-ESTAR EM CÃES

Embora possa haver variação entre raças e mesmo entre indivíduos nas respostas ao estresse, estas podem ser avaliadas em cães por meio de suas reações comportamentais e/ou fisiológicas. Entre as reações mais comuns, são sabidamente sinais comportamentais de estresse: inquietação, tensão, manipulação da coleira, atenção incomum a sons, hiper-reatividade, sinais de ansiedade ou de agressividade incomum, destruição de objetos, vocalização excessiva, tentativa de monta sem conotação de dominância, auto-limpeza exagerada, estereotipias, atividades deslocadas (comportamentos atípicos ou fora do contexto, tais como auto-limpeza, coçar-se, bocejar ou se alimentar durante o trabalho), falta de concentração, esquecimento, passividade, exposição da língua, exibição de *calming signals* (sinais normalmente usados como apaziguadores, tais como bocejar, levantar a pata, desviar o olhar, lamber o focinho etc.), olhar fixo na fonte do estresse — com olhos arregalados, arquejo excessivo, ataques sem a finalização em uma mordida, bater dentes (Nagel & Von Reinhardt, 2003 referidos por Haubenhofer, 2009), coprofagia (Wells, 2003), relutância em atender a comandos, mudança no nível de energia

(McConnell & Fine, 2010), postura baixa (Beerda *et al.*, 1997), tentativa de cavar, suspiro, lambedura (do chão ou do próprio corpo; Beerda *et al.*, 1998).

Dentre as reações fisiológicas mais comuns estão: perda de apetite, desordem do trato gastrointestinal (por exemplo, diarreia ou vômito), musculatura endurecida ou tonicidade aumentada, tremor, ereção ou vibração das vibrissas, salivação excessiva, defecação e micção, ereção não motivada sexualmente, excesso de secreção nasal, suor nas patas, halitose ou cheiro desagradável emanado pelo corpo, alergias, problemas dermatológicos, perda de pelos, caspa, mudança na cor dos olhos ou olhos vermelhos, aumento nas concentrações de GC acompanhado por diminuição nos batimentos cardíacos, hiper ou hipossexualidade, e ciclos sexuais alterados em fêmeas (Nagel & Von Reinhardt, 2003 referidos por Haubenhofer, 2009).

As reações listadas nos parágrafos anteriores são estratégias adotadas pelos animais para lidar com situações estressantes. O potencial dessas situações para reduzir o bem-estar dos animais irá depender de sua intensidade e duração. Situações que induzam um leve desconforto momentâneo, se mantidas por longo tempo, podem levar a um estado crônico de estresse, em que o animal perde a habilidade de se adaptar. A lista de reações apresentada, embora longa, não é exaustiva. Muitos dos comportamentos indicados são apresentados somente quando os animais estão enfrentando níveis agudos de estresse. Assim, é importante que as pessoas responsáveis pelos cães estejam atentas a eles, para evitar que um incômodo facilmente solucionável se converta em uma situação mais grave ou irreversível.

## Considerações Finais

Devido à natureza da seleção artificial, que direcionou o processo de domesticação do cão, um animal saudável e feliz é largamente dependente de ter um parceiro humano que seja sensível às suas necessidades e esteja disposto a se comprometer e investir tempo para garantir que elas sejam atendidas.

O ser humano tem o dever ético de prové-las e, quando cumpre esse dever, pode vir a se surpreender com a relação recompensadora que encontrará entre ele e seu parceiro canídeo.

# Referências

Anderson, U. S., Benne, M., Bloomsmith, M. A., & Maple, T. L. (2002). Retreat space and human visitor density moderate undesirable behaviour in petting zoo animals. *Journal of Applied Animal Welfare Science, 5*(2), 125-137.

AWBI. (2013). *The animal welfare act 2013*. Recuperado de http://agriculture.govmu.org/English/Documents/Acts%20and%20Regulation/Animal%20Welfare%20Act%20.pdf

Bassett, L., & Buchanan-Smith, H. M. (2007). Effects of predictability on the welfare of captive animals. *Applied Animal Behaviour Science, 102*(3-4), 223-245.

Beck, A. M. (1973). *The ecology of stray dogs: A study of free-ranging urban animals* (98 pp.). West Lafayette, IN: Purdue University Press.

Beerda, B., Schilder, M. B. H., van Hooff, J. A. R. A. M., de Vries, H. W., & Mol, J. A. (1998). Behavioural, saliva cortisol and heart rate responses to different types of stimuli in dogs. *Applied Animal Behaviour Science, 58*(3-4), 365-381.

Beerda, B., Schilder, M. B. H., van Hooff, J. A. R. A. M., & de Vries, H. W. (1997). Manifestations of chronic and acute stress in dogs. *Applied Animal Behaviour Science, 52*(3-4), 307-319.

Beesley, C. H., & Mills, D. S. (2010). Effect of kennel door design on vocalization in dogs. *Journal of Veterinary Behavior: Clinical Applications and Research, 5*(1), 60-61.

Bekoff, M. (1977). Social communication in canids: Evidence for the evolution of a stereotyped mammalian display. *Science, 197*(4308), 1097-1099.

Bergamasco, L., Osella. M. C., Savarino, P., Larosa, G., Ozella L., Manassero M.,... Re, G. (2010). Heart rate variability and saliva cortisol assessment in shelter dog: Human–animal interaction effects. *Applied Animal Behaviour Science, 125*(1-2), 56-68.

Boitani, L., Ciucci, P., & Ortolani A. (2007). Behaviour and social ecology of free-ranging dogs. In P. Jensen (Ed.), *The behavioural biology of dogs* (pp. 147-165). Wallingford, England: CABI.

Bradshaw, J. W. S., McPherson, J. A., Casey, R. A., & Larter, S. (2002). Aetiology of separation-related behaviour in domestic dogs. *Veterinary Records, 151*(2), 43-46.

Brasil. Conselho Federal de Medicina Veterinária. (2013). Resolução n. 1027, de 10 de maio de 2013. *Diário Oficial da União* (Seção 1, pp. 99). Brasília, DF, 18 de junho de 2013.

Broom, D. M. (1991). Animal welfare: Concepts and measurements. *Journal of Animal Science, 69*(10), 4167-4175.

Broom, D. M., & Fraser, A. F. (2010). *Comportamento e bem-estar de animais domésticos* (4a ed.). São Paulo: Manole.

Buckland, E. L., Corr, S. A., Abeyesinghe, S. M., & Wathes, C. M. (2014). Prioritisation of companion dog welfare issues using expert consensus. *Animal Welfa*re, *23*(1), 39-46.

Burger, E., Stetina, B. U., Turner, K., McElheney, J., & Handlos, U. (2011). Dog-assisted therapy in prison: Emotional competences and emotional status of drug-addicted criminal offenders. *Journal of Veterinary Behavior, 6*(1), 79-80.

Burman, O. H. P., Parker, R. M. A., Paul, E. S., & Mendl, M. (2008). Sensitivity to reward loss as an indicator of animal emotion and welfare. *Biology Letters, 4*(4), 330-333.

Carlstead, K., Brown, J. L., & Seidensticker, J. (1993). Behavioral and adrenocortical responses to environmental changes in leopard cats (*Felis bengalensis*). *Zoo Biology, 12*(4), 321-331.

Carpenter, E. (1980). *Animals and ethics: A report of the working party*. London: Watkins and Duverton.

Carrasco, L., Colell, M., Calvo, M., Abelló, M. T., Velasco, M., & Posada, S. (2009). Benefits of training/playing therapy in a group of captive lowland gorillas (*Gorilla gorilla gorilla*). *Animal Welfare, 18*(1), 9-19.

Catapani, M. L., Pires, J. S. R., & Vasconcellos, A. S. (Em preparação). Single- or pair-housed, which is better for captive southern tamanduas?

Chamove, A. S., & Anderson, J. R. (1989). Examining environmental enrichment. In E. F. Segal (Ed.), *Housing, care and psychological well-being of captive and laboratory primates* (pp. 183-199). New Jersey, NJ: Noyes Publications.

Clark, G. I., & Boyer, W. N. (1993). The effects of dog obedience training and behavioural counselling upon the human-canine relationship. *Applied Animal Behaviour Science, 37*(2), 147-159.

Coppola, C. L., Grandin, T., & Enns, R. M. (2006a). Human interaction and cortisol: Can human contact reduce stress for shelter dogs? *Physiology & Behavior, 87*(3), 537-541.

Coppola, C. L., Enns, R. M., & Grandin, T. (2006b). Noise in the animal shelter environment: Building design and the effect of daily noise exposure. *Journal of Applied Animal Welfare Science, 9*(1), 1-7.

Corridan, C. (2009). Basic requirements for good behavioural health and welfare in dogs. In: D. F. Horwitz & D. S. Mills (Eds.), *BSAVA manual of canine and feline behavioural medicine* (2nd ed.). Gloucester, England: British Small Animal Veterinary Association.

Crispin, S. (2012). Maintaining momentum on welfare issues of dog breeding. *Veterinary Record, 171*(11), 263-264.

Dawkins, M. S. (1990). From an animals' point of view: Motivation, fitness, and animal welfare. *Behavioral and Brain Sciences, 13*(1), 1-9.

Deldalle, S., & Gaunet, F. (2014). Effects of 2 training methods on stress-related behaviours of the dog (*Canis familiaris*) and on the dog-owner relationship. *Journal of Veterinary Behavior, 9*(2), 58-65.

Denham, H. D. C. (2007). *Repetitive behaviours in kennelled working dogs and their relationship to hypothalamic-pituitary-adrenal axis activity*. MSc Dissertation, University of Edinburgh, Scotland, UK.

Diesel, G., Pfeiffer, D. U., & Brodbelt, D. (2008). Factors affecting the success of rehoming dogs in the UK during 2005. *Preventive Veterinary Medicine, 84*(3-4), 228-241.

Duncan, I. J. H. (1993). Welfare is to do with what animals feel. *Journal of Agricultural and Environmental Ethics, 6*(Suppl. 2), 8-14.

Elliot, O., & King, J. A. (1960). Effect of early food deprivation upon later consummatory behavior in puppies. *Psychological Reports, 6*(3), 391-400.

Fernandez, E. J., Dorey, N. R., & Rosales-Ruiz, J. (2004). A two-choice preference assessment with five cotton-top tamarins (*Saguinus oedipus*). *Journal of Applied Animal Welfare Science, 7*(3), 163-169.

Feuerbacher, E. N., & Wynne, C. D. L. (2015). Shut up and pet me! Domestic dogs (*Canis lupus familiaris*) prefer petting to vocal praise in concurrent and single-alternative choice procedures. *Behavioural Processes, 110*, 47-59.

Fox, M. W. (1978). *The dog: Its domestication and behaviour*. London: Garland STPM Press.

Friedmann, E., Thomas, S. A., Son, H., Chapa, D., & McCune, S. (2013). Pet's presence and owner's blood pressures during the daily lives of pet owners with pre- to mild hypertension. *Anthrozoös, 26*(4), 535-550.

Gaalema, D. E., Perdue, B. M., & Kelling, A. S. (2011). Food preference, keeper ratings, and reinforcer effectiveness in exotic animals: The value of systematic testing. *Journal of Applied Animal Welfare Science, 14*(1), 33-41.

Gácsi, M., Maros, K., Sernkvist, S., Faragó, T., & Miklósi, Á. (2013). Human analogue safe haven effect of the owner: Behavioural and heart rate response to stressful social stimuli in dogs. *PloS ONE, 8*(3). doi: 10.1371/journal.pone.0058475

Gácsi, M., Topál, J., Miklósi, Á., Dóka, A., & Csányi, V. (2001). Attachment behavior of adult dogs (*Canis familiaris*) living at rescue centers: Forming new bonds. *Journal of Comparative Psychology, 115*(4), 423-431.

Gaines, S. A. (2008). *Kennelled dog welfared: Effects of housing and husbandry*. PhD Thesis, University of Bristol, Bristol, England.

Gaines, S. A., Rooney, N. J., & Bradshaw, J. W. S. (2005). Investigating the relationship between different housing and husbandry regimes and the behaviour and physiology of working police dogs. *Abstract from 6th International Seminar on Detection Dogs*. Kincardine, Scotland, UK.

Glenk, L. M., Kothgassner, O. D., Stetina, B. U., Palme, R., Kepplinger, B., & Baran, H. (2014). Salivary cortisol and behavior in therapy dogs during animal-assisted interventions: A pilot study. *Journal of Veterinary Behavior: Clinical Applications and Research, 9*(3), 98-106.

Greiveldinger, L.; Veissier, I., & Boissy, A. (2007). Emotional experience in sheep: predictability of a sudden event lowers subsequent emotional responses. *Physiology & Behavior, 92*(4), 675-683.

Harbs, H. Z., Carvalho R. C., Ades, C., & Vasconcellos, A. S. (Em preparação). The potential of environmental enrichment to reduce stereotypies in a Brazilian canid.

Hare, B., & Woods, V. (2013). *The genius of dogs: How dogs are smarter than you think* (384 pp.). New York, NY: Penguin Group.

Haubenhofer, D. K. (2009). Signs of physiological stress in dogs performing AAA/T work. In W. S. Helton (Ed.), *Canine ergonomics: The science of working dogs* (pp. 281-299). Boca Raton, FL: CRC Press.

Haubenhofer, D. K., & Kirchengast, S. (2007). Dog handlers' and dogs' emotional and cortisol secretion responses associated with animal-assisted therapy sessions. *Society & Animals, 15*(2), 127-150.

Haubenhofer, D. K., & Kirchengast, S. (2006). Physiological arousal for companion dogs working with their owners in animal-assisted activities and animal-assisted therapy. *Journal of Applied Animal Welfare Science, 9*(2), 165-172.

Haverbeke, A., Rzepa, C., Depiereux, E., Deroo, J., Giffroy, J-M., & Diederich, C. (2010). Assessing efficiency of a human familiarisation and training programme on fearfulness and aggressiveness of military dogs. *Applied Animal Behaviour Science, 123*(3-4), 143-149.

Hennessy, M. B., Davis, H. N., Williams, M. T., Mellott, C., & Douglas, C. W. (1997). Plasma cortisol levels of dogs at a county animal shelter. *Physiology & Behavior, 62*(3), 485-490.

Hennessy, M. B., Voith, V. L., Hawke, J. L., Young, T. L., Centrone, J., McDowell, A. L., Linden, F., & Davenport, G. M. (2002). Effects of a program of human interaction and alterations in diet composition on activity of the hypothalamic–pituitary–adrenal axis in dogs housed in a public animal shelter. *Journal of the American Veterinary Medical Association, 221*(1), 65-71.

Hewison, L. F., Wright, H. F., Zulch, H. E., & Ellis, S. L. (2014). Short term consequences of preventing visitor access to kennels on noise and the behaviour and physiology of dogs housed in a rescue shelter. *Physiology & Behavior, 133*, 1-7.

Hiby, E. F. (2005). *The welfare of kennelled domestic dogs*. PhD Thesis, University of Bristol, Bristol, England.

Hiby, E. F., Rooney, N. J., & Bradshaw, J. W. S. (2004). Dog training methods: Their use, effectiveness and interaction with behaviour and welfare. *Animal Welfare, 13*(1), 63-69.

Hiby, E. F., Rooney, N. J., & Bradshaw, J. W. S. (2006). Behavioural and physiological responses of dogs entering re-homing kennels. *Physiology & Behavior, 89*(3), 385-391.

Hirschman, E. C. (1994). Consumers and their animal companions. *Journal of Consumer Research, 20*(4), 616-632.

Horváth, Z., Dóka, A., & Miklósi, Á. (2008). Affiliative and disciplinary behavior of human handlers during play with their dog affects cortisol concentrations in opposite directions. *Hormones and Behavior, 54*(1), 107-114.

Hubrecht, R. C. (1993). A comparison of social and environmental enrichment methods for laboratory housed dogs. *Applied Animal Behaviour Science, 37*, 345-361.

Hubrecht, R. C. (1995). The welfare of dogs in human care. In J. Serpell (Ed.), *The domestic dog: Its evolution, behaviour, and interactions with people* (pp. 179-195). Cambridge, England: Cambridge Press.

Hubrecht, R. C., & Serpell, J. A. (1991). Effect of kennel design on the behavior and welfare of dogs. In P. H. Beynon (Ed.), *Improved healthcare in kennels and catteries: Proceedings of a BSAVA symposium* (pp. 35-44). Loughborough, England: British Small Animal Veterinary Association.

Hubrecht, R. C., Serpell, J. A., & Poole, T. B. (1992). Correlates of pen size and housing conditions on the behaviour of kennelled dogs. *Applied Animal Behaviour Science, 34*(4), 365-383.

Hurnik, J. (1992). *Behaviour, farm animal and the environment*. Cambridge, England: CAB International.

Inglis, I. R. (1983). Towards a cognitive theory of exploratory behaviour. In J. Archer, & L. Birke (Eds.), *Exploration in animals and humans* (pp. 72-116). London: Van Nostrand Reinhold.

Inglis, I. R., Forkman, B., & Lazarus, J. (1997). Free food or earned food? A review and fuzzy model of contrafreeloading. *Animal Behaviour, 53*, 1171-1191.

Jagoe, A., & Serpell, J. (1996). Owner characteristics and interactions and the prevalence of canine behaviour problems. *Applied Animal Behaviour Science, 47*(1-2), 31-42.

Jeppsson, S. (2016). Flourishing dogs: the case for an individualized conception of welfare and its implications. *Journal of Agricultural and Environmental Ethics, 29*(3), 425-438.

Kalbe, C., & Puppe, B. (2010). Long-term cognitive enrichment affects opioid receptor expression in the amygdala of domestic pigs. *Genes, Brain and Behavior, 9*(1), 75-83.

Kass, P. H., New, J.C.-Jr., & Scarlet, J. M. (2001). Understanding animal companion surplus in the United States: relinquishment of nonadoptables to animal shelters for euthanasia. *Journal of Applied Animal Welfare Science, 4*(4), 237-248.

Kirkwood, J. K., Sainsbury, A. W., & Bennett, P. M. (1994). The welfare of free-living wild animals: Methods of assessment. *Animal Welfare, 3*(4), 257-273.

Kobelt, A. J., Hemsworth, P. H., Barnett, J. L., & Coleman, G. J. (2003). A survey of dog ownership in suburban Australia - conditions and behaviour problems. *Applied Animal Behaviour Science, 82*(2), 137-148.

Kostraczyk, E., & Fonberg, E. (1982). Heart rate mechanisms in instrumental conditioning reinforced by petting dogs. *Physiology & Behavior, 28*(1), 27-30.

Kotrschal, K., Schöberl, I., Bauer, B., Thibeaut, A. M., & Wedl, M. (2009). Dyadic relationships and operational performance of male and female owners and their male dogs. *Behavioural Processes, 81*(3), 383-391.

Kuhn, G., Lichtwald, K., Hardegg, W., & Abel, H. H. (1991). The effect of transportation stress on circulating corticosteroids, enzyme activities and hematological values in laboratory dogs. *Journal of Experimental Animal Science, 34*(3), 99-104.

Lefebvre, D., Diederich, C., Delcourt, M., & Giffroy, J-M. (2007). The quality of the relation between handler and military dogs influences efficiency and welfare of dogs. *Applied Animal Behaviour Science, 104*(1-2), 49-60.

Luescher, A. U., & Reisner I. R. (2008). Canine aggression toward familiar people: a new look at an old problem. *Veterinary Clinics of North America: Small Animal Practice, 38*(5), 1107-1130.

Lynch, J. I., & McCarthy, J. F. (1967). The effect of petting on a classically conditional emotional response. *Behaviour Research and Therapy, 5*(1), 55-62.

Mason, G. J. (1991). Stereotypies: A critical review. *Animal Behaviour, 41*, 1015-1037.

McConnell, P., & Fine, A. H. (2010). Understanding the other end of the leash: what therapists need to understand about their co-therapists. In A. H. Fine (Ed.), *Handbook of animal-assisted therapy: Theoretical foundations and guidelines for practice* (3rd ed., pp. 149-165). London: Academic Press.

McGowan, R. T. S., Rehn, T., Norling, Y., & Keeling, L. J. (2014). Positive affect and learning: Exploring the "Eureka Effect" in dogs. *Animal Cognition, 17*(3), 577-587.

Mehrkam, L. R., & Dorey, N. R. (2014). Is preference a predictor of enrichment efficacy in Galapagos tortoises (*Chelonoidis nigra*)? *Zoo Biology, 33*(4), 275-284.

McIntire, R., & Colley, T. A. (1967). Social reinforcement in the dog. *Psychological Reports, 20*(3), 843-846.

Melfi, V. (2013). Is training zoo animals enriching? *Applied Animal Behaviour Science, 147*(3-4), 299-305.

Mertens, P. A., & Unshelm, J. (1996). Effects of group and individual housing on the behavior of kennelled dogs in animal shelters. *Antrozoös, 9*(1), 40-51.

Miklósi, Á., Topál, J., & Csanyi, V. (2007). Big thoughts in small brains? Dogs as model for understanding human social cognition. *NeuroReport, 18*(5), 467-471.

Milligan, S. R., Sales, G. D., & Khirnykh, K. (1993). Sound levels in rooms housing laboratory animals: An uncontrolled daily variable. *Physiology & Behavior, 53*(6), 1067-1076.

New, J. C., Salman, M. D., Scarlett, J. M., Kass, P. H., King, M., & Hutchison, J. M. (2000). Risk factors for shelter relinquishment: A comparison of relinquished animals with those in U.S. households. *Proceedings of the 9th International Symposium on Veterinary Epidemiology and Economics*.

Normando, S., Corain, L., Salvadoretti, M., Meers, L., & Valsecchi, P. (2009). Effects of an enhanced human interaction program on shelter dogs' behaviour analysed using a novel nonparametric test. *Applied Animal Behaviour Science, 116*(2-4), 211-219.

O'Brien, J. K., Heffernan, S., Thomson, P. C., & McGreevy, P. D. (2008). Effect of positive reinforcement training in physiological and behavioural stress responses in the hamadryas baboon (*Papio hamadryas*). *Animal Welfare, 17*(2), 125-138.

O'Farrell, V. (1995). Effects of owner personality and attitudes on dog behaviour. In J. Serpell (Ed.), *The domesticated dog its evolution behaviour and interaction with people* (pp. 151-158). Cambridge, England: Cambridge University Press.

O'Farrell, V. (1997). Owner attitude and dog behaviour problems. *Applied Animal Behaviour Science, 52*(3-4), 205-213.

Odendaal, J., & Meintjes, R. A. (2003). Neurophysiological correlates of affiliative behaviour between humans and dogs. *The Veterinary Journal, 165*(3), 296-301.

Overall, K. L., & Dunham, A. E. (2002). Clinical features and outcome in dogs and cats with obsessive-compulsive disorder: 126 cases (1989–2000). *Journal of the American Veterinary Medical Association, 221*(10), 1445-1452.

Overmier, J. B., Patterson, J., & Wielkiewicz, R. M. (1980). Environmental contingencies as sources of stress in animals. In S. Levine & H. Ursin (Eds.), *Coping and health* (pp. 1-38). New York, NY: Plenum Press.

Patronek, G. J., Glickman, L. T., Beck, A. M., & McCabe, G. P. (1996). Risk factors for relinquishment of dogs to an animal shelter. *Journal of the American Veterinary Medical Association, 209*(3), 572-581.

Pomerantz, O., & Terkel, J. (2009). Effects of positive reinforcement training techniques on the psychological welfare of zoo-housed chimpanzees (*Pan troglodytes*). *American Journal of Primatology, 71*(8), 687-695.

Petak, I. (2013). Communication patterns within a group of shelter dogs and implications for their welfare. *Journal of Applied Animal Welfare Science, 16*(2), 118-139.

Phillips, T. (2001). Animal welfare in laboratory animals for research and scientific procedures. Presented at the *3rd International Animal Feeds & Veterinary Drugs Congress*, Philippines.

Protopopova, A. (2016). Effects of sheltering on physiology, immune function, behavior, and the welfare of dogs. *Physiology & Behavior, 159*, 95-103.

Protopopova, A., Mehrkam, L. R., Boggess, M. M., & Wynne, C. D. L. (2014). In-kennel behavior predicts length of stay in shelter dogs. *PLoS ONE, 9*(12). doi: 10.1371/journal.pone.0114319

Protopopova, A., & Wynne, C. D. L. (2014). Adopter-dog interactions at the shelter: behavioral and contextual predictors of adoption. *Applied Animal Behaviour Science, 157*, 109-116.

Pryor, K. (2002). *Don't shoot the dog!: The new art of teaching and training*. Gloucestershire, England: Ringpress Books.

Rollin, B. (1998). *The unheeded cry: Animal consciousness, animal pain and science*. Iowa City, IA: Iowa State University Press.

Rooney, N. J., Gaines, S. A., & Bradshaw, J. W. S. (2007). Behavioural and glucocorticoid responses of dogs (*Canis familiaris*) to kennelling: Investigating mitigation of stress by prior habituation. *Physiology & Behavior, 92*(5), 847-854.

Rooney, N., Gaines, S., & Hiby, E. (2009). A practitioner's guide to working dog welfare. *Journal of Veterinary Behavior: Clinical Applications and Research, 4*(3), 127-134.

Sales, G., Hubrecht, R., Peyvandi, A., Milligan, S., & Shield, B. (1997). Noise in dog kennelling: Is barking a welfare problem for dogs? *Applied Animal Behaviour Science, 52*(3-4), 321-329.

Salzen, E. A. (1962). Imprinting and fear. *Symposia of the Zoological Society of London, 8*, 199-218.

Sambrook, T. D., & Buchanan-Smith, H. M. (1997). Control and complexity in novel object enrichment. *Animal Welfare, 6*(3), 207-216.

Scheifele, P., Martin, D., Clark, J. G., Kemper, D., & Wells, J. (2012). Effect of kennel noise on hearing in dogs. *American Journal of Veterinary Research, 73*(4), 482-489.

Schilder, M. B. H. & van der Borg, J. A. M. (2004). Training dogs with help of the shock collar: short and long term behavioural effects. *Applied Animal Behaviour Science, 85*(3-4), 319-334.

Schneider, M., Nogge, G., & Kolter, L. (2014). Implementing unpredictability in feeding enrichment for Malayan Sun Bears (*Helarctos malayanus*). *Zoo Biology, 33*(1), 54-62.

Serpell, J. A., Coppinger, R., Fine, A. H. (2010). Welfare considerations in therapy and assistance animals. In A. H. Fine (Ed.), *Handbook of animal-assisted therapy: Theoretical foundations and guidelines for practice* (3rd ed., pp.481-503). London: Academic Press.

Shepherdson, D. J., Carlstead, K., Mellen, J. D., & Seidensticker, J. (1993). The influence of food presentation on the behavior of small cats in confined environments. *Zoo Biology, 12*(2), 203-216.

Shiverdecker, M. D., Schiml, P. A., & Hennessy, M. B. (2013). Human interaction moderates plasma cortisol and behavioral responses of dogs to shelter housing. *Physiology & Behavior, 109*, 75-79.

Shyne, A., & Block, M. (2010). The effects of husbandry training on stereotypic pacing in captive African wild dogs (*Lycaon pictus*). *Journal of Applied Animal Welfare Science, 13*(1), 56-65.

Siegel, J. M., Angulo, F. J., Detels, R., Wesch, J., & Mullen, A. (1999). AIDS diagnosis and depression in the multicenter AIDS Cohort Study: The ameliorating impact of pet ownership. *AIDS Care, 11*(2), 157-170.

Taylor, K. D., & Mills, D. S. (2007). The effect of the kennel environment on canine welfare: A critical review of experimental studies. *Animal Welfare, 16*(4), 435-447.

Topál, J., Miklósi, Á., & Csanyi, V. (1997). Dog-human relationship affects problem solving behaviour in the dog. *Anthrozoös, 10*(4), 214-224.

Totton, S. C., Wandeler, A. I., Zinsstag, J., Bauch, C. T., Ribble, C. S., Rosatte, R. C., ... McEwen, S. A. (2010). Stray dog population demographics in Jodhpur, India following a population control/rabies vaccination program. *Preventive Veterinary Medicine, 97*(1), 51-57.

Tuber, D. S., Miller, D. D., Caris, K. A., Halter, R., Linden, F., & Hennessy, M. B. (1999). Dogs in animal shelters: Problems, suggestions and needed expertise. *Psychological Science, 10*(5), 379-386.

Tuber, D. S., Sanders, S., Hennessy, M. B., & Miller, J. A. (1996). Behavioral and glucocorticoid responses of adult domestic dogs (*Canis familiaris*) to companionship and social separation. *Journal of Comparative Psychology, 110*(1), 103-108.

Vasconcellos, A. S. (2016). O bem-estar do animal coterapeuta. In M. O. M. Chelini & E. Otta, *Terapia assistida por animais* (pp. 149-175). São Paulo: Manole.

Vasconcellos, A. S., Adania, C. H., & Ades, C. (2012). Contrafreeloading in maned wolves: implications for their management and welfare. *Applied Animal Behaviour Science, 140*(1-2), 85-91.

Vasconcellos, A. S., Virányi, Z., Range, F., Ades, C., Scheidegger, J. K., Möstl, E., & Kotrschal, K. (Em preparação). Training or petting interactions: Could dogs and wolves' responses inform about evolutionary processes?

Vasconcellos, A. S., Virányi, Z., Range, F., Ades, C., Scheidegger, J. K., Möstl, E., & Kotrschal, K. (2016). Training reduces stress in human-socialised wolves to the same degree as in dogs. *PLoS ONE, 11*(9). doi: 10.1371/journal.pone.0162389

von Uexküll, J. V. (1933). *Dos animais e dos homens: digressões pelos seus mundos próprios, doutrina do significado*. Lisboa: Livros do Brasil.

Watters, J. (2014). Searching for behavioral indicators of welfare in zoos: Uncovering anticipatory behavior. *Zoo Biology, 33*(4), 251-256.

Wells, D. L. (2003). Comparison of two treatments for preventing dogs eating their own faeces. *Veterinary Records, 153*(2), 51-53.

Wells, D. L. (2004). A review of environmental enrichment for kennelled dogs, *Canis familiaris*. *Applied Animal Behaviour Science, 85*(3-4), 307-317.

Wells, D. L., & Hepper, P. G. (1999). Male and female dogs respond differently to men and women. *Applied Animal Behaviour Science, 61*(4), 341-349.

World Health Organization. (2011). *Burden of disease from environmental noise: Quantification of healthy life years lost in Europe*. Recuperado de http://www.euro.who.int/__data/assets/pdf_file/0008/136466/e94888.pdf.

Wolfensohn, S., & Lloyd, M. (1998). *Handbook of laboratory animal management and welfare*. Somerset, England: John Willey & Sons.

Young, R. J. (2003). *Environmental enrichment for captive animals* (240 pp.). Oxford: Universities Federation for Animal Welfare.

# 11
# Genética comportamental canina

*Fernanda Ruiz Fadel*
*Malgorzata Pilot*
*Daniel S. Mills*

Genética comportamental é uma área de pesquisa interdisciplinar que busca estudar quais fatores ou determinantes genéticos estão associados a traços ou aspectos de comportamento. Ou seja, explora quais genótipos (constituição genética de um organismo) condicionam certos fenótipos (características observáveis de um organismo, no caso comportamento, resultantes da expressão de genes e possível influência de fatores ambientais). Este capítulo apresenta a estrutura conceitual sobre genética de comportamento e traz uma revisão do que se sabe em relação a métodos usados para estudar genética comportamental em cães, incluindo uma sessão detalhando estudos que exploram a genética do comportamento agressivo e bem como traços relacionados a agressão em cães e outros mamíferos.

# O CÃO DOMÉSTICO COMO ESPÉCIE MODELO PARA O ESTUDO DA BASE GENÉTICA DE COMPORTAMENTO

Cães foram domesticados provavelmente entre 11 e 40 mil anos atrás (Freedman *et al.*, 2014; Pilot *et al.*, 2015; Skoglund, Ersmark, Palkopoulou, & Dalén, 2015; Thalmann *et al.*, 2013; Wang *et al.*, 2013). Muitas raças modernas de cães foram criadas utilizando-se apenas alguns indivíduos fundadores e sua evolução foi predominantemente dirigida por seleção artificial. As raças apresentam vasta variação em tamanho, forma, comportamento e fisiologia, que possibilitam várias comparações e fazem do cão uma espécie modelo ideal para o estudo de genética (Ellegren, 2005; Lindblad-Toh *et al.*, 2005; van Rooy, Arnott, Early, McGreevy, & Wade, 2014). A manutenção de raças puras diminui sua diversidade genética e reduz o tamanho efetivo da população (Ostrander & Wayne, 2005). Raças de cães formam unidades genéticas isoladas, demonstram forte *linkage disequilibrium* — que pode ser traduzido como desequilíbrio de ligação e é a associação não aleatória de dois ou mais alelos próximos entre si no genoma, ou seja, que são herdados juntos — e demonstram fenótipos específicos (desde morfologia específica a doenças específicas de cada raça). Essas características facilitam a identificação de bases genéticas de traços fenotípicos complexos quando se usa cães em comparação com outras espécies (Ostrander & Wayne, 2005). Um exemplo é a doença hereditária multifocal renal cistodenocarcinoma e dermatofibrose nodular, que ocorre naturalmente em Pastores Alemães e foi primeiramente localizado no cromossomo canino 5q12 (Jónasdóttir *et al.*, 2000). O local associado à síndrome equivalente humana, a síndrome de Birt-Hogg-Dubé, foi mapeado no cromossomo 17p12q11, que corresponde ao cromossomo canino 5q12 (Ostrander, 2012).

O *linkage disequilibrium* em cães chega a ser 100 vezes mais extensivo do que em humanos (Sutter *et al.*, 2004) e um número consideravelmente menor de SNPs (em inglês, *single nucleotide polymorphism* — polimorfismo de um único nucleotídeo — variação na sequência de DNA que afeta somente uma base na sequência do genoma) precisam ser genotipados em cães em comparação com humanos para identificação do local de um gene; portanto, mapear traços fenotípicos em cães requer menos esforço (Boyko, 2011). Além disso, o cão apresenta naturalmente um maior número de doenças e condições do que qualquer outra espécie, além do ser humano (Sargan, 2004). Da perspectiva do comportamento, desenvolvimentos na área de medicina veterinária comportamental têm levado à identificação de desordens equivalentes em cães e humanos. Por exemplo: transtorno compulsivo agressivo (TCA) (Tang et al., 2014) e ansiedade de separação (Ostrander, 2012), as quais são até tratadas com os mesmos medicamentos nas duas espécies (Sargan, 2004; Våge et al., 2010; Tang et al., 2014). Resultados de pesquisas sobre essas condições físicas e comportamentais podem, portanto, ser usados como ponto de partida para guiar pesquisas sobre condições equivalentes nas duas espécies.

## CLASSIFICANDO TRAÇOS FENOTÍPICOS EM CÃES

Traços fenotípicos podem ser discretos ou contínuos. Fenótipos discretos incluem exemplos clássicos como os estudos de Mendel sobre fenótipos que ocorrem naturalmente em ervilhas (*Pisum sativum*), como coloração, que pode ser verde ou amarela, ou formato, que pode ser redondo ou enrugado (Weldon, 1902). Por outro lado, fenótipos contínuos ou quantitativos, como altura ou peso, têm uma gradação quantitativa de um fenótipo ao outro. Esses fenótipos quantitativos incluem vários traços comportamentais, de temperamento e transtornos, como autismo (e.g., o grau do autismo pode ser medido por um questionário e as pontuações resultantes desse questionário são contínuas; Charman et al., 2004). Às vezes, os extremos de um traço contínuo podem ser atribuídos a uma categoria como se fossem discretos, por exemplo, classificando crianças em "autistas" ou "não autistas", o que pode ajudar com a identificação de correlações com outros fatores genéticos e fisiológicos dependendo do objetivo do estudo. Por outro lado, a criação de categorias arbitrárias pode ser inapropriada em certas circunstâncias. Autismo e comportamento em geral são contínuos e quando se criam categorias arbitrárias, medidas intermediárias se perdem. Por exemplo, o comportamento agressivo em cães poderia arbitrariamente ser descrito de forma discreta, categorizando cães em "agressivos" e "não agressivos". Porém, isso não reflete variação biológica verdadeira, já que há uma transição gradual na tendência de expressão de comportamento agressivo entre indivíduos.

Classificar indivíduos em certos fenótipos ou categorias de fenótipos é um passo importante na definição traços de comportamento para que, em seguida, metodologias genéticas apropriadas sejam usadas gerando resultados que não deem margem a interpretações incorretas ou generalizações inapropriadas. Quando se estuda a genética do comportamento, o método genético deve ser escolhido baseado no que se sabe sobre os traços e os genes em questão. Se não há muita informação disponível, é preferível usar uma abordagem que use o genoma completo, com a qual são identificados genes associados ao fenótipo estudado. No entanto, o estudo genético sobre traços comportamentais de cães ainda é uma área de pesquisa nova que utiliza diferentes abordagens genéticas e diferentes classificações de fenótipos, o que dificulta a comparação de estudos e atrasa os avanços nessa área.

Fenótipos comportamentais são influenciados por fatores ambientais e genéticos. Portanto, uma questão importante no entendimento e categorização de fenótipos é a influência de fatores ambientais no comportamento. Isso pode ser avaliado pelo estudo de herdabilidade. Alguns dos principais fatores citados por estudos que, acredita-se, afetam o comportamento de um cão incluem: experiências durante fases de desenvolvimento, nutrição, interações sociais com humanos e com outros cães e cuidado materno (Foyer, Wilsson,

& Jensen, 2016). Por exemplo, acredita-se que comportamento agressivo em cães é mais suscetível a influências externas durante períodos iniciais de desenvolvimento (até 6 meses de idade) do que mais tarde na vida (Appleby, Bradshaw, & Casey, 2002). Indivíduos que crescem em ambiente não doméstico (e.g., canil, abrigo de animais) e carentes de exposição ao ambiente urbano durante fases de desenvolvimento são mais suscetíveis a demonstrar agressão e comportamentos de evitação a humanos estranhos ou agressão durante visitas ao veterinário (Appleby, Bradshaw, & Casey, 2002).

## BASE GENÉTICA DE FENÓTIPOS COMPLEXOS

Traços de comportamento podem ser classificados como contínuos ou quantitativos pois há uma continuidade ou gradação quantitativa de um fenótipo ao próximo. Um exemplo clássico de traço quantitativo é altura. Traços quantitativos são contrastados com traços discretos, como tipo sanguíneo (i.e., uma pessoa pode ser A, B, AB ou O; não existem outras opções ou fenótipos intermediários, Hartl & Ruvolo, 2012). É difícil saber quantos genes desepenham um papel em traços complexos, como traços comportamentais. A natureza contínua de traços comportamentais dificulta a classificação de fenótipos de uma maneira que seja biologicamente significativa, prática e útil para estudos de comportamento e genética.

Por serem fenótipos complexos, traços comportamentais são causados por fatores genéticos múltiplos (diferentes formas de um ou mais genes) e são também influenciados por fatores ambientais. Nesses casos, um único genótipo pode resultar em vários fenótipos e um fenótipo pode estar associado a vários genótipos diferentes (Hartl & Ruvolo, 2012). Fatores ambientais que afetam animais incluem nutrição, experiências durante fases iniciais de desenvolvimento, condições climáticas, etc. Alguns fenótipos complexos são mais influenciados por fatores ambientais enquanto outros são mais influenciados por fatores genéticos.

## Diferenças comportamentais entre raças

Existe a tendência de rotular raças de acordo com certos estereótipos, criando um "perfil de raça", especialmente na mídia. Como foi mencionado anteriormente, raças de cães são unidades genéticas distintas que expressam traços fenotípicos específicos e variam em comportamento (Parker & Ostrander, 2005) e se alguns traços comportamentais são altamente hereditários, alguma consistência em diferenças de comportamento entre raças selecionadas para diferentes propósitos de trabalho são esperados. As raças geralmente apresentam comportamentos característicos, e.g., cães *retrievers* buscam objetos facilmente sem mesmo serem treinados. Porém, mesmo com uma forte seleção, nem todos os cães serão naturalmente efetivos no comportamento de trabalho para o qual são selecionados; alguma variação sempre deve ser esperada, especialmente porque a seleção de cães tem mudado já que agora são mais comumente mantidos como animais de estimação do que usados para trabalhar. Além disso, outros comportamentos que não são diretamente selecionados têm grande variação dentro de uma mesma raça apesar de, em média, serem parecidos.

Por outro lado, "estereótipos" mantidos por motivos culturais e pela mídia, ditam que um cão apresente características muito específicas de acordo com sua raça, o que leva a pré-julgamentos que muitas vezes não são pertinentes. Ou seja, nem todos os membros de uma raça aderem ao "estereótipo" ao qual são comumente atribuídos.

Mesmo assim, vários pesquisadores sugerem que há características comportamentais específicas de cada raça (Svartberg, 2002), mas poucos estudos exploraram diferenças de tendências comportamentais (e.g., Escala de Avaliação de Impulsividade em Cães — ou em inglês, *Dog Impulsivity Assessment Scale* — DIAS; Wright *et al.*, 2011), em vez de comportamentos específicos. O C-BARQ (em inglês, *Canine Behavioral Assessment and Research Questionnaire* — Questionário de avaliação comportamental e pesquisa canina; Hsu

& Serpell, 2003) destaca possíveis diferenças de comportamentos específicos entre indivíduos dentro de grupos de raça que têm um mesmo propósito de trabalho (e.g., pastoreadores, *retrievers*, guarda, etc) que podem ser considerados remanescentes do processo de seleção baseada no propósito original de trabalho de cada raça (Mirkó, Kubinyi, Gácsi, & Miklósi, 2012).

No entanto, muitos desses estudos não avaliam variação de intensidade de comportamento dentro de uma mesma raça, que é onde muito da variação entre indivíduos é encontrada. A maior parte das pesquisas mais recentes aponta para o fato de que as diferenças de comportamento entre indivíduos dentro de uma mesma raça frequentemente excede a variação entre raças (Mehrkahm & Wynne, 2014). Portanto, é impreciso fazer julgamentos sobre o comportamento de um cão baseados apenas em sua raça e tendências gerais de raça não devem ser generalizadas para fazer previsões sobre um indivíduo (Clarke, Cooper, & Mills, 2013).

Além disso, durante anos mais recentes, mudanças nas prioridades de seleção de cães, como, por exemplo, priorizando a seleção de aparência em vez de função comportamental, provavelmente têm contribuído para uma maior variação de comportamento dentro de uma mesma raça (Mirkó, Kubinyi, Gácsi, & Miklósi, 2012). Hoje em dia, cães de raça são selecionados por dois principais motivos: (i) trabalho — cães trabalhadores para realizar atividades úteis para humanos e (ii) exposição — cães de show para exibir certos traços morfológicos.

Ambos os cães de trabalho e de show podem ser usados para gerar animais de estimação. Porém, as duas linhagens (trabalho e show) podem variar na sua habilidade de se adaptar a esse "nicho ecológico", i.e., o ambiente doméstico em que o animal de estimação vive. Existe, então, a possibilidade de haver variação entre linhagens em demonstrar certos comportamentos, e.g., comportamento agressivo no contexto de animal de estimação. Linhagens específicas para trabalho e show precisam ser consideradas quando se analisa o comportamento por meio de medidas médias ou gerais de raça, já que a seleção de linhagens específicas dentro de uma mesma raça é baseada em diferentes padrões de características comportamentais. Portanto, estudos que incluem diferentes linhagens para medidas médias de raça podem ter seus resultados influenciados ou desviados dependendo de quantos indivíduos de cada linhagem são incluídos (Fadel *et al.*, 2016). Um traço de comportamento pode ser analisado em um grupo geral de cães (incluindo várias raças e cães sem raça definida) ou focados em uma única raça ou grupo de raças com a mesma função de trabalho (e.g., agrupando cães *retrievers*: Labrador Retriever, Golden Retriever, Flat-coated Retriever).

## Métodos para classificar fenótipos comportamentais em cães

Existem várias maneiras de avaliar traços comportamentais em cães, mas resumidamente, algumas das abordagens mais usadas em estudos de genética incluem: (i) experimentos comportamentais; (ii) questionários psicométricos e (iii) histórico clínico comportamental. Esses métodos podem ser combinados entre si já que não são exclusivos.

Experimentos comportamentais geralmente focam na tendência de certos indivíduos em demonstrar um comportamento específico em um contexto específico, em vez de as tendências comportamentais gerais de um indivíduo em vários contextos. Conduzir uma variedade de experimentos comportamentais levando em conta diferentes contextos e diferentes momentos permite a inferência de traços fundamentais. No entanto, experimentos são usualmente limitados a tamanhos de amostra pequenos e grande variabilidade devido a circunstâncias.

Por outro lado, questionários psicométricos são uma alternativa para a abordagem experimental e lidam com muitas de suas limitações. Como aqueles usados na área de Psicologia Humana, esses questionários podem ser respondidos por uma pessoa que passa uma quantidade de tempo considerável com o sujeito a ser estudado; assim como pais reportando sobre suas crianças, tutores e treinadores profissionais podem reportar sobre seus cães. Quando se trata de questionários, pesquisas em humanos têm sido usadas como base para pesquisas em cães, tal como adaptando escalas psicométricas de humanos para cães (Gosling, Kwan, & John, 2003). Um dos principais desafios dessa abordagem é estabelecer a validade do questionário, mas esse método potencialmente permite avaliar rapidamente o comportamento de uma grande quantidade de indivíduos.

Por fim, o histórico clínico comportamental providencia outra abordagem para avaliar traços de comportamento ou classificar cães individuais em diferentes categorias de comportamento. O problema dessa abordagem é que indivíduos de um grupo controle podem ser transferidos para o grupo de interesse se eles vierem a se envolver em situações que os façam expressar comportamentos nunca antes expressados. Por exemplo, alguns pesquisadores incluem na categoria "agressiva" cães reportados a clínicas de comportamento por expressarem agressão direcionada ao tutor (e.g., mordidas) e, no grupo de controle, cães que não demonstram essa agressão; mas, indivíduos do grupo controle podem vir a morder no futuro se enfrentarem uma situação de ameaça que não possam evitar (Amat *et al.*, 2009; van den Berg *et al.*, 2008).

## Métodos para explorar genética comportamental em cães

Métodos genéticos usados para identificar variantes por trás de fenótipos complexos, como altura e transtornos complexos, podem em geral ser usados para traços comportamentais. Atualmente, há quatro métodos principais sendo usados para o estudo de genética comportamental em cães: (i) estudos de *linkage* genético; (ii) abordagem do gene candidato; (iii) estudos de associação de genoma completo (GWAS em inglês *genome wide association studies*) e (iv) herdabilidade.

Estudos de ligação ou *linkage* genético são conduzidos usando-se indivíduos aparentados, dos quais alguns demonstram o fenótipo de interesse (principalmente doenças e transtornos em humanos), para se identificar sua base genética. A segregação de marcadores genéticos é comparada dentro de famílias com alta frequência da doença para identificação de genes ou regiões genômicas que tenham um papel principal na doença (Teare & Barrett, 2005). Vários indivíduos de uma mesma família com e sem o fenótipo de interesse precisam ser amostrados para o uso dessa abordagem, o que é a principal limitação desse método.

A abordagem do gene candidato foca em um número limitado de genes pré-selecionados (Zhu & Zhao, 2007). Esses são selecionados a *priori* com base na sua suspeita influência sobre um fenótipo particular. Esse método pode ser seguido por estudos de associação dos genes identificados. Uma das desvantagens dessa abordagem é o número limitado de genes que podem ser testados, potencialmente deixando de fora outros genes que também podem estar envolvidos. A abordagem do gene candidato pode ser aplicada após estudos de associação de genoma completo (GWAS, ver próximo parágrafo) como continuação para verificação de resultados. É um método eficaz quando se sabe a posição e a função dos genes candidatos (e.g., Våge *et al.*, 2010).

Os estudos de associação de genoma completo (GWAS) testam variabilidade por todo o genoma para identificação de variantes genéticos associados a um certo fenótipo por meio da comparação entre grupos de indivíduos que diferem no nível do fenótipo em questão (e.g., Pandey & Manolio, 2010). Esse método é um bom ponto de partida para procurar genes candidatos (ver parágrafo anterior). Endocruzamento em cães levou a um grande *linkage disequilibrium*. Devido ao grande número de fortes associações entre alelos no genoma canino, consideravelmente menos SNPs precisam ser genotipados em cães para detecção de associações usando GWAS quando comparados com humanos (Boyko, 2011; Hall & Wynne, 2012; Hayward *et al.*, 2016;

Lindblad-Toh *et al.*, 2005; Sutter *et al.*, 2004). Essa é uma grande vantagem de se usar GWAS em cães. Por outro lado, uma amostra relativamente grande ainda é necessária para GWAS, no entanto, nesses animais, amostras com 100 indivíduos controles e 100 indivíduos casos parecem ser suficientes (Hayward *et al.*, 2016). GWAS têm proporcionado a identificação de marcadores genéticos envolvidos em, por exemplo, transtorno compulsivo agressivo em Doberman Pinschers (Tang *et al.*, 2014) e podem explicar a comunicação entre cães e humanos em Beagles (Persson, Wright, Roth, Batakis, & Jensen, 2016).

Estudos de herdabilidade são baseados na comparação de traços de comportamento entre indivíduos aparentados para inferir qual porcentagem de variação fenotípica é devido a fatores genéticos e fatores não genéticos, como, por exemplo, o ambiente ou o acaso (Hartl & Ruvolo, 2012). Esse método oferece uma estimativa da extensão pela qual um traço é herdado geneticamente, mas não indica quais genes estão influenciando o fenótipo. Esse método é útil para seleção de comportamento (ou outros fenótipos morfológicos) mas não para identificação de determinantes genéticos.

## INTERAÇÃO GENE-AMBIENTE

É importante notar que a expressão de um gene é influenciada pela exposição ao ambiente. Um animal que carrega uma variante de um gene associado a um certo comportamento, pode não expressar este comportamento se as condições ambientais não permitirem. A maioria dos fatores ambientais é, no entanto, difícil de se atribuir e quantificar (van Loo & Martens, 2007). A interação entre gene e ambiente é um processo complexo. Pode haver interação de mais de uma variável ambiental, interação em vários níveis, efeito aditivo de fatores ambientais e genéticos ou modulação da expressão de variantes genéticas por fatores ambientais (van Loo & Martens, 2007).

Estudos sobre interação gene-ambiente testam as interações entre uma variável ambiental e as diferentes variantes de um gene por meio da adição da condição ambiental como covariável. Em humanos, o "calendário histórico de eventos" é um questionário usado para adição de medidas de variáveis ambientais de interesse, como nível de escolaridade, empregabilidade, etc (Belli *et al.*, 2001). Por exemplo, número de empregos e horas trabalhadas por semana podem ser avaliados e estas medidas associadas ao risco de se apresentar sintomas de depressão (Caspi *et al.*, 2003). Vários estudos sobre transtornos psicológicos em humanos (e.g., Caspi & Moffitt, 2006) possuem dados disponíveis para variáveis ambientais. Com informações sobre variáveis ambientais é possível fazer estudos de interação gene-ambiente mais facilmente.

Por exemplo, um estudo mostrou que a maior parte das pessoas com histórico de eventos estressantes que vieram a demonstrar sintomas de depressão possuíam uma variante específica do gene transportador de serotonina 5-HTT, enquanto pessoas com histórico similar mas com uma variante diferente do gene não demostraram depressão (Caspi *et al.*, 2003). Essa variação pode ser atribuída a fatores ambientais como estresse e experiências durante diferentes fases de desenvolvimento. Alguns aspectos de condições ambientais podem afetar o genótipo mais do que outros e, portanto, considerar as condições ambientais em estudos genéticos por meio da adição de uma covariável pode aumentar as chances de encontrar associações entre fenótipo e genótipo no futuro.

Outros estudos envolvendo animais também apontam para influência de fatores ambientais. Por exemplo, diferentes níveis do comportamento de *grooming* (lamber e fazer catação) de filhotes de rato pela mãe durante a primeira semana de vida parecem influenciar a expressão de genes desses filhotes por meio de modificações estruturais a nível de DNA, como metilação de DNA (Meaney & Szyf, 2005). Por outro lado, existem apenas alguns poucos estudos de interação gene-ambiente usando cães, uma vez que a maioria dos estudos de genética comportamental em cães não inclui medidas de condições ambientais (Hall & Wynne, 2012). No entanto, já há evidências de que há um efeito do ambiente, mais especificamente do cuidado materno, sobre o que Pérez-Guisado, Lopez-Rodríguez, & Muñoz-Serrano (2006) chamaram de "agressão dominante", medida por meio de experimentos comportamentais.

Outro exemplo de estudo em cães que indica interação do ambiente é o de Hejjas *et al.* (2007), no qual uma variante do gene de receptor de dopamina D4 foi associado a níveis de atividade/impulsividade avaliados usando questionário. A associação foi encontrada em Pastores Alemães usados como cães de polícia, mas não foi encontrada em Pastores Alemães de estimação. Uma interação gene-ambiente pode ser indicada pela função para a qual o cão é usado e, consequentemente o ambiente em que é criado: de estimação em um ambiente doméstico ou de polícia em um centro de treinamento.

Apesar de existirem poucos estudos sobre interação gene-ambiente em cães, é possível inferir alguns fatores ambientais que provavelmente influenciam o comportamento de cães baseando-se em publicações sobre modificação de comportamento e herdabilidade de traços comportamentais. Alguns destes fatores são listados abaixo:

- Ambiente durante fases iniciais de desenvolvimento: cuidado materno, aulas de treinamento de filhotes, desmame normal ou precoce (Pérez-Guisado, Lopez-Rodríguez, & Muñoz-Serrano, 2006; Hall & Wynne, 2012);

- Socialização com outros cães e humanos enquanto filhote (Beaudet *et al.*, 1994);

- Nutrição, especialmente durante fases iniciais de crescimento (Jensen, 2014);

- Estimulação mental: treinamento, alimentadores "quebra-cabeça", brinquedos (Meaney & Szyf, 2005; Cotman & Head, 2008);

- Exercícios: caminhadas e treinamento de agilidade (Cotman & Head, 2008);
- Ambiente: ambiente doméstico, canil, abrigo de animais, de cão guia, de cão de polícia, de cão trabalhador (e.g., caça, pastoreio), de cães mantidos em laboratório (Hejjas et al., 2007; Hall & Wynne, 2012).

## GENÉTICA DE COMPORTAMENTO AGRESSIVO EM CÃES

### Comportamento agressivo em cães: uma perspectiva genética

O estudo de comportamento agressivo é de grande importância para o bem-estar animal e a segurança humana. Há um crescente interesse em entender a genética por trás de comportamento agressivo, especialmente em cães e humanos. No entanto, um dos maiores obstáculos dessa área é definir e atribuir indivíduos a categorias fenotípicas.

Reagir agressivamente em certas situações é benéfico da perspectiva evolutiva, mas não acontece sem riscos (Ferguson & Beaver, 2009). Independentemente de raça, todos os cães são capazes de demonstrar agressão caso se sintam ameaçados. Alguns reagirão mais rapidamente, outros mais lentamente. Algumas reações serão apenas um sinal de aviso, outras reações podem ser mais sérias e fazer vítimas. O limite de reação pode variar de acordo com o contexto e isso pode ser relacionado a diferentes funções chave. Van den Berg et al. (2006, p. 882) descreve:

> "Há variação individual na tendência de cães demonstrarem comportamento agressivo. Essa variação é resultado de um sistema complexo de interações entre genes e influências ambientais, as quais são pouco compreendidas."

O processo de domesticação provavelmente selecionou animais com reduzida agressão direcionada a humanos baseada em medo (Kukekova,

Temnykh, Johnson, Trut, & Acland, 2012). A seleção de comportamento com foco no trabalho também selecionou outros traços de comportamento, como impulsividade e comportamento agressivo em certos contextos. Em cães de guarda, impulsividade e comportamento agressivo são provavelmente selecionados diretamente, já que se espera que estes indivíduos reajam rapidamente. Já em cães selecionados para busca ou pastoreio, impulsividade seria indiretamente ou secundariamente selecionada de acordo com a seleção principal de comportamento. Por exemplo, cães de busca são acostumados a novos ambientes e manuseiam objetos com cuidado e, provelmente, são menos impulsivos, enquanto cães de pastoreio vivem em fazendas onde não encontram novos estímulos ou pessoas e não se espera que manuseiem com cuidado ovelhas ou gado, já que são animais grandes e robustos, portanto acabam sendo relativamente mais impulsivos em geral.

Um dos maiores desafios quando se estuda agressão é definir o termo de uma maneira que possa ser medida. De acordo com o Dicionário Oxford (2016), agressão é:

> "(1) um ataque não provocado, o primeiro ataque em uma disputa ou conflito, um assalto, uma invasão; (2) a prática de atacar outro(s), a realização de um ataque ou assalto; (3) (*origem EUA*) sentimento ou energia demonstrado quando alguém se impõe, ou quando se demonstra iniciativa; agressividade, assertividade, força (geralmente como qualidade positiva); (4) (*origem Psicologia*) comportamento com intenção de ferir outra pessoa ou animal; uma instância disso".

Na área de comportamento animal, agressividade geralmente é avaliada em contextos específicos que podem ser delimitados e medidos, por exemplo agressão direcionada a humanos membros da família (Casey, Loftus, Bolster, Richards, & Blackwell, 2014), agressão direcionada a estranhos (Gazzano et. al. 2015) ou agressão relacionada à impulsividade em resposta a um estímulo novo (Wright, Mills, & Pollux, 2011). Há uma ampla gama de fatores comportamentais que levam ao comportamento agressivo ao invés de um único fenótipo agressivo relacionado a um indivíduo e, portanto, classificar indivíduos em diferentes categorias relacionadas à agressão é uma tarefa árdua. Diferentes experimentos e avaliações classificam comportamento agressivo de maneiras diferentes e parece haver pouco consenso entre pesquisadores (van Rooy *et al.*, 2014). Devido a fortes diferenças terminológicas entre pesquisadores, também há a dificuldade de se fazer comparações precisas entre estudos. Rotular um indivíduo como agressivo não é exato o suficiente na procura pelas bases genéticas de um fenótipo. Por isso, uma definição mais precisa das diferentes facetas associadas a comportamentos agressivos faz-se atualmente necessária, de modo que utilize definições que podem ser motivacionais, emocionais ou relacionadas a outros traços de comportamento. Descritas a seguir estão três ferramentas que definem e delimitam agressão em contextos específicos:

- Questionário de avaliação e pesquisa canina (C-BARQ; Hsu & Serpell, 2003): agrupa itens em vários traços comportamentais, incluindo pelo menos três contextos para agressão, a saber: agressão direcionada a estranhos, agressão direcionada a tutores, agressão direcionada a outros cães (van den Berg, Schilder, de Vries, Leegwater, & van Oost, 2006). Esses contextos não são informativos no que diz respeito à motivação por trás do comportamento.

- Questionário de Casey *et al.* (2014): examina agressão direcionada a humanos e está dividido em três contextos: agressão direcionada a pessoas estranhas que entram na casa, direcionada a pessoas estranhas fora de casa, direcionada a membros da família. Apesar da descrição não incluir explicitamente uma motivação, pode-se esperar que agressão centrada na entrada da casa pode incluir respostas de defesa territorial, enquanto agressão direcionada a pessoas estranhas fora de casa pode ser uma resposta a estímulos novos e reflete ansiedade do indivíduo.

- Escala de Avaliação de Impulsividade em Cães (DIAS; Wright *et al.*, 2011): é composta por uma pontuação geral e três fatores específicos (Wright, Mills, & Pollux 2011). Um desses componentes foi denominado "limite de agressão e resposta a novos estímulos" e mede um aspecto de agressão relacionado à impulsividade em resposta a novos estímulos, que é um contexto motivacional mais específico do que aqueles delineados pelos dois estudos mencionados anteriormente.

## *Outros traços correlacionados com comportamento agressivo*

Existem outros traços e dimensões correlacionados com comportamento agressivo, como o medo, a impulsividade, e a "timidez-ousadia", e sua avaliação pode permitir uma definição mais específica de fenótipos.

A seguir, são discutidos três desses traços que já foram estudados em humanos, cães e outros animais. Impulsividade pode ser descrita como a inabilidade de inibir comportamentos na presença de estímulos salientes (Wright *et al.*, 2011). Essa conceitualização mais abrangente do termo impulsividade como traço pode ser usada para descrever o perfil comportamental de um cão por seu tutor (DIAS; Wright *et al.*, 2011). Impulsividade é um traço estudado amplamente em humanos (Seo, Patrick, & Kennealy, 2009) e definido precisamente em cães (Wright, Mills, & Pollux, 2012). Também foi demonstrada que a impulsividade parece ser constante durante a vida adulta de cães (Riemer, Mills, & Wright, 2013). Já o medo é a capacidade geral de reagir frente a situações de potencial ameaça (Boissy, 1995). Respostas de medo são geralmente associadas à expressão de comportamento agressivo em cães e vários questionários comportamentais e testes incluem sub-escalas relacionadas a este traço emocional (Duffy,

Hsu, & Serpell, 2008; Svobodová, Vápeník, Pinc, & Bartoš, 2008). No entanto, é importante destacar que em filhotes, a consistência de medidas de medo usadas em estudos até agora parece ser fraca, ou seja, não prevê o comportamento do cão depois de adulto. Tais medidas são mais fortes e previsíveis em adultos, o que significa que esse traço não tem boa validade de previsibilidade de filhote para adulto (Fratkin, Sinn, Patall, & Gosling, 2013). Dentro do eixo "timidez-ousadia", a ousadia pode ser definida como a propensão de um indivíduo a correr riscos e timidez seria o oposto (Wilson *et al.*, 1994). Essa dimensão é bem estabelecida na área de ecologia comportamental (Wilson *et al.*, 1994) e frequentemente inclui aspectos de medo, avaliação de custos-benefícios e impulsividade. Como exemplo, um estudo utilizando peixes-zebra (*Danio rerio*) mostrou que a herdabilidade de ousadia explica 76% da variância fenotípica, enquanto agressividade explica 36% (Ariyomo, Carter, & Watt, 2013). Pesquisadores também têm começado a usar testes de personalidade para pontuar "timidez-ousadia" para seleção de cães trabalhadores (Svartberg, 2002).

Esses traços de comportamento discutidos acima (impulsividade, medo e "timidez-ousadia") são mais específicos e melhor definidos. Eles são, portanto, mais fáceis de avaliar e podem ser usados como medida em contextos em que "agressão" ou "comportamento agressivo" é o de interesse.

## *Estudos de genética comportamental em cães e outros mamíferos relacionados a comportamento agressivo*

Não há muitos estudos focando diretamente na investigação das bases genéticas do comportamento de cães. Alguns poucos estudos mostram a herdabilidade de traços comportamentais em cães, especialmente relacionados a ousadia, medo e reatividade (Ariyomo *et al.*, 2013; Branson & Rogers, 2006), mas é preciso notar com cuidado como os traços foram definidos em cada estudo na hora de interpretá-los, já que diferentes traços podem ter sido definidos sob um mesmo nome. Alguns desses estudos sugerem que traços comportamentais estão correlacionados com outros fenótipos hereditários como coloração de pelo (Pérez-Guisado *et al.*, 2006) e lateralização no uso de pata (Branson & Rogers, 2006). Até agora, existem somente alguns poucos estudos de herdabilidade em cães que focaram em aspectos de agressão. Um desses estudos focou na herdabilidade de "agressão dominante", definida pelos autores como comportamento agressivo dentro do contexto de guarda de território, comida, objetos ou pessoas, no Cocker Spaniel Inglês (Pérez-Guisado *et al.*, 2006). Esse estudo examinou fatores fixos (e.g., gênero e cor de pelo) e genéticos em 51 Cockers com 7 meses de idade usando um teste comportamental. Foi demonstrado que comportamento dominante é hereditário, com valor de herdabilidade de 0,20 (o que significa que 20% da variabilidade observada se deve a fatores genéticos).

Outro estudo comparou comportamento agressivo em Golden Retrievers usando alguns dos fatores relacionados a comportamento agressivo do questionário C-BARQ (Hsu & Serpell, 2003; van den Berg *et al.*, 2006). As maiores estimativas de herdabilidade foram para os fatores "agressão direcionada a humanos" (0,77) e "agressão direcionada a outros cães" (0,81), no entanto, a correlação desses dois fatores foi baixa (Liinamo *et al.*, 2007).

## *Candidatos biológicos e fisiológicos relacionados a comportamento agressivo*

Vários estudos têm tentado identificar o que causa agressão em várias espécies animais. A maioria das descobertas até agora são na área de fisiologia, as quais podem ser um ponto de partida para estudos de genética. A maior parte dos estudos de genética da agressão foram focados em humanos e ratos (*Rattus norvergicus*), mas podem potencialmente ser relevantes para o estudo em cães devido a semelhanças na fisiologia de mamíferos. Genes que regulam ou estão envolvidos em ciclos de certos neurotransmissores são bons candidatos para o estudo de certos aspectos de comportamento agressivo.

Pesquisa em genética da agressão em humanos frequentemente foca em "comportamento violento", definido como "o uso intencional de força física contra si mesmo, outra pessoa, ou contra um grupo ou comunidade, que resulta ou tem grande probabilidade de resultar em ferimento, morte ou mal psicológico" (*World Health Organisation* — Organização Mundial da Saúde, 2002). Grupos de humanos com registro de vários níveis de comportamento violento foram comparados com a população "não-violenta", e aqueles que mais frequentemente apresentam comportamento violento geralmente também apresentam histórico de trauma de infância, dificuldades econômicas, e outros fatores que parecem influenciar a expressão de comportamento agressivo na população (Seo *et al.*, 2009). Similarmente, cães podem ser classificados em diferentes categorias de comportamento agressivo e fatores ambientais podem ser considerados, como ambiente durante fases iniciais de desenvolvimento (criadores, centro de resgate, loja de animais, etc), histórico (uso de treinamento por reforço positivo ou punição), dieta, socialização com humanos e cães, entre outros.

Quanto ao papel de neurotransmissores em comportamento agressivo, muitas pesquisas apontam para uma influência significativa de serotonina e dopamina na expressão de comportamento agressivo. Serotonina e dopamina são dois neurotransmissores envolvidos na regulação de comportamento emocional. Serotonina tem funções excitatórias e inibitórias no cérebro, regulando várias respostas emocionais. Agressão impulsiva em humanos e animais foram previamente associadas a baixos níveis de serotonina em vários estudos (e.g., Daw, Kakade, & Dayan 2002; Everitt & Robbins 2000; Seo, Patrick, & Kennealy 2009; Wright, Mills, & Pollux 2012). Por outro lado, a dopamina está envolvida em ativação comportamental, motivação e processamento de recompensa/gratificação. Estudos em ratos e macaco-de-cheiro (*Saimiri sciureus*) mostraram que a hiperativação de dopamina sistêmica leva a um aumento de agressão impulsiva, sugerindo que há uma influência substancial de dopamina na modulação de comportamento agressivo (Everitt & Robbins, 2000; Seo *et al.*, 2009). Wright e colaboradores (2012) mostraram que cães que pontuaram alto para impulsividade usando o questionário DIAS tinham baixos níveis metabólicos de serotonina e proporção serotonina-dopamina em urina.

Há fortes indicações de que os sistemas de serotonina e dopamina interajam em nível neurofisiológico, o que significa que danos no sistema serotonérgico podem influenciar a regulação do sistema dopaminérgico especificamente no contexto de respostas emocionais (Daw, Kakade, & Dayan 2002). A interação entre os dois sistemas parece ser recíproca na regulação de comportamento emocional. Por exemplo, comportamentos de necessidades físicas instintivas são encorajados pela dopamina e desencorajados pela serotonina. Portanto, considerando-se que serotonina regula dopamina no sistema límbico de recompensas, é possível que baixos níveis de serotonina levem a altos níveis de dopamina, resultando em comportamento impulsivo. Ao mesmo tempo, também é possível que ambos, o hipoativamento de serotonina e o hiperativamento de dopamina, ocorram em indivíduos com alta tendência a comportamento agressivo (Seo *et al.*, 2009). Resumindo, hiperatividade dopaminérgica pode exercer efeito aditivo na propensão a comportamento agressivo posteriormente à disfunção serotonérgica, porém mais estudos ainda são necessários para examinar a interação entre serotonina e dopamina em indivíduos impulsivos (Seo *et al.*, 2009).

Em cães, Amat *et al.* (2013) compararam concentração de serotonina de amostras de sangue entre 19 Cockers agressivos e 20 cães agressivos de outras raças, que tinham sido apresentados a uma clínica de comportamento animal por demonstrarem comportamento agressivo direcionado a membros da família, estranhos e outros cães. A clínica de comportamento onde o estudo foi feito recebe mais Cockers com problemas comportamentais do que outras raças. A concentração de níveis de serotonina sérica era significantemente mais baixa em Cockers do que nas outras raças. Os autores especularam que essa diferença pode ser devido a fatores genéticos, fatores ambientais (falta de cuidado materno em Cockers, problemas nutricionais enquanto filhotes), métodos de treinamento inconsistentes e/ou de punição geralmente utilizados com Cockers e também que os níveis de serotonina provavelmente afetam comportamento agressivo.

Os receptores de serotonina (conhecidos como 5-hidroxitriptamina ou 5-HT) são proteínas que medeiam a neurotransmissão e são ativados por serotonina. Três estudos focaram em raças específicas de cães analisando o papel de receptores de serotonina associados a comportamento agressivo, mas com resultados inconsistentes. Um outro estudo com Cockers (levados a uma clínica de comportamento por apresentarem agressão direcionada a humanos) examinou SNPs que correm em, ou perto de, genes de receptores de serotonina e encontrou uma associação significativa entre os receptores 5-HTR1D e 5-HTR2C com o "fenótipo agressivo" (Våge et al., 2010). Por outro lado, em Golden Retrievers não foi detectada associação entre genes de receptores 5-HTR1A, 1B e 2A, e gene transportador de serotonina com o "fenótipo agressivo" (van den Berg et al., 2008). Os Golden Retrievers incluídos no "fenótipo agressivo" também foram levados a uma clínica de comportamento por demonstrarem comportamento agressivo. Ainda, em cães da raça Shiba Inus, uma análise entre traços de comportamento definidos por um questionário psicométrico e polimorfismo em oito genes associados a neurotransmissores não encontrou associações entre os receptores 5-HTR1A e 1B e o "fenótipo agressivo" (Takeuchi et al., 2009). As variações de resultados desses três estudos demonstram a complexidade do fenótipo em questão e o fato de que cada um dos estudos mediu níveis de agressão usando métodos e definições diferentes (histórico clínico em Cockers e Golden Retrievers e questionários em Shiba Inu).

## *Expressão de genes em tecidos cerebrais*

Alguns estudos analisaram diferenças em expressão de genes entre diferentes partes do cérebro e diferentes fenótipos. Saetre *et al.* (2004) compararam a expressão de genes no lobo frontal, amídala e hipotálamo (regiões relacionadas a cognição e/ou emoção) entre cães e lobos cinzentos (*Canis lupus*). Foram encontrados padrões diferentes de expressão de genes entre as duas espécies, principalmente no hipotálamo, o que pode ser o resultado de forte seleção de comportamento doméstico em cães (e.g., medo reduzido, altos níveis de brincadeiras em adultos) e sugere que avaliar expressão de genes em regiões do cérebro pode potencialmente esclarecer diferenças entre outros fenótipos comportamentais em cães. Um estudo mais recente mostrou maior expressão de genes no cérebro relacionados a habilidades cognitivas em cães nativos chineses e Pastores Alemães quando comparados ao lobo cinzento (Li *et al.*, 2013). Isso pode sugerir mudanças rápidas de expressão de genes no cérebro durante a domesticação do cão (Li *et al.*, 2013). Além disso, nos experimentos russos de domesticação feitos com raposas para seleção de uma linhagem de raposas sem medo de seres humanos (ver Capítulo 1 para detalhes sobre este experimento), as raposas mansas e controle também foram comparadas quanto à expressão de genes em tecidos cerebrais. As diferenças de expressão de genes encontradas entre a duas linhagens indicam que diferentes níveis de expressão de genes podem modular mansidão (Lindberg *et al.*, 2007).

## Considerações Finais

Por ser uma área de pesquisa relativamente nova no estudo com cães, ainda há muito a ser desenvolvido sobre genética comportamental. Ademais, há uma escassez de métodos estabelecidos para avaliar comportamento que sejam úteis para estudos de genética de comportamento. O nível de validação e replicação associados aos métodos para avaliar traços de comportamento devem sempre ser levados em consideração quando se interpreta estudos nessa área. Vários métodos genéticos estão à disposição para explorar associação entre genes e comportamento. Estudos nessa área estão se tornando mais comuns, mas seus resultados serão de utilidade limitada se métodos para classificar fenótipos forem duvidosos. Os estudos existentes apontam para evidências importantes e, à medida que métodos forem estabelecidos e validados, mais resultados importantes serão encontrados. Novas associações entre genes e comportamento serão encontradas e haverá um melhor entendimento de como genes participam na determinação de comportamento.

Também é importante ressaltar que um cão que apresente certas variantes genéticas ou fatores morfológicos (e.g., cor do pelo) associados a certos comportamentos (e.g., impulsividade, agressão) não vão necessariamente demonstrar o comportamento em questão. Como mencionado anteriormente, comportamentos são fenótipos complexos determinados por vários genes e influenciados por fatores ambientais, e estudos que sugerem o efeito de um gene mostram apenas uma parte dos inúmeros fatores que afetam o comportamento.

## Referências

Amat, M., Le Brech, S., Camps, T., Torrente, C., Mariotti, V. M., Ruiz, J. L., & Manteca, X. (2013). Differences in serotonin serum concentration between aggressive English cocker spaniels and aggressive dogs of other breeds. *Journal of Veterinary Behavior: Clinical Applications and Research*, *8*(1), 19-25.

Amat, M., Manteca, X., Mariotti, V. M., Ruiz de la Torre, J. L., & Fatjó, J. (2009). Aggressive behavior in the English cocker spaniel. *Journal of Veterinary Behavior: Clinical Applications and Research*, *4*(3), 111-117.

Appleby, D. L., Bradshaw, J. W. S., & Casey, R. A. (2002). Relationship between aggressive and avoidance behaviour by dogs and their experience in the first six months of life. *The Veterinary Record*, *150*(14), 434-438.

Ariyomo, T. O., Carter, M., & Watt, P. J. (2013). Heritability of boldness and aggressiveness in the zebrafish. *Behavior Genetics, 43*, 161-167.

Beaudet, R., Chalifoux, A., & Dallaire, A. (1994). Predictive value of activity level and behavioral evaluation on future dominance in puppies. *Applied Animal Behaviour Science, 40*(3), 273-284.

Belli, R. F., Shay, W. L., & Stafford, F. P. (2001). Event history calendars and question list surveys: A direct comparison of interviewing methods. *Public Opinion Quarterly, 65*(1), 45-74.

Boissy, A. (1995). Fear and fearfulness in animals. *Quarterly Review of Biology*, 165-191.

Boyko, A. R. (2011). The domestic dog: Man's best friend in the genomic era. *Genome Biology, 12*(2), 216.

Branson, N. J., & Rogers, L. J. (2006). Relationship between paw preference strength and noise phobia in Canis familiaris. *Journal of Comparative Psychology, 120*(3), 176-183.

Campbell, W. E. (1972). A behavior test for puppy selection. *Modern Veterinary Practice, 12*, 29-33.

Casey, R. A., Loftus, B., Bolster, C., Richards, G. J., & Blackwell, E. J. (2014). Human directed aggression in domestic dogs (*Canis familiaris*): Occurrence in different contexts and risk factors. *Applied Animal Behaviour Science, 152*, 52-63.

Caspi, A., & Moffitt, T. E. (2006). Gene-environment interactions in psychiatry: Joining forces with neuroscience. *Nature Reviews. Neuroscience, 7*(7), 583-590.

Caspi, A., Sugden, K., Moffitt, T. E., Taylor, A., Craig, I. W., Harrington, H., ... Poulton, R. (2003). Influence of life stress on depression: moderation by a polymorphism in the 5-HTT gene. *Science, 301*(5631), 386-389.

Clarke, T., Cooper, J., & Mills, D. (2013). Acculturation - Perceptions of breed differences in behavior of the dog (*Canis familiaris*). *Human-Animal Interaction Bouletin, 2*(1), 16-33.

Charman, T., Howlin, P., Berry, B., & Prince, E. (2004). Measuring developmental progress of children with autism spectrum disorder on school entry using parent report. *Autism, 8*(1), 89-100.

Cotman, C. W., & Head, E. (2008). The canine (dog) model of human aging and disease: dietary, environmental and immunotherapy approaches. *Journal of Alzheimer's Disease, 15*(4), 685-707.

Daw, N. D., Kakade, S., & Dayan, P. (2002). Opponent interactions between serotonin and dopamine. *Neural Networks, 15*, 603-616.

*Dicionário Oxford*. (2016). Oxford: Oxford University Press. Recuperado de http://www.oed.com/view/Entry/3951?redirectedFrom=aggression#eid

Duffy, D. L., Hsu, Y., & Serpell, J. A. (2008). Breed differences in canine aggression. *Applied Animal Behaviour Science, 114*(3-4), 441-460.

Ellegren, H. (2005). The dog has its day. *Nature, 438*, 745-746.

Everitt, B. J., & Robbins, T. W. (2000). Second-order schedules of drug reinforcement in rats and monkeys: Measurement of reinforcing efficacy and drug-seeking behaviour. *Psychopharmacology, 153*(1), 17-30.

Fadel, F. R., Driscoll, P., Pilot, M., Wright, H., Zulch, H., & Mills, D. (2016). Differences in trait impulsivity indicate diversification of dog breeds into working and show lines. *Scientific Reports, 6*(22162), 1-11.

Ferguson, C. J., & Beaver, K. M. (2009). Natural born killers: The genetic origins of extreme violence. *Aggression and Violent Behavior, 14*(5), 286-294.

Foyer, P., Wilsson, E., & Jensen, P. (2016). Levels of maternal care in dogs affect adult offspring temperament. *Scientific Reports, 6*(19353).

Fratkin, J. L., Sinn, D. L., Patall, E. A., & Gosling, S. D. (2013). Personality consistency in dogs: A meta-analysis. *PLoS ONE, 8*(1). doi: 10.1371/journal.pone.0054907

Freedman, A. H., Gronau, I., Schweizer, R. M., Ortega-Del Vecchyo, D., Han, E., Silva, P. M., ... Novembre, J. (2014). Genome sequencing highlights the dynamic early history of dogs. *PLoS Genetics, 10*(1).

Gazzano, A., Migoni, S., Guardini, G., Bowen, J., Fatjò, J., & Mariti, C. (2015). Stress in aggressive dogs towards people: Behavioral analysis during consultation. *Dog Behavior, 1*(3), 6-13.

Gosling, S. D., Kwan, V. S. Y., & John, O. P. (2003). A dog's got personality: A cross-species comparative approach to personality judgments in dogs and humans. *Journal of Personality and Social Psychology, 85*(6), 1161-1169.

Hall, N. J., & Wynne, C. D. L. (2012). The canid genome: Behavioral geneticists' best friend? *Genes, Brain and Behavior, 11*, 889-902.

Hartl, D. L., & Ruvolo, M. (2012). In D. L. Hartl & M. Ruvolo (Eds), *Genetics: Analysis of genes and genomes* (8th ed.). Burlington, MA: Jones & Bartlett Learning.

Hayward, J. J., Castelhano, M. G., Oliveira, K. C., Corey, E., Balkman, C., Baxter, T. L., ... Boyko, A. R. (2016). Complex disease and phenotype mapping in the domestic dog. *Nature Communications, 7*, 1-11.

Hejjas, K., Vas, J., Topal, J., Szantai, E., Ronai, Z., Szekely, A., ... Miklosi, Á. (2007). Association of polymorphisms in the dopamine D4 receptor gene and the activity-impulsivity endophenotype in dogs. *Animal Genetics, 38*(6), 629-633.

Hsu, Y., & Serpell, J. A. (2003). Development and validation of a questionnaire for measuring behavior and temperament traits in pet dogs. *Journal of the American Veterinary Medical Association, 223*(9), 1293-300.

Jensen, P. (2014). Behaviour epigenetics: The connection between environment, stress and welfare. *Applied Animal Behaviour Science, 157*, 1-7.

Jónasdóttir, T. J., Mellersh, C. S., Moe, L., Heggebø, R., Gamlem, H., Ostrander, E. A., & Lingaas, F. (2000). Genetic mapping of a naturally occurring hereditary renal cancer syndrome in dogs. *Proceedings of the National Academy of Sciences of the United States of America, 97*(8), 4132–4137.

Kukekova, A. V., Temnykh, S. V., Johnson, J. L., Trut, L. N., & Acland, G. M. (2012). Genetics of behavior in the silver fox. *Mammalian Genome: Official Journal of the International Mammalian Genome Society, 23*(1-2), 164-177.

Li, Y., Von Holdt, B. M., Reynolds, A., Boyko, A. R., Wayne, R. K., Wu, D. D., & Zhang, Y. P. (2013). Artificial selection on brain-expressed genes during the domestication of dog. *Molecular Biology and Evolution, 30*(8), 1867-1876.

Liinamo, A.-E., van den Berg, L., Leegwater, P. A. J., Schilder, M. B. H., van Arendonk, J. A. M., & van Oost, B. A. (2007). Genetic variation in aggression-related traits in Golden Retriever dogs. *Applied Animal Behaviour Science, 104*(1-2), 95-106.

Lindberg, J., Björnerfeldt, S., Bakken, M., Vilà, C., Jazin, E., & Saetre, P. (2007). Selection for tameness modulates the expression of heme related genes in silver foxes. *Behavioral and Brain Functions, 3*, 18.

Lindblad-Toh, K., Wade, C. M., Mikkelsen, T. S., Karlsson, E. K., Jaffe, D. B., Kamal, M., ... Lander, E. S. (2005). Genome sequence, comparative analysis and haplotype structure of the domestic dog. *Nature, 438*(7069), 803-819.

Meaney, M. J., & Szyf, M. (2005). Environmental programming of stress responses through DNA methylation: Life at the interface between a dynamic environment and a fixed genome. *Dialogues in Clinical Neuroscience, 7*(2), 103-123.

Mehrkam, L. R., & Wynne, C. D. L. (2014). Behavioral differences among breeds of domestic dogs (*Canis lupus familiaris*): Current status of the science. *Applied Animal Behaviour Science, 155*, 12-27.

Mirkó, E., Kubinyi, E., Gácsi, M., & Miklósi, Á. (2012). Preliminary analysis of an adjective-based dog personality questionnaire developed to measure some aspects of personality in the domestic dog (*Canis familiaris*). *Applied Animal Behaviour Science, 138*(1-2), 88-98.

Ostrander, E. A. (2012). Both ends of the leash: The human links to good dogs with bad genes. *New England Journal of Medicine, 367*, 636–646.

Ostrander, E. A., & Wayne, R. K. (2005). The canine genome. *Genome Research, 15*(12), 1706-1716.

Pandey, J. P., & Manolio, T. A. (2010). Genome-wide association studies and assessment of the risk of disease. *The New England Journal of Medicine, 363*, 166-176.

Parker, H. G., & Ostrander, E. A. (2005). Canine genomics and genetics: Running with the pack. *PLoS Genetics, 1*(5), e58.

Pérez-Guisado, J., Lopez-Rodríguez, R., & Muñoz-Serrano, A. (2006). Heritability of dominant–aggressive behaviour in English Cocker Spaniels. *Applied Animal Behaviour Science, 100*(3-4), 219-227.

Persson, M. E., Wright, D., Roth, L. S. V, Batakis, P., & Jensen, P. (2016). Genomic regions associated with interspecies communication in dogs contain genes related to human social disorders. *Scientific Reports, 6*(33439).

Pilot, M., Malewski, T., Moura, A. E., Grzybowski, T., Oleński, K., Ruść, A., ... Bogdanowicz, W. (2015). On the origin of mongrels: Evolutionary history of free-breeding dogs in Eurasia. *Proceedings of the Royal Society B: Biological Sciences, 282*(1820), 2015-2189.

Riemer, S., Mills, D. S., & Wright, H. (2013). Impulsive for life? The nature of long-term impulsivity in domestic dogs. *Animal Cognition, 17*(3), 815-819.

Saetre, P., Lindberg, J., Leonard, J. A., Olsson, K., Pettersson, U., Ellegren, H., ... Jazin, E. (2004). From wild wolf to domestic dog: Gene expression changes in the brain. *Molecular Brain Research, 126*, 198-206.

Sargan, D. R. (2004). IDID: Inherited Diseases in Dogs: Web-based information for canine inherited disease genetics. *Mammalian Genome, 15*(6), 503–506.

Seo, D., Patrick, C. J., & Kennealy, P. J. (2009). Role of serotonin and dopamine system interactions in the neurobiology of impulsive aggression and its comorbidity with other clinical disorders. *Aggressive Violent Behaviour, 13*(5), 612-625.

Skoglund, P., Ersmark, E., Palkopoulou, E., & Dalén, L. (2015). Ancient wolf genome reveals an early divergence of domestic dog ancestors and admixture into high-latitude breeds. *Current Biology, 25*(11), 1515-1519.

Sutter, N. B., Eberle, M. A., Parker, H. G., Pullar, B. J., Kirkness, E. F., Kruglyak, L., & Ostrander, E. A. (2004). Extensive and breed-specific linkage disequilibrium in *Canis familiaris*. *Genome Research, 14*(12), 2388-2396.

Svartberg, K. (2002). Shyness–boldness predicts performance in working dogs. *Applied Animal Behaviour Science, 79*(2), 157–174.

Svobodová, I., Vápeník, P., Pinc, L., & Bartoš, L. (2008). Testing German shepherd puppies to assess their chances of certification. *Applied Animal Behaviour Science, 113*(1-3), 139-149.

Takeuchi, Y., Hashizume, C., Arata, S., Inoue-Murayama, M., Maki, T., Hart, B. L., & Mori, Y. (2009). An approach to canine behavioural genetics employing guide dogs for the blind. *Animal Genetics, 40*(2), 217–24.

Tang, R., Noh, H. J., Wang, D., Sigurdsson, S., Swofford, R., Perloski, M., ... Karlsson, E. K. (2014). Candidate genes and functional noncoding variants identified in a canine model of obsessive-compulsive disorder. *Genome Biology, 15*(3), R25.

Teare, M. D., & Barrett, J. H. (2005). Genetic linkage studies. *The Lancet, 366*(9490), 1036-1044.

Thalmann, O., Shapiro, B., Cui, P., Schuenemann, V. J., Sawyer, S. K., Greenfield, D. L., ... Wayne, R. K. (2013). Complete mitochondrial genomes of ancient canids suggest a european origin of domestic dogs. *Science, 342*(6160), 871-874.

Våge, J., Wade, C., Biagi, T., Fatjó, J., Amat, M., Lindblad-Toh, K., & Lingaas, F. (2010). Association of dopamine- and serotonin-related genes with canine aggression. *Genes, Brain and Behavior*, *9*(4), 372-378.

van den Berg, L., Schilder, M. B. H., de Vries, H., Leegwater, P. A. J., & van Oost, B. A. (2006). Phenotyping of aggressive behavior in golden retriever dogs with a questionnaire. *Behavior Genetics*, *36*(6), 882-902.

van den Berg, L., Vos-Loohuis, M., Schilder, M. B. H., van Oost, B. A., Hazewinkel, H. A. W., Wade, C. M., ... Leegwater, P. A. J. (2008). Evaluation of the serotonergic genes htr1A, htr1B, htr2A, and slc6A4 in aggressive behavior of golden retriever dogs. *Behavior Genetics*, *38*(1), 55-66.

van Loo, K. M. J., & Martens, G. J. M. (2007). Genetic and environmental factors in complex neurodevelopmental disorders. *Current Genomics*, *8*(7), 429-44.

van Rooy, D., Arnott, E. R., Early, J. B., McGreevy, P., & Wade, C. M. (2014). Holding back the genes: Limitations of research into canine behavioural genetics. *Canine Genetics and Epidemiology*, *1*(1), 7.

Wang, G. D., Zhai, W., Yang, H. C., Fan, R. X., Cao, X., Zhong, L., ... Zhang, Y. P. (2013). The genomics of selection in dogs and the parallel evolution between dogs and humans. *Nature Communications*, *4*(1860).

Weldon, W. F. R. (1902). Mendel's laws of alternative inheritance in peas. *Biometrika*, *1*(2), 228-254.

Wilson, D. S., Clark, A. B., Coleman, K., & Dearstyne, T. (1994). Shyness and boldness in humans and other animals. *Trends in Ecology & Evolution*, *9*(11), 442-446.

World Health Organization. (2002). *World report on violence and health*. Geneva, Switzerland: WHO.

Wright, H. F., Mills, D. S., & Pollux, P. M. J. (2011). Development and validation of a psychometric tool for assessing impulsivity in the domestic dog (*Canis familiaris*). *International Journal of Comparative Psychology*, *24*, 210-225.

Wright, H. F., Mills, D. S., & Pollux, P. M. J. (2012). Behavioural and physiological correlates of impulsivity in the domestic dog (*Canis familiaris*). *Physiology & Behavior*, *105*(3), 676-682.

Zhu, M., & Zhao, S. (2007). Candidate gene identification approach: Progress and challenges. *International Journal of Biological Sciences*, *3*(7), 420-427.